ভারতীয় ভাষায় রামকথা

(বাংলা ভাষা)

ভারতীয় ভাষায় রামকথা
(বাংলা ভাষা)

প্রধান সম্পাদক

ডা. যোগেন্দ্র প্রতাপ সিংহ

প্রাক্তন অধ্যাপক, হিন্দী ভবন

এলাহাবাদ বিশ্ববিদ্যালয়, এলাহাবাদ

সম্পাদক

ডা. হরিশচন্দ্র মিশ্র

অধ্যাপক, হিন্দী ভবন

বিশ্বভারতী, শান্তিনিকেতন (পশ্চিম বঙ্গ)

আয়োজক

ডা. যোগেন্দ্র প্রতাপ সিংহ

নির্দেশক, অযোধ্যা শোধ সংস্থান ঃ তুলসী স্মারক ভবন

অযোধ্যা, ফৈজাবাদ (উত্তর প্রদেশ)

বাণী প্রকাশন

বাণী প্রকাশন

২১এ, দরিয়াগঞ্জ, নতুন দিল্লী - ১১০ ০০২

শাখা

অশোক রাজপথ, পটনা - ৮০০ ০০৪

www.vaniprakashan.in
vaniprakashan@gmail.com
sales@vaniprakashan.in

In Association with

ESTD.-1986
Ayodhya Shodh Sansthan

presents

BHARTIYA BHASHAON MEIN RAMKATHA
(BANGLA BHASHA)
Chief Editor Dr. Yogendra Pratap singh
edited by Dr. Harishchandra Mishra
Imagination Dr. Yogendra Pratap Singh

ISBN : 978-93-5229-566-1
Culture/Religion

First Edition
Price : ₹ **300**

শুভম অফসেট, নতুন দিল্লী - ১১০ ০৩২ -তে মুদ্রিত

বাণী প্রকাশনের লোগো মকবুল ফিদা হুসেনের

ভারতীয় ভাষায় বাম-কথা

বাংলা ভাষা

বিষয়সূচী

সম্পাদকের মনস্কামনা

বাংলায় যদি রামকথা সম্বন্ধে আলোচনা করা যায়, তাহলে রবীন্দ্রনাথের কথানুসারে আরম্ভ করাই যথাযথ। 'লোক সাহিত্য' পুস্তকের 'গ্রাম্য সাহিত্য' অনুচ্ছেদে রবীন্দ্রনাথ বলেছেন - বাংলার গ্রাম্য গানে হর-গৌরী ও রাধাকৃষ্ণ কথা ছাড়াও সীতা রাম এবং রাম রাবনের কথাও পাওয়া যায়। কিন্তু তুলনাই অল্প। এই কথা অবশ্যই স্বীকার করতে হবে যে, পশ্চিমে যেমন রাম কথা জনগণের মধ্যে বহুলাংশে প্রচলিত। ওখানে বাংলার থেকে পৌরুষত্বর চর্চা বেশি। আমাদের দেশে হর-গৌরি কথায় স্ত্রী-পুরুষ এবং রাধা-কৃষ্ণ কথায় নায়ক-নায়িকার সম্বন্ধ নানা রূপে বর্ণনা করা হয়ে থাকে। কিন্তু এর প্রসার খুবই কম। এতে মানুষের সর্বাঙ্গীন খাদ্য পাওয়া যায়। আমাদের দেশে রাধাকৃষ্ণ কথায় সৌন্দর্যবৃত্তি ও হর-গৌরি কথায় হৃদয়বৃত্তির চর্চা করা হয়েছে। কিন্তু এতে ধর্মবৃত্তির অবতারনা হয়নি। ওতে বীরত্ব, মহত্ত্ব, অবিচলিত ভক্তি ও কঠোর ত্যাগ স্বীকার করার আদর্শ নেই। রাম সীতার দাম্পত্য জীবন আমাদের প্রদেশে প্রচলিত হর-গৌরির দাম্পত্য জীবনের থেকে অনেক গুণ শ্রেষ্ঠ, উন্নত এবং বিশুদ্ধ। এটা যতটা কঠোর ও গম্ভীর আবার ততটাই স্নিগ্ধ ও কোমল। রামায়ন কথায় একদিকে দুরুহ কাঠিন্য আছে আবার অন্যদিকে ভাবের মাধুর্য্য এক সাথে সম্মিলিত হয়েছে। ওতে দাম্পত্য, সৌভ্রাতৃত্ব, পিতৃভক্তি, প্রভুভক্তি, প্রজাবাৎসল্য প্রভৃতি যত প্রকারের মানুষের উচ্চ অংশের হৃদয়বৃত্তি আছে, তার শ্রেষ্ঠ আদর্শ এখানে পরিস্ফুট হয়েছে। ওতে সমস্ত রকমের হৃদয়বৃত্তির মহান ধর্ম দ্বারা স্তরে স্তরে সংযমিত করার কঠোর শাসন প্রচলিত। সমস্ত ধরণের মানুষকে মানুষ বানানোর এরকম উপযোগী শিক্ষা, অন্য কোন দেশে, কোন সাহিত্যে নেই। বাংলার মাটিতে ওই রামায়ন কথা হর গৌরি ও রাধা কৃষ্ণ কথার উপর মাথা তুলে দাঁড়াতে পারেনি, এটা আমাদের প্রদেশের দুর্ভাগ্য। যে রামকে যুদ্ধক্ষেত্রে ও কর্মক্ষেত্রে নরদেবতার আদর্শ হিসাবে বিচার করা হয়, তার পৌরুষ্য, কর্তব্য নিষ্ঠা এবং ধার্মিকতার আদর্শ আমাদের থেকে অনেক উচ্চতর (১৩০৫ বঙ্গাব্দ) গুরুদেব রবীন্দ্রনাথ স্পষ্টতার সাথে রামকথা সম্বন্ধে সত্যের বয়ান দিয়েছেন। কবি কৈফিয়তে রবীন্দ্রনাথ লীলার কথা তুলেছেন। যার আধার একমাত্র রামকথাই। "আমরা যেই বস্তুকে জীব লীলা বলে থাকি পশ্চিম সমুদ্রের ওই পারে তাকেই জীবন সংগ্রাম বলা হয়ে থাকে। এতে কোন ভেদ নেই। একই কথা যদি আমি নৌ-চালনা বলি আর তুমি যদি নৌ-টানা বল, এক কাব্যকে যদি আমি রামায়ণ বলি আর তুমি যদি বল রাম-রাবনের লড়াই এই কথা নিয়ে ঝগড়ার প্রসঙ্গ নেই। লীলা বলার সাথে সাথে সব কিছু বলে দেওয়া হল আবার লড়াই বলার সাথে সাথে লেজ-মাথা অথবা দুটোই বাদ দেওয়া হয়।

হয়ত এই ধরণের সাহিত্যকেই রবীন্দ্রনাথ সাহিত্য নবীনতার নির্দেশ দিয়েছেন। রবীন্দ্রনাথের মতে

"পৌরাণিক সাহিত্য শোনার উপযোগ্য কান তৈরি করে দেয়। যে সমাজে অনেক পাঠকের কাছে এই ধরণের 'শোনার উপযোগ্য কান' তৈরি হয়ে যায় ওই সমাজের অনেক লেখকের ভিতর কোন বড় জিনিস লেখার শক্তি আপনা-আপনি দেখা যায়। কেবল খুচরো মালের ফেরি করে ওখানে বড় কাজ হয় না ওখানে বড় মহাজনের কারবার নিয়েও নয় দুটোকে একসাথে নিয়ে চলে। এজন্যই জাহাজের খবর তার কাছেই পৌছায়।" এই মহানতার সাথে রবীন্দ্রনাথ ভারতীয় সমাজের বৈশমতা নির্দিষ্ট করে দেয়। 'হিন্দু মুসলমান' এই ভাগের মধ্যে তিনি স্পষ্টভাবে বৈষ্ণবী ভাবের আলোচনাও করেন। তিনি শিশু বোধের মহত্ত্বতে স্থাপনা করে বলেছেন - আমাদের হৃদয়ে যে শিশুর নিবাস - যা আমাদের সবচেয়ে প্রাচীন পুর্বজ, সেই আমাদের কর্মশালায় কব্জা করে বসে।

মানুষের মিলন ক্ষেত্রতে অন্য আচার অবলম্বনকারীদের অপবিত্র মনে করার মত ভয়ঙ্কর বাধা দ্বিতীয় কিছু নেই। ভারতবর্ষের দুর্ভাগ্য অনেকটা এই রকম যে, এখানে হিন্দু ও মুসলমান একত্রিত তো হয়েছে, কিন্তু যেখানে ধর্মের দিক থেকে হিন্দুদের বাধা প্রবল নয়। হিন্দুদের বাধা প্রবল আচারের দিক থেকে। আবার অন্যদিকে মুসলিমদের আচারের দিক থেকে বাধা প্রবল না হয়ে, প্রবল বাধা আসে ধর্মের দিক থেকে। এক পক্ষের দরজা যেখানে খোলা, সেখানেই দ্বিতীয় পক্ষের দরজা একেবারে বন্ধ। যাকে আমরা হিন্দুযুগ বলে থাকি সেটা প্রতিক্রিয়ার যুগ।"

বিশ্বমানবতার ভাবনা ধর্মের সমীক্ষায় সামাজিক বৈশম্যতাকে বোঝাতে চেয়েছেন।

রবীন্দ্রনাথ রামচরিত মানস সম্পর্কে পরিচিত ছিলেন। সুর গ্রন্থাবলীর 'প্রাক্ কথন' পৃষ্ঠা-১এ রবীন্দ্রনাথ লিখেছেন "দুর্ভাগ্যবশ হিন্দি ভাষা আমি জানি না, তবুও বন্ধু শ্রীযুক্ত ক্ষিতিমোহন সেন দ্বারা উক্ত ভাষায় লেখা - 'সন্ত-সাহিত্যের' প্রতি আমার হৃদয়ে গভীর শ্রদ্ধা ও অনুরাগ জাগ্রত হয়েছে। এই উপলক্ষে কিছু এই ধরণের রচনার সাথে আমার পরিচয় হয়েছে, যার তুলনা অন্য কোনও সাহিত্যে পাওয়া অসম্ভব। নিজের সাহিত্যিক মূল্যের উপর নির্ভর করে ভাষা নিজের জন্য আন্তরিক শ্রদ্ধা পেতে পারে। এই বিশেষ মূল্য হিন্দী ভাষায় প্রচুর পরিমাণ আছে। মধ্যযুগের হিন্দী কবিরা হিন্দী ভাষায় ভাবরসের যে ঐশ্বর্য বিস্তার করেছেন তাতে অসামান্য বিশেষতা বর্তমান ওই বিশেষতা হল তাদের রচনায় উচ্চ স্তরের সন্তের সাথে উচ্চ স্তরের কবিদের মিলন হয়েছে। এই ধরণের মিলন অন্য কোথাও দুর্লভ।"

'দাদুর ভূমিকায়' পৃঃ ২ তে তিনি আবার বলেছেন - "ক্ষিতিবাবুর সহায়তায় হিন্দুস্থানের .... সাধক কবিদের সাথে আমার অল্প বিস্তর পরিচয় হয়েছে। এখন আমার মনে একটুও সন্দেহ নেই যে হিন্দি ভাষায় কোন সময় যে গীতিসাহিত্যের নির্মাণ হয়েছে, তার গলায় অমর সভার বরমালা রূপে শোভিত। এর অধিকাংশ সম্পদ আজ অনাদরের কারণে লুকিয়ে আছে। তা উদার হওয়া উচিৎ আর এরকম অবস্থা হতে হবে যাতে ভারতবর্ষের যে সব লোক হিন্দি ভাষা জানে না, সেও দেশের এই চিরকালীন সাহিত্য সম্পর্কে তাদের উত্তরাধিকারের গৌরবের লাভ করতে পারে।" এই কারণেই তারা হিন্দিভাষীদের সাথে সম্পর্ক স্থাপনে উৎসুক। বিশ্বভারতী পত্রিকায় (বাংলা) রবীন্দ্রবিশেষাঙ্ক, 1942, পৃঃ ১৬তে বলেছেন - "আমি হিন্দিভাষীদের নিকট সম্পর্কে আসার জন্য উৎসুক। এখানে আমরা সেটাই করি, সংস্কৃতির প্রচারের জন্য

যেটা করা সম্ভব। আমরা চাই হিন্দিভাষার লোক আসুক, আমাদের সাথে তাদের অনুভব ভাগ করে নিক এবং তাদের অনুভবের দ্বারা আমাদের উপকার করুক।" 'বাংলায় রামকথা'-র সম্পাদনায় রবীন্দ্রনাথের হিন্দি সম্পর্কে এই ইচ্ছা পূর্ণ হবে।

তুলসীদাসের সাহিত্যিক বিশেষতার সংকেত এই বক্তব্যের মাধ্যমে প্রকাশ পেয়েছে। তুলসী দাসের রচনাধর্মী সম্পর্কে তিনি পরিচিত ছিল। তার কথা উদ্ধৃত করে বলা যায় - "আমার মনে আছে ছোটবেলায় রোজ সন্ধ্যা বেলায় আমাদের ঘরের পাহারাদার তুলসী দাসের রামায়ন গাইতেন। রামায়ন গান করে তিনি যেন অমৃতের স্বাদ পেতেন আর তার সারাদিনের পরিশ্রম দূর হয়ে যেত। তার অবসর সময় রসে পুর্ণ হয়ে উঠত। আমি সর্বপ্রথম তার জন্যই তুলসী দাসের প্রতিভার পরিচয় পেয়েছিলাম।" (প্রভাতকুমার মুখোপাধ্যায়, রবীন্দ্রজীবনী ভাগ ৪ পৃঃ ২৪৫)। এইজন্যই রবীন্দ্রনাথ বলেছেন পাশ্চাত্য মণীষীগণ রামচরিত মানসকে 'উত্তর ভারতের বাইবেল' বলে থাকেন। রবীন্দ্রনাথের মত প্রবোধচন্দ্র সেন ও তুলসী দাসের রামচরিত মানসের সম্পর্কে বলেছেন - "সময়ানুসারে রামভক্তির ধর্ম তার হৃদয়কে গভীর ভাবে স্পর্শ করেছে। পরিনামে তার হৃদয়ের ঐকান্তিক ভক্তি অপূর্ব সৌন্দর্যের সাথে বিকশিত হয়েছে, তার রামচরিত মানস কাব্যের মাধ্যমে (রচনাকাল ১৫৭৫)। কাব্য সৌন্দর্য্য ও মহান নৈতিক আদর্শর বিচার একসাথে জাতীয় জীবনে গভীরভাবে প্রভাব বিস্তার করেছে। এবিষয়ে সন্দেহ আছে যে তুলসী দাসের রামায়ণের সাথে তুলনীয় কোন দ্বিতীয় গ্রন্থ পৃথিবীতে নেই। এরকম মনে হয় যে, একমাত্র বাল্মিকী রামায়নের সাথেই তুলনা করা যায়। (রামায়ন ও ভারত সংস্কৃতি, ১৯৬২ পৃঃ ৮৩)।

শুধু এটাই নয় রামকথা ও কৃষ্ণকথার সম্পর্কের কথা বলতে গিয়ে রবীন্দ্রনাথ বৈষ্ণব ধর্মের মূল তত্ত্বের বিষয়ে আলোচনা করেছেন। নিজের এক চিঠিতে উনি বৈষ্ণব ধর্মের মূল তত্ত্বের কথা বলেছেন যার অনুবাদ মোহনলাল বাজপেয়ি এই রকম করেছেন - "বৈষ্ণব ধর্মের মূল স্বরূপ যেটা আমি বুঝেছি, সেটা আমি এখানে বলার চেষ্টা কবেছি। অধিকাংশ ধর্মশাস্ত্রে ঈশ্বরের সাথে বাধ্য বাধকতার সম্পর্কের জোড়ার উপদেশ দেওয়া হয়ে থাকে। উদাহরণস্বরূপ তিনি আমার পিতা, আমি তার সেবক পুত্র, অতএব তিনি আমার আরাধ্য। তিনি সর্বশক্তিমান আর আমি সব দিক থেকে অক্ষম। অতএব তিনি আমার আরাধ্য। তিনি মঙ্গল সাধন করে থাকেন, আমি মঙ্গল গ্রহণ করে থাকি। অতএব সে আমার কৃতজ্ঞতার যোগ্য। ধর্মবুদ্ধির দিক থেকেও আমি নিম্নতর আর সে উর্দ্ধতর। আমি ভীতু, সে যথেচ্ছাচারী দাতা আর আমি স্তুতিদায়ক প্রার্থী। বৈষ্ণব ধর্ম এই বাধ্যবাধকতার সম্বন্ধ ভেঙ্গে ঈশ্বরের সাথে এক অহেতুক সম্বন্ধ স্থাপন করতে চায়। আমি তাকে কেন চাই, তা জানি না, কিন্তু এটা জানি, আর মানিও যে, তাকে ছাড়া আমার চলবে না; পৃথিবীতে অন্য কোন বস্তুর সাথে আমার চরম পরিতৃপ্তি সম্ভব নয়। এই জন্য সংসারে যে প্রেমের কোন যুক্তি সংগত কারণ দেখা যায় না, যার সাথে পূর্বকৃত কোন সম্বন্ধ বন্ধনের যোগ নেই, এমনকি যে সমস্ত সম্বন্ধ বন্ধনকে ছিন্ন করে দুরুহ দুর্দশায় আত্ম বিসর্জন করতে চায়, সেই পার্থিব প্রেমকেই বৈষ্ণব কবিগণ পরমাত্মার প্রতি আত্মার নিগুঢ় প্রেমের আদর্শের রূপক মনে করেন।

এর মূল তথ্য হল যে ব্যাকুলতার সাথে আমি ওকে চাই, ঠিক সেই ব্যাকুলতা নিয়ে সেও আমাকে

চায়। এইজন্যই তো সে আমাকে এই ধরণের সব দিক থেকে তার দিকে আকর্ষিত করে থাকে। বিশ্বজগতের সর্বত্র তার বাঁশি আমারই নাম ডেকে বেজে চলেছে। এইজন্য এধরণের অগাধ লীলা আছে। শরৎ-এর চাঁদের মত স্নিগ্ধ, সুন্দর ও বাসন্তি পুস্পবন এইরকম মোহকর। এইজন্য প্রিয়ার সুখে আমাদের স্বর্গের আভাষ মেলে। শিশুর হাসিতে আমাদের স্নেহের স্রোত এই রকম ছলকে উঠে। এজন্য এই সংসারের সকল সুন্দর বস্তু আমাকে নিজের থেকে দূরে নিয়ে যায় আর যেখানে নিয়ে গিয়ে পৌছায়, সেখানে আমার সেই পরম বন্ধু ঠোঁটে হাসি নিয়ে বসে থাকেন। আমি যাকে ইচ্ছা চাই না কেন আসলে তাকেই চেয়ে থাকি। সমস্ত ধরনের আদর ভালবাসার অর্থ ঈশ্বরকেই ন্যুনতম পরিমাণে জেনে অথবা না জেনে হৃদয়ে উপলব্ধি করা। .... অর্থাৎ জগতে আমার জন্য যা কিছু প্রিয়, সুন্দর, সেখান থেকে আমাদের ঈশ্বর আমাদের ডাকে। সেখানেই আমাদের ও তার মিলন পরিপূর্ণ হয়। যেখানে তিনি সীমাহীন আর আমি সীমিত, তিনি সৃষ্টিকর্তা আর আমি সৃষ্টি, তিনি ভগবান আমি দীন, সেখানেই আমার আর তার মধ্যে অনন্ত পার্থক্য। কিন্তু যেখানে সে আমার জন্য সুন্দর হয়ে, প্রিয় হয়ে, আমারই পুত্র, বন্ধু অথবা প্রেমী হয়ে আমাকে মধুরতার সাথে দর্শন দেয়, সেখানে আমারই সমকক্ষ হয়ে আমারই প্রেম পাশে বন্দী হয়। সেই সময় সে মথুরার রাজত্ব ত্যাগ করে, বাঁশী হাতে বৃন্দাবন গিয়ে বালকের দলে দাঁড়ায়। বৈষ্ঞব সাহিত্যে এবং বিশেষ করে রামকাব্যের নৈতিকতা ও আপনাপন বাংলা শিশু সাহিত্যকে রামকথার সাথে জুড়েছে। প্রায় সব শিশু সাহিত্যকার কোন না কোন ভাবে রামকথা নিয়ে লিখেছেন। অষ্টাদশ শতাব্দী থেকেই সাহিত্য লেখা শুরু হয়। অনেক বিষয়ের সাথে রামকথার লেখনও শিশুর নৈতিক শিক্ষার জন্য করা হয়ে থাকে। ১৮১৮ সালে বাংলা ভাষায় প্রথম সাময়িক পত্র 'দিগদর্শন' প্রকাশিত হয়। এই পত্রিকায় সর্বপ্রথম শিশুর পাঠ্য সামগ্রী প্রকাশিত হয়। এরপর থেকে পত্রিকা এবং গ্রন্থ রচনা শুরু হয়। উপেন্দ্র কিশোর 'ছোটদের রামায়ণ' রচনা করেন। চলতি ভাষায় বা বোধগম্য ভাষায় কাহিনীকে সুন্দরভাবে পরিবেশন করা হয়েছে। সাধারণ কৌতুকের সাথে অন্যরকম স্বাদও আছে। ১৮৯১ সালের জানুয়ারী মাসে নবকৃষ্ঞ ভট্টাচার্যের 'শিশু রঞ্জন রামায়ণ' প্রকাশিত হয়। ১৯১ সালে তাঁর দ্বারা রচিত 'টুকটুকে রামায়ণ' শিশু সাহিত্যে শ্রেষ্ঠ অবদান। ১৮৯৪ সালে চরিতমালায় রচিত 'সীতা' ছাত্রদের জন্য বিশেষ সংগ্রহ। মধুসূদনের মেঘনাদ গ্রন্থ দ্বারাও শিশু সাহিত্য প্রভাবিত হয়েছে। ১৮৮৫ সালে 'শিশু রামায়ণ' প্রকাশিত হয়েছে। এর রচয়িতার নাম পাওয়া যায় নি। মূল রামায়ণের কাহিনীর বর্ণনা ৩৮ পাতায় করা হয়েছে। রামায়ণে চরিতাবলীর আধারে দীনেশ সেন ১৯০৪ সালে 'রামায়ণী কথা' রচনা করেন। রবীন্দ্রনাথ একটি অসামান্য ভূমিকা লিখেছেন। এছাড়া যোগীন্দ্রনাথ সরকার রচনা করেন 'ছোটদের রামায়ণ', নবকৃষ্ণ ভট্টাচার্য 'টুকটুকে রামায়ণ' এবং রাজকমল বিদ্যাভূষণ 'ছোটদের সরল রামায়ণ'। এইভাবে দেখলে দেখা যায় যেখানে বাংলা কাব্য জগতে কৃষ্ণ কাব্য প্রাচুর্য এবং গুরুত্ব পেয়েছে, ঠিক তেমনই শিশুর শিক্ষা, নৈতিকতা, আচার শিক্ষা ইত্যাদির বিকাশের জন্য রামকথার সাহায্য নেওয়া হয়ে থাকে। নিজ নিজ বৈশিষ্টানুযায়ী লেখক রামকথার বিভিন্ন দিক প্রস্তুত করেছেন।

রাম সম্বন্ধে অনেক বিবাদকে আমরা রবীন্দ্রনাথ ঠাকুরের কথায় মীমাংসা করতে পারি। ব্রহ্মা নারদকে বাল্মিকীর কাছে পাঠিয়ে রামায়ন লেখার আদেশ দেন। নারদ আসেন এবং তিনি বাল্মীকিকে

রামায়ণ লেখার কথা বলেন। বাল্মিকী স্বীকার করে নেন। নারদ চলে যাবার পর বাল্মীকি চিন্তা করল যে, আমি রামায়ন লেখার কাজ স্বীকার তো করলাম, কিন্তু লিখব কীভাবে? আমি তো জানি যে রাম কে, কোথায় জন্মেছে, আর তার মা-বাবা কে? ওনার চিন্তা হতে লাগল। পুনরায় তিনি নারদকে মনে করলেন। চিন্তা করার সাথে সাথে নারদ এল ও তাকে পুনরায় ডাকার কারণ জিজ্ঞাসা করল। বাল্মিকীর সমস্যা শুনে তিনি বলেন - হে ঋষি। রামের জন্মস্থান হচ্ছে অযোধ্যা। তুমি যেটা রচনা করবে সেটাই সত্য হবে। এই সুযোগে চর্চা করা উচিত হবে যে, রবীন্দ্রনাথ যে নারদের কথা বলেছেন ও নাটকের বিদূষক নারদ নয় যে বীণা হাতে ত্রিভঙ্গ রূপে চলে ও সে কথা বলেন এবং সবসময় বিভিন্ন ঘটনায় আসা যাওয়া করেন। বস্তুতঃ নারদের অর্থ হল তিনি, যিনি নর আর নারায়ণের মধ্যে সংবাদ বহন করেন। কবির কথায়, রামকথা কবির হৃদয় হতে প্রস্তুত। তার মাধ্যমে নর ও নারায়ণের সম্মিলিত রূপ প্রকাশিত হয়। একবার শান্তিনিকেতনের হিন্দী বিভাগে দিল্লি বিশ্ববিদ্যালয়ের প্রফেসার আব্দুল বদুল আজহার মহাশয় আরব দেশে রামকথা উপর এক বিবৃতি দিয়েছিলেন। উনি সতর্কবার্তা দেন যে, আর্যরা ভারতে আসার আগে রামকথার প্রচলন আরব দেশে ছিল। মিশর, ইরান, ইরাক ইত্যাদি দেশে রাম ও রাম সম্পর্কিত অনেক কথার প্রচলন আগে থেকেই ছিল। এই রামকথা ভারতে আর্যদের সাথে এসেছে এবং নিজের রূপেই সে নিজের বিকাশ করেছে। ভারত ছাড়াও অনেক দ্বীপে রামকথার প্রচলন ছিল। জৈন ধর্মে ও বৌদ্ধ ধর্মে রামকথা নিজের নিজের রূপে বিকশিত হয়েছে। হিন্দু ধর্মে প্রচলিত রামকথার বিকাশ নিজের বিশিষ্ট রূপে হয়েছে। অন্যান্য সম্প্রদায়ের প্রতিক্রিয়াও হয়েছে। হিন্দু রামকথার আশ্চর্যজনক দিক দেখে অন্যান্য সম্প্রদায়ের রামকথা দিয়ে ব্যাঙ্গও করা হয়েছে। দশ মুখ রাবনের কথা মূল রামায়নে প্রচলিত আছে। জৈন রামায়ণে এই মান্যতার উপর ব্যাঙ্গ করে বলা হয়েছে -

রাবনজায়হু জিহে দিয়াহে দহ মুঁহু একু সরারু;
চিন্তাবিয় তৎয়ৎ জণাণি কবহু পিয়াবহু খীরু।

দশ মুখ ও এক শরীর যুক্ত রাবন যখন জন্মগ্রহণ করেন, তখন তার মায়ের চিন্তা হল কোন মুখ দিয়ে দুধ পান করাবেন। প্রায় প্রবাদের মতো এই কথা ছড়িয়ে পড়ে। সমাজে ধূর্ত, ছল-কপট যুক্ত মানুষকে 'দু-মুখো' বলা হয়ে থাকে। হয়ত এই বিকৃতি প্রচুর পরিমাণে থাকার জন্য তাকে দশ মুখ যুক্ত বলা হয়ে থাকে। বিচারের পার্থক্যের জন্য দশ মুখ যুক্ত হয়েছে, আবার শক্তি ও অতি ক্ষমতার জন্য তার কুড়িটি হাত বানানো হয়েছে। কিন্তু পৃথিবীর সাথে যুক্ত পা দুটোই ছিল। চরিত্রের মধ্যে কল্পনা যুক্ত হয়ে রামকথা লোকেদের মধ্যে বিস্তার লাভ করে। ভারতের সমস্ত ভাষা ও সমস্ত সম্প্রদায়ের মধ্যে নিজের বৈশিষ্টনুসারে রামকথা প্রচার ও প্রসার লাভ করে। সমস্ত লোককথায় ওই লোক বিশেষের নিজস্ব লোকপনও আছে। বাংলা ভাষাতেও রামকথার লৌকিকরন হয়েছে। এই সংগ্রহের নিবন্ধে তার আভাস পাওয়া যায়।

আদিম মানুষের বিকাশক্রমের সাথে রামকথার বিকাশক্রমের তুলনা করা যায়। পূর্ব প্রস্তর যুগে থেকে প্রস্তর যুগ; স্বর্ণযুগ ও মহাকাব্যযুগ পর্যন্ত মানুষের বিকাশ প্রক্রিয়ার মূল্যাঙ্কন করলে বলা যায় আদিম

মানুষ আরণ্যক সংস্কৃতি থেকে বেড়ে কৃষি সংস্কৃতিতে পৌঁছে গিয়েছিল। আগুনের খোঁজের সাথে আদিম মানুষের চেতনা বদলাতে লাগল। আদিম মানুষের খাদ্য কাঁচা মাংস এবং ফল ছিল। আগুন আবিষ্কারের আগে অবধি তাকে সবকিছু কাঁচাই খেত হত। কিন্তু আগুনের আবিষ্কার মানবজীবনে যুগান্তকারী পরিবর্তন এনেছিল। কাঁচা মাংসের জায়গায় এখন মানুষ ঝলসানো মাংস খেতে লাগল। স্বাদ বদলানোর সাথে সাথে চিন্তা ধারাও বদলালো। ধীরে ধীরে সভ্যতার পথ খুলতে লাগল। কিন্তু তখনও তার অরন্যক সংস্কৃতি অক্ষুণ্ণ ছিল। ধীরে ধীরে মানুষ সভ্য হতে লাগল। গ্রাম এবং সমুদায়ের সংস্কৃতি এল। তখন সে কৃষিকাজে মননিবেশ করল। চাষবাষ শুরু হল। সম্মিলিত ভাবে কার্য করার পদ্ধতির বিকাশ হল। পরিবার ভাবনার উদয় হল। শিব প্রথম কৃষির দেবতা হিসাবে পরিচিত হন। নন্দী বলদ শিবের বাহন হল, যা স্বয়ং কৃষির প্রতীক। ত্রিশুল হল প্রথম কৃষি যন্ত্র। প্রথমবার শিব পার্বতীর সাথে একটা পুরো পরিবার তৈরী হয়েছিল। পার্বতী খাবার তৈরি করতে লাগল। গৃহ বিজ্ঞানের প্রথম দেবী 'গৌরি', 'সৌরি' এবং 'নল' তিন পদ্ধতিতে খাবার তৈরি করতে লাগল। এই তিন পদ্ধতি আজও চলছে। প্রত্যেক অঞ্চলের পার্বতী সেই অঞ্চলের ভোজনে প্রবীণ ছিলেন। গণেশ, কার্তিক, বাঘ, ষাড়, ময়ূর, ইঁদুর, সাপ, বিছা কৈলাস পর্বতের সাথে এখন মানুষ এবং প্রকৃতির অদ্বৈত রূপে প্রতিপাদিত হয়েছিল। উড়িষ্যায় শিব কৃষির দেবতা। এখন আষাঢ় মাসে একটা অনুষ্ঠান পালন করা হয়। সমস্ত গ্রামের লোক ঘর ছেড়ে বাইরে বেড়িয়ে আসে। পতি শিব হয় আর পত্নী পার্বতী। পতি শিব হাল চালায় আর পার্বতী বীজ বপন করেন। উড়িষ্যায় এক ব্রাহ্মণ জাতির লোক শিবের আশীর্বাদে কৃষিকারী হয়। আরণ্যক সংস্কৃতি মুক্ত পরিবেশে গিয়ে এখন কৃষি সংস্কৃতিতে বদলে গেছে। ভাষার উপলব্ধিও এক আশ্চর্যজনক উপলব্ধি। ভাষার দিক থেকে মানুষের অনেকটাই উন্নতি হয়েছিল। এখনও আদিম মানুষ অন্নের ভোজনের সাথে মাংস খেতে থাকে কিন্তু কাঁচা মাংস থেকে রান্না করা মাংসে পৌঁছে মানুষের সংস্কৃতিক চিন্তায় অনেকটা পরিবর্তন এসেছে।

আরন্যক সংস্কৃতি নিজের রূপ বদলেছে। কৈলাসের উচ্চতা তার লক্ষ্য হয়েছে। বস্ত্র আবরণ ও অন্যান্য আবরণ তাদের শরীর ঢাকার কাজে ব্যবহৃত হচ্ছে। সৌন্দর্যবোধের প্রক্রিয়ায় পরিবর্তন স্বাভাবিক ছিল। পুরুষতা ও কোমলতার মধ্যে সংযোজন হল। তাণ্ডব লাস্যকে নিজের করে নিল। শিব শক্তির আশ্রয় পেল। জীবনে বৈষম্যের সমাহার হল। এখন আদিম মানুষর আরও পরিবর্তন দরকার ছিল। উপর থেকে নীচে সমান ভাবে সামনে এগিয়ে যেতে হত। আরণ্যক সংস্কৃতি থেকে শুধু মুক্তি পাওয়া নয় অরণ্য থেকে মুক্তি চেয়েছিল। কৃষিযোগ্য জমির আবশ্যকতা ছিল। তাই বন দহন প্রক্রিয়া শুরু হল। অগ্নি দহনের দ্বারা কৃষিযোগ্য জমি পাওয়া যেত। সাথে সাথে শুদ্ধ মানবীয় সংস্কৃতিরও প্রাপ্তি হত। আগুনের মাহাত্ম্য বাড়তে লাগল। মানবীয় বৈবাহিক শুদ্ধতায় আগুনই প্রমাণ পেতে থাকে। শুদ্ধতা ও অগ্নি একে অপরের পরিপূরক হয়ে ওঠে। বার বার মানুষ নিজেকে আগুনের মধ্যে দিয়ে শুদ্ধ করেছেন। এই শুদ্ধ সংস্কৃতির উপলব্ধিতে আগুনের ভূমিকা অনস্বীকার্য।

এবার কৃষিসংস্কৃতি হিমালয়ের উপত্যকায় আসে। হিমালয় ও গঙ্গার মধ্যে কৃষির যোগ্য জমি বৈদিক যুগে 'বিদেঘ' বলা হত। এই শব্দ আগে গিয়ে 'ঘ' এর জায়গায় 'হ' হয়ে 'বিদেহ' হয়ে যায়। এই 'বিদেহ'

জমিতেই ফসলের দ্বারা জীবিকা অর্জন এবং উৎপাদন হয়ে গেলে সেখানে গৃহস্থ বা সন্ন্যাসরা বসবাস করত। জমি রূপী বিদেহ তে সীতার জন্ম হয়, যিনি হালের ফলা থেকে পাওয়া যায়। রাম কৃষাণ, যে কৃষি সংস্কৃতির পালক, রক্ষক তথা কৃষি সংস্কৃতি রূপী 'সীতার'। রাম ধনের প্রতীক। যার জন্ম দশ ইন্দ্রিয় রূপী দশরথ থেকে হয়েছে। মানুষের শরীরের জন্য রথ.রূপক এর পরম্পরা আরম্ভ থেকে চলেই আসছে। আত্মা কে রথী, শরীরকে রথ, ইন্দ্রিয়কে ঘোড়া ও মনকে দড়ির সাথে তুলনা করা হয়। রাম এরকম পাঁচ জ্ঞানেন্দ্রিয় ও কর্মেন্দ্রিয় বিশিষ্ট দশরথের থেকে জন্মেছেন যার রক্ষা কৌশল পূর্ণ মা কৌশল্যা দ্বারা হয়েছেন। এক কৃষাণের কুশলতার প্রয়োজন বরাবর হয়েছে। সুমিত্রা নিজের রূপে তার সাথে আছে তো কৃষকের সমস্ত ভালো লক্ষণ সবসময় ছায়ার মত সাথে থাকে। কৈকেয়ী মনের ইচ্ছার প্রতীক, যে পরমার্থের সাথে স্বার্থের পোষক। কারণ কৃষক নীতি, প্রতি, স্বার্থ, পরমার্থর সাথেই পূর্ণ। ভরত কৃষাণদের ভরণ-পোষণের প্রতীক। ও তাকে অনেক শত্রুর সামনাসামনি হতে হয়। শত্রুঘ্ন ভাই রূপে কৃষক রামের সাথে অদ্বৈত্য রূপে জুড়ে আছেন। চার ভাই এক রামের পূর্ণ আদর্শ রূপ। এভাবেই উত্তর ভারত থেকে দক্ষিণ ভারতে কৃষির বিকাশ, রামকথার বিকাশ তৈরী করেছে। ক্রমশ ভূমির অনুর্বরতাকে সামন্তের সাথে জীবন্ত করেছে। অহল্যা উদ্ধারের সাথে সাথে ক্রমশ কৃষি সংস্কৃতির বিকাশ হতে থাকে। তার সাথে আরন্যক সংস্কৃতিতেও বিজয় প্রাপ্ত করেছে। এই মানবীয় সংস্কৃতির সতত বিকাশে কৃষিসংস্কৃতিকেও অগ্নি পরীক্ষার মধ্যে দিয়ে যেতে হয়। সমবৈষম্যের মধ্যে আদিম মানুষের বিকাশ চরম সংঘর্ষের ইতিহাস হয়ে যায়। যুগ যুগ ধরে অনন্ত মানুষের সংঘর্ষ আমাদের যুগপুরুষের নির্মানে ইতিহাস পুরুষের খোঁজ আছে। মানুষের পূর্ণতার পাওয়ার জন্য রামকথা পাঠ করা অবশ্য প্রয়োজনীয়।

আরণ্যক সংস্কৃতির বিনাশ কৃষি সংস্কৃতির বিকাশের পরিনাম হয়ে ওঠে। এখনও আরন্যক সংস্কৃতির বদলানো দরকার। কেবল উৎপাদন দিয়ে নয়, কিন্তু অন্নের সাথে গৌরবের বিকাশ এই সংস্কৃতির তামসী প্রদৃত্তি বিনষ্ট হয়ে যায়। এখন গোপীরা, রাধা গোপাল ও বলরামের মাধ্যমে অন্নের সাথে প্রমূখ রূপে গৌরব এসে যাওয়া পূর্ণতঃ আরন্যক সংস্কৃতিতে জয়লাভ করা। বার বার মানবীয় ক্রান্তির সাথে এই কৃষি সংসৃ্কতি বিকশিত হয়েছে। আদিম মানুষের বিকাশক্রমে এই রামকথা প্রসঙ্গ দেখা যায়। মানবীয় ক্রান্তির সাথে এই কৃষি সংস্কৃতি বিকশিত হয়। মানবীয় মুল্যের উপলব্ধির জন্য সতত সংঘর্ষের এই কথা সময়ের সাথে বদলেছে। যুগসাপেক্ষে মূল্যাত্মক পরিবর্তন হতেই থাকে। কৃষ্ণকাব্য পর্যন্ত পৌঁছে রাম বলরামই হয়ে যায় এবং সব গুণ গোপন হয়ে সামনে আসে। কালের নবীনতা চরিত্রের লঘুতায় পরিণত হয়।

ভরণ, পোষণ, শত্রুহনন, মৈত্রি, বন্ধুত্ব, মাধূর্য্য সমস্ত মানবীয় গুণ কৃষ্ণত্বতে সমাহিত হয়ে যায়। কৃষক সংস্কৃতির বিকাশে উপলব্ধি পূর্বে বিনাশকারী শক্তি উপস্থিত হয়। কৃষ্ণের জন্ম কারাগারে হয়েছিল আর জন্ম হবার আগেই মৃত্যু তাকে ঘিরে আছে। যদি প্রকৃতিক বিপদ থেকে উঠে যায় তবুও জীবনক্রমে মৃত্যু তার পিছন করছে। তবুও সে প্রসন্ন, নৃত্যরত, ত্রিভঙ্গ রূপে জীবন মুল্যের রক্ষার জন্য সতত আনন্দময়। এটাই একজন সম্পূর্ণ কৃষকের সংধর্ষ। কোন পরিস্থিতিতেই তার আনন্দ নষ্ট হয় না। তার পোষাক রূপ নষ্ট হয় না। নির্ভয়ে আনন্দের সাথে সমস্ত মানুষের প্রতিরক্ষক ভাবই তো গোপালত্ব। অন্ন

আর গোরসের সাথে এই বৃত্তের মধ্যে সবার সাথ আনন্দময়। এই চক্রীয় সংস্কৃতিতে কেউ আগে নেই, কেউ পীছে নেই। সবাই সমান ভাবভূমিতে আনন্দময় ক্রীড়ায় নৃত্যরত। এই জীবনের রঙ্গমঞ্চে তার এই শক্তি পূর্ণত লাভদায়ক। কৃষি সংস্কৃতির বিকাশের পরিণতে এর সাথেই হয়। ওখানে পৌঁছে মর্যাদা পুরুষোত্তম গরীব নবাজ গুণবত্তা, ভক্ত বৎসল, সতত সুখদায়ী এবং গোপালত্বের সাথে রাজনৈতিক ন্যায়-অন্যায়ের ভূমিকায় বাঁশির মাধুর্যের সাথে অহিংসা বৃত্তিতে পৌঁছেছিল। যুগের আবশ্যকতার সাথে সমস্ত মূলাত্মক অপেক্ষার আত্মসাৎ করা হয়ে থাকে।

প্রস্তুত সংগ্রহে বিভিন্ন প্রকারের বর্ণনাত্মক ও আলোচনাত্মক নিবন্ধ সংগৃহীত হয়েছে। কৃষ্ণ কাব্য এবং কৃষ্ণ চরিত প্রধান প্রদেশে রাম কথা ও রামচরিত বিষয়ক অভিজ্ঞানের জন্য হয়ত এই সংগ্রহ পর্যাপ্ত রূপে বিবেচিত হবে। এই ধরনের মানবীয় বিস্তারের খোঁজে অযোধ্যা শীল সংস্থান-এর প্রতি আমার শ্রদ্ধা ব্যক্ত করছি।

ইতি

হরিশচন্দ্র মিশ্র

কৃত্তিবাস : এক সংক্ষিপ্ত আকরণ

শৈলেন্দ্র কুমার ত্রিপাঠী

রামকথার লেখকদের ভাষা ভিন্নতার সাথে তাদের কথাও পরিবর্তন হয়ে যাওয়ার জন্য লেখকের কবিস্বভাব এবং স্থানীয় ভূগোলের উপর নির্ভর করে। রামচরিত মানসের রচয়িতা গোস্বামী তুলসীদাসের কথন হল -"রামায়ণ শতকোটি গীতিকথা"। এই তথ্যেরই সংকেত করে। তুলসীদাস যখন তাঁর রামচরিত মানস রচনা করেছিলেন তখন মোগল বাদশা আকবরের শাসনকাল ছিল। তুলসীদাস স্থানীয় শাসনের প্রকৃতি এবং প্রবৃত্তি সম্বন্ধে খুব ভালো ভাবে পরিচিত ছিলেন। তা সত্ত্বেও তার কবিত্ব শক্তির সামর্থ রামচরিতের রচনায় পর্যাপ্ত পরিমানে উল্লেখিত আছে, এটা মানসের পাঠকেরা জানে। ভারতীয় ভাষার মধ্যে রামকথা বিশেষ করে বাংলা সাহিত্যে কৃত্তিবাস ওঝা, শ্রী রাম পাঁচালীর রচনা পঞ্চদশ শতকে 'পয়ার' ছন্দাকারে করেছিলেন। কামিল বুল্ক বলেছেন - "কৃত্তিবাস রামায়ণের প্রথম সংস্করণ শ্রী রামপুর মিশন প্রেস কর্তৃক ১৮০৩ খ্রীষ্টাব্দে প্রকাশিত হয়েছিল। এই বইটিতে অদ্ভুতাচার্য রচিত রামায়ণের অনেক অংশ

জুড়ে দেওয়া হয়েছিল। পরবর্তীকালে বঙ্গীয় সাহিত্য পরিষদ কর্তৃক অযোধ্যাকাণ্ড (১৯০০ খ্রীঃ) এবং উত্তরকাণ্ড (১৯০৩ খ্রীঃ) সম্পাদন করা হয়। তারপর ১৯৩৬ খ্রীষ্টাব্দে নলিনীকান্ত আদিকাণ্ড সম্পাদন করেছিলেন। বাংলা ভাষায় রামকথা সাহিত্য বিভিন্নরূপে দেখা যেতে পারে, কিন্তু কাব্যরূপের মহত্ত্ব এইজন্য আছে যে, এখানকার জীবনের সৈদ্ধান্তিক ব্যবহারিক পক্ষ সাহিত্যের সৈদ্ধান্তিক ব্যবহারিক পক্ষের সমান্তরাল ভাবে চলতে থাকে। লোকমুখে প্রচলিত পৌরাণিক কাহিনী শোধিত হয়ে রচনার আকারে প্রকাশিত হয়। কাহিনী সর্বদা তথ্যের ওপর আধারিত হয় না, লোকের মুখে প্রচলিত কথাও স্থায়ী ভাবনার সৃষ্টি করে। আস্থা বিশ্বাস কল্পনা তার নিজের অঙ্গ। কাব্যরূপ অথবা সাহিত্যরূপে লেখার জন্য একজন রচনাকারকে এই সব কিছুর মধ্যে দিয়ে যেতে হয়। তিনি লিখিত পরম্পরা বা শ্রুতি পরম্পরা বা কল্পনার মধ্য দিয়ে কাহিনীতে তাকে যোগ বিয়োগ করার জন্য স্বতন্ত্র থাকে। আর এই যোগ বিয়োগই তার নিজের মৌলিকতাকে দেখায়।

বাংলা রামায়নে শ্রুতি পরম্পরা, কল্পনা তথা স্থানীয় লোককথা বহুল পরিমাণে দেখা যায়। আদি কান্ডে (কৃত্তিবাস) বিধাতা অর্থাৎ ব্রহ্মা এবং রত্নাকর সংবাদ পরে পাঠকের মনে হবে, জনমানসে প্রচলিত কাহিনীকে আধার হিসেবে মেনেই কবি এগিয়েছেন।

ব্রহ্মা বলে মারি মোরে কত পাবে ধন, করিয়াছ যত পাপ কহিব এখন।
শত শত্রু মারিলে যতেক পাপ হয়, এক গো বধিলে তত পাপের উদয়
একশত ধেনুবধ যেই জন করে, তত পাপ হয় যদি এক নারী মারে।
একশত নারী হত্যা করে যেই জন, তত পাপ হয় এক মারিলে ব্রাহ্মণ।
একশত ব্রহ্ম বধে যত পাপ হয়, এক ব্রহ্মচারী বধে তত পাপোদয়।
ব্রহ্মাচারী মারিলে পাতক হয় রাশি, সংখ্যা নাই কত কত পাপ মারিলে সন্ন্যাসী।
যেই পথ দিয়া গতি করেন সন্ন্যাসী, আরো দীর্ঘ চারিকোশ সম পুরী কাশী।
সে পাপ করিতে যদি থাকে তব মন, করহ এ পাপ সব কহিনু এখন
শুনিয়া কহেন দস্যু রত্নাকর হাসি, মারিয়াছি তোমাহেন কতেক সন্ন্যাসী।
ব্রহ্মা বলে সত্য করি না পালাব আমি, মাতা পিতা দারা সুতে পুছে এস তুমি
অতঃপর যায় দস্যু ফিরি ফিরি চায়, ভাবে বুঝি ভান্ডাইয়া সন্ন্যাসী পালায়।

ঘরে গিয়ে পিতা, মাতা, পত্নী সকলকে জিজ্ঞাসা করার পর রত্নাকরের যখন বোধদয় হয় তখন তিনি বিধাতার পদযুগল জড়িয়ে ধরে। বিধাতা রত্নাকরের নাম বাল্মিকী রাখেন এবং রামায়ন রচনা করার বরদান দেন। এই পুরো কাহিনীটি লোকমুখে প্রচলিত আছে। কিছু কিছু সংশোধন বা পরিবর্তন এতে করা হয়েছে কিন্তু সেটি সময়ের প্রয়োজন অনুযায়ী। বাংলা রামায়ণে রামের জন্মের জন্য কৈকেয়ীর এই ক্ষোভ হওয়ার কারণ হল এবার রাম সিংহাসনের অধিকারী হবে। তুলসী দাসের মানসে এই কথা নেই।

এক অংশে চারি অংশ হইল নারায়ণ, শুনিয়া দুঃখিত বড় কৈকেয়ীর মন

আজ হইতে কৌশল্যা যে বাড়িল সোহাগে, মোরে পুত্র কেন বিধি নাহি দিল আগে,

জ্যেষ্ঠ পুত্র রাজা হয় সর্ব শাস্ত্র বলে, মম পুত্র বিধি আগে কেন নাহি দিলে।

এই ভাবে পরবর্তীকালে দশরথের পুত্র মোহ দেখা যায়। যজ্ঞ রক্ষা করার জন্য বিশ্বামিত্র সম্রাটের নিকট রামকে চাইলেন, এখানে তুলসীদাস লিখেছেন, 'রাম দেত নহি বনত গোঁসাই' বলেও রামকে দিলেন, কিন্তু এখানে (কৃত্তিবাসে) দশরথ প্রথমে রাম লক্ষণের পরিবর্তে ভরত ও শত্রুঘ্নকে পাঠান, পরে যখন জানা যায় এবং বিশ্বামিত্রের কোপের কারণে বিবশ হয়ে দশরথ রামকে দেন।

'ভূপতির বঞ্চনায় ভ্রান্ত তপোধন, মনে ভাবিলেন এই শ্রী রাম লক্ষণ'।

এবং বিশ্বামিত্রও দশরথের এই চালাকি ধরতে পারেননি। তুলসীদাসের মানসে কেবট প্রসঙ্গ বনবাসের সময় প্রথমবার আসে, কিন্তু কৃত্তিবাস রামায়নে মিথিলা যাওয়ার সময়ই এই প্রসঙ্গ উপস্থিত হয়। যখন বিশ্বামিত্র কেবটকে গঙ্গাপার করানোর জন্য বলে - তখন এই রহস্য খোলে -

মুনি বলিলেন বলি কৈবর্ত্ত তোমারে, গঙ্গায় করহ পার এ তিন জনারে।

কাতর কৈবর্ত্ত কহে করিয়া বিনয়, নৌকাখানি জীর্ণ মম শত ছিদ্রময়।

তবে যদি আজ্ঞা কর মোরে তপোধন, স্কন্ধে করি করি পার যাহ তিন জন।

কোথা হইতে আনিল এ পুরুষ সুন্দর, পায়ের পরশে মুক্ত করিল প্রস্তর।

একথা শুনিয়া আমি সময় অন্তর, চরণ ধুলিতে মুক্ত হইল পাথর।

নৌকামুক্ত হয় যদি লাগি পদধুলি, কি দিয়া পুষিব আমি মম পোষ্যগুলি।

করিবেক গৃহিনী আমাকে গালাগালি, বলিবে মুনির বোলে নৌকা হারাইলি।

যদি বলে শ্রী রামের চরণ ধোয়াই, নতুবা লাগিলে ধুলা তরণী হারাই।

কথা প্রায় একই আছে। সেখানে কথা রামের সাথে হয়, এখানে বিশ্বামিত্রের সঙ্গে। কিন্তু মূল কথা প্রায় একই আছে। মিথিলায় শৈব ধনুক (হরধনু) ভঙ্গ করার পর সীতা এবং রামের বিবাহ, চন্দ্রবংশ এবং সূর্যবংশের আলঙ্কারিক বর্ণনা এবং পরশুরামের দর্পচূর্ণ সব আদি কাণ্ডেই সম্পন্ন হয়। কথা বলার বাচনভঙ্গীতে কৃত্তিবাসের নিজস্বতা আছে। তুলসীদাসের তুলনায় কৃত্তিবাসের মধ্যে অনেক বেশী নাটকীয়তা আছে। কল্পনার প্রাচুর্য্য একজন কবির জন্য মানব সমাজকে বাঁধার মন্ত্র এটি কৃত্তিবাস প্রমাণ করেছেন।

অযোধ্যা কাণ্ডের শুরু হয়, শ্রী রামের রাজা হবার প্রস্তাবনা সাথে। কৃত্তিবাসের কাহিনীতেও মন্থরা স্বাভাবিকভাবেই ভরতকে রাজ্য এবং রামকে বনবাসে পাঠানোর পরিকল্পনা কৈকেয়ীকে দেন। এই কথা তুলসীদাসের কাহিনীতেও একই রকম আছে। কৃত্তিবাস লিখেছেন, মন্থরার জন্ম, রামকে দুঃখ, কৈকেয়ীকে অপমান, দশরথের মৃত্যু এবং রাবণের উদ্ধারের জন্যই হয়েছিল -

রামের দুখের হেতু তার উপাদান, রাজার মরণ, কৈকেয়ীর অপমান,

মারিবে রাবণ জাতে, বিধাতা সে জানে, বিধাতা সৃজিল তারে এই সে কারণে।

শ্রীরাম বনে যান, সীতা ও লক্ষ্মণের সাথে তিনি শৃঙ্গবেরপুর আসেন। এখানেই জয়ন্তের কথা আসে। তিনি নিজের কর্মফলের ভোগ করেন। কথা এগিয়ে চলে। দশরথের মৃত্যুর পর ভরত অযোধ্যা

আসেন। সেখানে মায়ের কাছে দশরথের মৃত্যুর কারণ জানার পর মন্থরা এবং কৈকেয়ীকে ভর্ৎসনা করেন। দশরথের অন্তেষ্টি ক্রিয়ার পর সে রামকে ফিরিয়ে আনতে অযোধ্যা থেকে বেড়িয়ে পড়েন। ভরদ্বাজ আশ্রম হয়ে তিনি রামের কাছে পৌঁছান। দশরথের পিণ্ডদানের সঙ্গে গয়া (স্থান)র মহত্ম বর্ণনা করে কৃত্তিবাস অযোধ্যাকাণ্ড শেষ করেন।

অরণ্যকাণ্ডে রামের চিত্রকূটে থাকার কথা গতি দেয়। অত্রিমুনির আশ্রমে অনুসুয়া ও সীতার মিলন হয়। অত্রিমুনি রামকে দণ্ডাকারণ্যের সব কথা বলেন। বিরাধ রাক্ষসের বধ হয়। মৃত্যুর পর বিরাধ মুক্তি পান এবং তিনি পূর্বজন্মের কথা রামকে বলেন -

পূর্ব কথা আমার সুনহ রঘুপতি, কুবেরের শাপে এহেন দুর্গতি।
কিশোর আমার নাম কুবেরের চর, আমাতে সর্বদা তুষ্ট ধনের ঈশ্বর।
একদিন কুবের লইয়া নারী গণে, রঙ্গ স্পলে কেলি কর মাতিয়া মদনে।
কর্ম্মদোষে আমি তথা হই উপনীত, আমারে দেখিয়া তারা হইল লজ্জিত।
কোপে শাপ আমারে দিলেন ধনেশ্বর, দণ্ডক কাননে গিয়া হও নিশাচর।
পশ্চাতে করুণা করি বলেন বচন, শ্রীরামের শরে হবে শাপ-বিমোচন।

এরপর শ্রীরাম শরভঙ্গ মুনির আশ্রমে যান। শরভঙ্গ দেহ ত্যাগ করেন। রাম বনভ্রমণে বেড়িয়ে পড়েন। অগস্ত এবং তাঁর প্রভাবের চর্চার মধ্যে বাতাপী ও ঈল্বলের গল্প সামনে আসে। এরপর রাম পঞ্চবটী চলে আসেন। এখানে জটায়ুর সাথে পরিচয় হয়। তুলসী কৃত মানসে জটায়ু সীতাহরণের পর রাবণের সাথে যুদ্ধ করার সময় আহত হন এবং আহত অবস্থায় শ্রীরামের সঙ্গে তার দেখা হয়। কৃত্তিবাসে জটায়ুর পরিচয় সীতাহরণের আগেই পঞ্চবটীতে হয় -

জটায়ু নামেতে পক্ষী, সে দেশে বসতি, পাইয়া রামের বার্তা এসে শীঘ্রগতি।
শ্রী রামের সম্মুখে হইয়া উপস্থিত, 'আপনার' পরিচয় দেন যথোচিত।
জটায়ু আমার নাম গরুড়নন্দন, তোমার বাপের মিত্র আমি পুরাতন।
পক্ষীরাজ সম্পাতি আমার বড় ভাই, আরো পরিচয় রাম তোমার জানাই।
পূর্বে দশরথের করেছি উপকার, তোই সে তাহার সঙ্গে মিত্রতা আমার।
আইস আইস রাম-সীতা, মোর ঘরে, ইহা কহি বাসা দিল অতি সমাদরে।
তিন জনে অনুব্রজি লয়ে গেল পাখি, পঞ্চবটী দেখিয়া শ্রী রাম বড় সুখী।

পঞ্চবটীতে সুর্পণখার নাক কাটার পর রাক্ষসদেরও রাম লক্ষ্মণ মারেন। খর দূষণের মত প্রতাপশালী রাক্ষসদের বধের পর সুর্পণখা লঙ্কা চলে যায় এবং দশানন রাবণকে ধিক্কার দেয় এবং তাকে সীতা হরণের প্রেরণা দেয়।

নাক কান কাটা তার মূর্তিখানি কালি, সভা মধ্যে রাবণেরে দেয় গালাগালি।
শৃঙ্গার কৌতুকে রাজা, থাক রাত্রি দিনে, রাক্ষস করিতে নাশ রাম আইল বনে।
স্ত্রী মাত্র তাহার সঙ্গে, কেহ নাহি আর, যত ছিল দণ্ডকেতে করিল সংহার।

চতুর্দশ সহস্র রাক্ষস বনে ছিল, একা রাম সকলেরে সংহার করিল।

রামেণ কনিষ্ঠ সে লক্ষ্মণ মহাবীর, তার সহ সমরে হইবে কেবা স্থির।

রামের মহিষী সীতা, সাক্ষাৎ পদ্মিনী, ত্রৈলোক্য মোহিনী রূপ নারী শিরোমণি।

সীতার রূপের সম নাই আর নারী, উর্বশী, মেনকা, রম্ভা হারে রূপে তারী।

এখন মহত তুমি পুরুষ সমাজে, তার রূপ কেবল তোমাতে মাত্র সাজে।

রামেরে ভাঁড়াও, আর ভাঁড়াও লক্ষ্মণে, আনহ রমনী রত্ন যত্নে এই ক্ষণে।

সুর্পণখা রাবনকে বলে - রাম লক্ষ্মণের সাথে ছল করে তুমি সীতাকে নিয়ে এসো। এরপর রাবণ মারীচ নামক রাক্ষসের কাছে যায়, তাকে সহায়তা করতে বলে, কিন্তু মারীচ তাকে বোঝান। রামের ব্যাপারে বলেন। তাকে সচেতন করেন যে রামের সাথে ঝগড়া কোরো না, এটা কোন ভাবেই তোমার আর সম্পূর্ণ রাক্ষসজাতির পক্ষে হিতকর নয়। তা সত্বেও রাবণ মানে না, আর মারীচকে প্রতীত হয়ে যায় -

আগেতে মরিব আমি রাম দরশনে/পশ্চাতে মরিবে তুমি, পরে পুরীজনে।

অর্থাৎ আমি তো আগে রামকে দর্শন করে মরব, কিন্তু পরে তুমি নিজের পরিজন এবং পুরী সমেত মরিবে। মারীচ মায়ামৃগের রূপ ধারণ করে, আর সীতা তার রূপে মুগ্ধ হন। মারীচ মারা যান এবং মরার সময় লক্ষ্মণের নাম উচ্চারণ করেন। এই সব কথা তুলসীদাসের রামচরিত মানসেও আছে। এখানে কৃত্তিবাস সীতার দ্বারা লক্ষ্মণকে বলেন - তুমি এবং ভরত মিলে রামকে রাজ্য এবং পত্নী থেকে বঞ্চিত করতে চাও আর সীতা এটা কোনদিন হতে দেবে না।

বৈমাত্রেয় ভাই কভু নহে ত আপন, আমি প্রতি লক্ষ্মণ, তোমার বুঝি মন।

ভরত লইল রাজ্য তুমি লও নারী, ভরতের সঙ্গে খড় আঢ়য়ে তোমারি।

মনের বাসনা কি সাধিবে এই বেলা, আমার আশাতে কি রামেরে কর হেলা।

অপর পুরুষে যদি যায় মম মন, গলায় কাটারি দিয়া ত্যাজিব জীবন।

এরপর সীতা হরণ ও জটায়ুর মৃত্যুর কথা আসে, কিন্তু কৃত্তিবাস জটায়ুর ভাইপো আর গরুড়ের পৌত্র সুপার্শ্বের কথাও এই ক্রমে নিয়ে এসেছেন। রাবণ মহাবলী সুপার্শ্বের কাছে ক্ষমা চেয়ে লঙ্কায় আসেন। সুপার্শ্ব জানতই না যে দশানন তার কাকা জটায়ুর হত্যাকারী। লঙ্কার অশোক বনে, সীতার আহারের ব্যবস্থা দেবতাদের দ্বারা করা হয়। কৃত্তিবাস এটি উল্লেখ করেছেন। কৃত্তিবাস লোককথার সংযোজন রামকথাতে এমন ভাবে করতে থাকেন যে এটি মূল কাহিনীর অংশ হিসাবে মনে হয়। রাম ও লক্ষ্মণ সীতার অণ্বেষণ এমনভাবে করেন যে, তা দেখে চকবা ও চকবী পক্ষীদ্বয় উপহাস করে বলে যে, এই ক্ষত্রিয় রাজপুত্র দ্বয় একজন নারীকে রক্ষা করতে অসমর্থ। এর থেকেও অধিক লজ্জার কথা হল যে, এরা চর্তুদিকে ঘুরে ঘুরে সকলকে জিজ্ঞাসাও করছে। এই কথায় রামের রাগ হয় এবং তিনি সাধারণ মানুষের মত চকবা-চকবীকে অভিশাপ দিয়ে ফেলেন -

এক নারী দুই জনে রাখিতে না পাব, নারী উদ্দেশ্যে তাই হইলা দেশান্তর।

পক্ষিরূপে জন্ম মোর বৃক্ষ শাখে থাকি, একেশ্বর পক্ষী আমি, দুই নারী রাখি।

কি বলিবে জিজ্ঞাসিলে ক্ষত্রিয় সমাজ, স্ত্রীকে হারাইয়া পুছ, নাহি বাস লাজ।
পক্ষীর বচন শুনি কমল-লোচন, অগ্নি সম নেত্র করি কহিলা বচন।
স্ত্রীকে হারাইয়া আমি পুছিনু তোমায়, তেই কি করিলে তুমি বিদ্রুপ আমায়।
স্ত্রীর সঙ্গে বসি মোরে কৈলা উপহাস, স্ত্রীর গর্ব রতি-রস আজি হোক নাশ।
রজনীতে আহার করিবে দুইজনে, কেহ কার না চিনিবে আমার বচনে।
উদ্দেশ না পাবে কেহ রাত্রির ভিতরে, রাত্রিতে বিচ্ছেদ হয়ে থাকিবে অন্তরে।

মানব সমাজে চকবা চকবীর এই বিরহ এখনো চলছে। যদিও কৃত্তিবাসের রাম দ্বাপর যুগ শেষ হওয়ার আগেই ভরত পক্ষীদ্বয়ের শাপমোচন করে দিয়েছিলেন। তথাপি লোকমুখে এখনও তাদের বিরহ কাহিনী প্রচলিত। কাহিনী এগিয়ে চলে। রাম জটায়ুর দেখা হয়। জটায়ু আহত হয়ে পড়ে আছে দেখে রাম অনুমান করেন যে, জটায়ু সীতাকে ভক্ষণ করেছে। রাম জটায়ুকে অপমান করে কিন্তু সত্যিটা জানার পর অনুতাপও করেন। জটায়ুর মৃত্যু হয়। রাম পিতার মতো শেষকৃত্য সম্পন্ন করেন। লক্ষ্মণ চিতা সাজায়। জটায়ুর মুক্তির পরে কবন্ধের মুক্তির বিধান তৈরী হয়। কৃত্তিবাস কবন্ধের প্রসঙ্গে বলেছেন, যে তিনি আগে কুবের নামক অতি সুন্দর দৈত্য ছিলেন। কামদেব এবং চন্দ্রমাও তার রূপ দেখে লজ্জিত হতেন। এর অহংকারও এমন ছিল যে, যখন তখন দেবতা, ঋষি, মুনিদেরকে উপহাস করত। এক মুনি এই কারণে তাকে অভিশাপ দেয়, এবং সে তার রূপ হারিয়ে ফেলে। রাম তাকেও উদ্ধার করেন। অস্পৃশ্য কন্যা শবরীকেও রাম উদ্ধার করেন। অরণ্য কাণ্ডের কথা এখানে সমাপ্ত হয়।

কিষ্কিন্ধ্যাকাণ্ডের প্রারম্ভেই কৃত্তিবাসের এখানে শ্রী রাম ও সুগ্রীবের বন্ধুত্ব হয়েছে। এখানেও মুনি রূপে সুগ্রীবের দূত হয়ে হনুমান আসে। সীতাহরণের সময় সীতা যে অলঙ্কারগুলি ফেলেছিলেন, কিষ্কিন্ধ্যার বানরগণ সেগুলি যত্ন করে রেখেছিল। রাম ও লক্ষ্মণ সেই অলঙ্কারগুলি দেখে চিনতে পারেন। রাম সুগ্রীবের বন্ধুত্ব, বালীবধ আর কিষ্কিন্ধ্যা রাজ্য সুগ্রীবকে দেওয়ার কথা কৃত্তিবাস বলেছেন। তুলসীদাস তার অগ্রজ কবি কৃত্তিবাসের থেকে কত লাভ নিয়েছেন তা জানা যায় নি, কিন্তু রামকথা তো কৃত্তিবাসের দ্বারাই সমৃদ্ধ হয়েছে এতে সন্দেহ নেই।

বালি বধে কৃত্তিবাসে লক্ষ্মণের কান্না আশ্চর্যজনক লাগে কিন্তু কথার অংশই এটা -

বালক অঙ্গদে কান্দে মৃত্তিকা-শয়নে, পশু-পক্ষী কান্দে বালির মরণে থাকুক অন্যের কথা, কাঁদেন লক্ষ্মণ, শ্রীরাম সুগ্রীব দোহে বিরস বদন। বালীপত্নী তারা শ্রীরামকে শাপ দেন যে, তুমি আমার স্বামীকে মেরে আমাকে বিধবা বানিয়ে দিলে তাহলে তুমিও শোন -

আমি যদি সতী হই ভারত-ভিতরে, কাঁদিবে সীতার হেতু চিরদিন ধরে।
আমি এ দিলাম শাপ না হবে খণ্ডন, সীতার কারণে রাম হবে জঞ্জালাতন।
সীতার-কারণে তুমি প্রাণ হারাইবে, এ জন্মের মত দুঃখে কাল কাটাইবে।
বানরী হইয়া তারা রামেরে গরজে, এতেক সম্পদ মোর তোমা হেতু মজে।
ইহা ন মনে করিহ, আমি নারায়ণ, কর্মমত ফল ভোগ করে সর্ববজন।

কৃত্তিবাস খুব পরিস্কার শব্দে বলতে চেয়েছেন যে, মানুষ অথবা নারায়ণ যেই হোক কর্মফল সকলকে ভোগ করতে হয়।

সীতার খোঁজে সুগ্রীব দ্বারা বানরদের বিভিন্ন দিকে পাঠানো, ও দক্ষিণ দিকে হনুমানকে পাঠানো, অনেক ফিতুর পর বানরগণের সম্পাতি নামক এক পক্ষীর কাছে পৌঁছল এবং সম্পাতিকে পুরো রাম কথা শোনাল এবং শোনার পর সম্পাতির নতুন পাখা গজিয়ে ওঠা কোনো চমৎকারের থেকে কম নয়।

সুন্দরকাণ্ডের শুরুতে বানরগণ মন্ত্রণা করে যে, কে সমুদ্র পার করবে। সবাই নিজের-নিজের বল-বৃত্তান্তের বর্ণনা করে। জাম্বুবান হনুমানের জন্ম বৃত্তান্ত বলেন এবং হনুমান রামের কাজের জন্য সাগরপার লঙ্কায় যাবার জন্য প্রস্তুত হন। সুরসা, মৈনাক, সিংহিকার সঙ্গে মিলিত হয়ে হনুমান লঙ্কায় প্রবেশ করেন। তার লঙ্কায় পৌঁছনোর সঙ্গে সঙ্গেই লঙ্কার রক্ষাকর্তী শিবসতী চামুণ্ডা লঙ্কা পরিত্যাগ করে চলে যায়। তিনি হনুমানকে বলেন যে, শঙ্কর (শিব) তাকে বলেছিলেন, রামের অবতার দশরথের এখানে হবে, আর তাঁর দূত হনুমান যখন সীতার খোঁজে লঙ্কায় আসবে, তখন তুমি লঙ্কা ছেড়ে কৈলাশ চলে এস। তাই এখন আমি যাচ্ছি -

শঙ্কর বলেন, থাক এই সংখ্যা তার, যতদিন নাহি হয় রাম-অবতার।
জন্মিবেন রাম দশরথের ভবনে, তার পত্নী সীতা সতী হরিবে রাবণে।
সীতা অণ্বেষণে রাম পাঠাবেন চর, তার নাম হনুমান, আকারে বানর।
যখন দেখিবে লঙ্কাগত হনুমান, তখন ছাড়িবে লঙ্কা আসিবে স্বস্থান।
সেই হৈতে রাখি আমি স্বর্ণ লঙ্কাপুরী, হনুমানে না দেখিয়া যাইতে না পারি।
কাহার সেবক তুমি কোথা তব ঘর, কি মতে তরিলে তুমি অলঙ্ঘ সাগর।
হনুমান বলে আমি রামের কিঙ্কর, সুগ্রীবের পাত্র আমি পবন কোঙরা।
সীতা অণ্বেষণে আইলাম লঙ্কাপুরী, শ্রীরামের দূত আমি, তাই সিন্ধু তরি।
শুনিয়া হনুর কথা চামুণ্ডার হাস, লঙ্কায় দেখিয়া তারে গেলেন কৈলাস।

রামচরিত মানসে চামুণ্ডা নয়, লঙ্কিনী নামক রাক্ষসের কথা আছে। প্রত্যেক কবির নিজের লোক অনুশাসন থাকে, কৃত্তিবাসেরও ছিল। লঙ্কায় হনুমানের সাথে বিভীষণের সাক্ষাৎ হয় নি তথা ত্রিজট প্রথমে সীতাকে রাবণের পটরানী হওয়ার বুদ্ধি দেয়। পুনঃ তিনি স্বপ্ন দেখেন, যেখানে হনুমানের লঙ্কাদহন অক্ষয়বধের ঘটনায় আছে। কৃত্তিবাসে সীতাকে শরমা স্বান্তনা দেয়। লঙ্কাদহনের পর সীতার আশীর্বাদ নিয়ে হনুমান ফিরে আসেন। অন্যদিকে বিভীষণ রাবণের দরবারে আসেন এবং নীতিকথার দ্বারা রাবণকে উপদেশ দেন যে, আপনি অধর্ম ছেড়ে সীতাকে ফিরিয়ে দিন। এর পরিণামে রাবণ বিভীষণকে অপমান করেন। এইদিকে হনুমানের ফিরে আসায় বানরগণ প্রসন্ন হয় ও মধুবন ধ্বংস করে ফেলে। এদিকে বিভীষণ রাবণের দ্বারা অপমানিত হয়ে কুবেরের সঙ্গে দেখা করে এবং সেখান থেকে যেনে তিনি ভগবান শঙ্করের দর্শন করেন। শিবের আদেশে বিভীষণ রামের কাছে যায়, যেখানে হনুমান তাকে চিনে ফেলে ও বলে এই সেই ব্যক্তি যার কারণে রাবণ আমার অপরাধের দণ্ড কমিয়ে দেয়।

হেন কালে কহে আসি বীর হনুমান এই বিভীষণ মোরে দিলা প্রাণদান।

এরপর লঙ্কার দিকে যেতে গিয়ে সাগরকে পথ দেওয়ার জন্য প্রার্থনা করেন রাম, কিন্তু সাগর রাস্তা না দেওয়ার কারণে কুপিত রামকে তুলসীদাস মনে হয় কৃত্তিবাসের চোখ দিয়েই দেখেছেন।

সাগরের কূলে শয্যা করিলেন কুশে, তদুপরি রহিলেন রাম উপবাসে।
তিন উপবাস গেল, না দেখি সাগরে, কহিলেন লক্ষ্মণেরে কুপিত অন্তরে।
আজি আমি সাগরের দিব ভাল শিক্ষা, ধনুর্বাণ আন ভাই, কিসের অপেক্ষা।
অধমে করিলে স্তব নাহি ফল দেখে, মারিবে সাগর আজি, কার বাপ রাখে।
তিন উপবাস করি তার আরাধনে, সাগর শুষিব আজি অগ্নি জাল-বানে।
আজি সাগরের আমি লইব পরাণ, অগ্নি-জাল বাণে রাম পুরেন সন্ধান।
অগ্নিবাণ প্রভাবেতে শুকায় সাগর, পুড়িয়া মরিল মৎস কুম্ভীর মকর।
চলিল পাতাল সপ্ত-সাগরের পাস, বাণ দেখি সাগরের লাগিল তরাস।
ভয় পেয়ে সাগর কাঁপয়ে থর-থর, মাথায় ধবল-ছত্র টলিল সত্বর।
তুলসীদাস কৃত মানসেও - 'বিনয় ন মানত জলধি জড় গয়ে।
তিন দিন বীতি থেকে সন্ধ্যানেক্ত প্রভু বিসিরখ করালা উঠি।

উদধি উর অন্তর জস্বলা - এই পর্যন্ত পাঠকরাও সহজভাবে বুঝতে পারবে পরম্পরায় সমৃদ্ধ কিছুকে ফেলে বড় থেকে বড় কবি নিজেকে সীমিত ও সংকীর্ণ করতে পারে, কিন্তু পারস্পরিক জ্ঞানের উপযোগ সতেজ, সতর্ক এবং সচেতন রচনাকারই করতে পারেন, যেটা তুলসীদাস করেছেন।

এখানে কৃত্তিবাসে 'নল' সাগরের উপর সেতু বানানোর কাজ করে। 'নীল' নামক কারোরই উল্লেখ নেই এই কাজের জন্য। কাঠবিরালি দ্বারা সেতুবন্ধনে সহায়তা এবং রাম দ্বারা শিবের স্থাপনার সঙ্গে রামের লঙ্কা অভিযানের গতি প্রাপ্ত হয়। ভস্মলোচনকে রাম বধ করেন। ভস্মলোচন বর পেয়েছিল যে, সে যাকে খোলা চোখে দেখবে সে ভস্ম হয়ে যাবে। বিভীষণের পরামর্শে রাম দর্পন বানের দ্বারা ভস্মলোচনকে বধ করেন। এইভাবে সুন্দরকাণ্ড সমাপ্ত হয়। এরপর কৃত্তিবাস লঙ্কাকাণ্ডের কথা শুরু করেন, যেখানে শুরুতেই রাবণের গুপ্তচর শুক ও সারণ রামের দলের নিরীক্ষণ করে। বিভীষণ দুইজনকেই চিনে ফেলেন, তখন রাম তাদের অভয় দেন। তারপর শার্দুলকে পাঠানো হয়। কৃত্তিবাস বর্ণনায় অতিশয়োক্তি বার বার দেখা যায়।

রাবণকে রামের সেনা সম্বন্ধে বিস্তারিত ভাবে বলতে গিয়ে শুক ও সারণের কথা কিছুটা এইরকম-

রামের বানর সংখ্যা কি কব কাহিনী, শত কোটি বানরেতে এক বৃন্দ গনি।
শতকোটি বৃন্দ এক মহাবৃন্দ হয়, শত কোটি মহাবৃন্দ অবর্বুদ নিশ্চয়।
শতকোটি অর্বুদেতে মহার্বুদ লেখা, শতকোটি মহার্বুদে এক খর্ব্ব শিক্ষা।
শতকোটি খর্ব্ব এক মহাখর্ব্ব হয়, শতকোটি মহাখর্ব্ব শাঙ্খ সুনিশ্চয়।
শতকোটি শঙ্খে এক মহাশঙ্খ জানি, শতকোটি মহাশঙ্খে একপদ্ম জানি।

শতকোটি পদ্মে এক মহাপদ্ম হয়, শতকোটি মহাপদ্ম সাগর নির্ণয়।

শতকোটি সাগরে মহাসাগর জানি, শতকোটি মহাসাগরে এক অক্ষৌহিণী।

শতকোটি অক্ষৌহিনীতে এক অপার, অপারের অধিক গণনা নাহি আর।

এটা তো সেনার মহিমামণ্ডনের কথা, এমনিতেই কৃত্তিবাস একজন লোক কবি আর লোক কবি যখন কোনো সংখ্যা, ব্যক্তি, বিচারের জন্য গুণকীর্তন করেন, তখন কবি নিজের সীমা অতিক্রম করে ফেলে। কথা এগিয়ে চলে। শার্দুলের কাছে রামের সেনার বিবরণ পেয়ে রাবণ বিদ্যুতজিহ্বাকে মায়ামুণ্ড বানাতে বলেন। শ্রী রামের এই মায়ামুণ্ড দেখিয়ে সে সীতাকে ভয় দেখায় আর সীতা ভয় পেয়ে বিলাপ করেন। শরমা নামক রাক্ষসী সীতাকে সাহস দেয়। রাবণের মাতা নিকষা আর পিতামহ মাল্যবান রাবণকে বোঝায় যে, রামচন্দ্রকে সাধারণ মানুষ ভেবে ভুল কোরো না। তার কার্যের দ্বারা তার মহত্বের বিচার করো আর সীতাকে সসম্মানে পাঠিয়ে দাও। কিন্তু রাবণ সকলকে ধমকে চুপ করিয়ে দেয়। এদিকে শরমা সীতাকে রাবণের সব সূচনা দেন। সুগ্রীব লঙ্কার চার দরজার বাইরে সৈন্যব্যুহ রচনা করে। এই যুদ্ধের আগে মহাদেব ও পার্ব্বতীর মধ্যে ঝগড়া হয় আর যুদ্ধ আরম্ভ হওয়ার পর অঙ্গদ দূত হিসাবে যায়। অঙ্গদ-রাবণ সংবাদ তুলসীদাস ও কেশবদাস তথা অন্য কবির রচনাতেও আছে। কিন্তু কৃত্তিবাসে এই সংবাদ অপেক্ষাকৃত বিস্তৃতভাবে আছে। অঙ্গদ এমন এমন তর্ক করে যে রাবণ বার বার লজ্জিত হয় কিন্তু এর শুরু ইন্দ্রজিৎকে লজ্জিত করে। রাবণ অঙ্গদকে ভয় দেখানোর জন্য নানা মায়াবী রূপ ধারণ করেন। অঙ্গদের চারিদিকে রাবণ দাঁড়িয়ে। তখন তার সমস্যা হয়, সে কোন রাবণকে সম্বোধন করে, তখন সে ইন্দ্রজিৎকে বলে-

অঙ্গদ বলে সত্য করে কও রে ইন্দ্রজিতা, এই যতো বসি আছে সবাই কি তোর পিতা।

তারি জন্য এত তেজ লঘু-গুরু না মানিস, তোর বাপের এত তেজ ইন্দ্র বেঁধে আনিস।

ধন্য নারী মন্দোদরী ধন্য রে তোর মা কে, এক যুবতী এতেক পতি ভাব কেমনে রাখে।

কোন বাপ তোর দিগ্বিজয় কৈল তিন লোকে, কোন বাপ তোর কোথা গেল পরিচয় দে মোকে।

কোন বাপ তোর চেড়ীর অন্য খাইল পাতালে, কোন বাপ বাঁধা ছিল অর্জুনের অশ্ব-শালে।

কোন বাপ যম জিনিতে গয়া ছিল দক্ষিণ, কোন বাপ মান্ধাতার বাণে দাঁতে কৈল তৃণ।

কোন বাপ ধনুক ভাঁঙিতে গিয়াছিল মিথিলা, কোন বাপ কৈলাসগিরি তুলিতে গিয়া ছিল।

কোন বাপ তোর বধূর প্রেমে হইল আসক্ত, তোর কোন বাপের ভগ্নী হরে নিল মধু দৈত্য।

অঙ্গদের এই প্রশ্ন অনবরত চলতে থাকে যতক্ষণ না রাবণ লজ্জা পেয়ে মূল রূপে ফিরে আসে। দূতকর্ম করতে গিয়ে অঙ্গদকে নিজের রক্ষার্থে চারজন রাক্ষসকে বধ করতে হয়। কৃত্তিবাস যখন সেনার বর্ণনা করেছেন, তখন কয়েক হাজার অর্কেষ্ট্রার বাজনাদারদের বাদ্য যন্ত্রের সূচী খুব সহজভাবে গোনা যায়। পরে রাবণের আদেশে ত্রিজটা যুদ্ধে, নাগপাশে আবদ্ধ শ্রীরাম ও লক্ষ্মণকে দেখানোর জন্য বিমানে চড়িয়ে পরে সীতাকে নিয়ে ভয় দেখাতে যায়, কিন্তু রাবণের এই চালও আকাশবাণীর দ্বারা ধ্বংস হয়ে যায়, যাতে বলা হয় যে, শ্রীরামের নাশ কখনোই হবে না। গরুড় নাগপাশ থেকে তাদের মুক্ত করে। সেই সঙ্গে সে শ্রীরামকে শ্রী কৃষ্ণের বেশে দেখার ইচ্ছা প্রকাশ করে। হনুমান ক্রুদ্ধ হন। সে চাইনি যে তার অনন্য সেবায় বাধা পড়ে।

তাই তিনি দ্বাপর যুগে কৃষ্ণ হওয়া রামকে গরুড়ের উপস্থিতিতে বাঁশি ছেড়ে ধনুর্বাণ ধারণ করানোর প্রতিজ্ঞা করেন। যুদ্ধ নিজের গতিতে চলতে থাকে। যুদ্ধে রাক্ষসদের তরফ থেকে মহাবলী ধূম্রাক্ষ আসে এবং তার পতন হয়। অকম্পন, বজ্রদংষ্ট্র, প্রহস্তের মৃত্যুর পরে স্বয়ং রাবণ যুদ্ধভূমিতে আসেন। প্রচণ্ড যুদ্ধের পর সে অপমানিত হয়ে ফিরে আসে এবং কুম্ভকর্ণকে যুদ্ধে পাঠানোর জন্য জাগাতে বলেন। এদিকে কুম্ভকর্ণ বরদান পেয়েছিল যে, নিদ্রপূর্ণ না করে যদি সে জাগে তাহলে তার বিনাশ নিশ্চিত। রাবণকে বুঝিয়ে কুম্ভকর্ণ যুদ্ধে যায় ও ভয়ানক যুদ্ধ হয়। অবশেষে সে মারা যায়। নরান্তক, দেবান্তক, মহোদর, ত্রিশিরা ও মহাপাশ তারপর যুদ্ধে আসে এবং মারা যায়। রাবণপুত্র অতিকায় যখন মারা যায়, তখন তার কাটা মাথাও রাম-রাম বলতে থাকে। এরপর ইন্দ্রজিতের নিকুম্ভিলা যজ্ঞ সম্পন্ন হয়, এবং সে যুদ্ধে বিভীষণ ও হনুমান ছাড়া সকলকেই অজ্ঞান করে দেয়। হনুমান ঋষ্যমূক পর্বত থেকে ঔষধি এনে সকলের জ্ঞান ফিরিয়ে আনেন। এদিকে রাবণ লঙ্কার চারটি দরজা বন্ধ করে দেন। চারিদিকের দরজা পাঁচ দিন পর্যন্ত বন্ধ থাকে। সেনাপতিদের আদেশে বানর দ্বিতীয়বার লঙ্কা দহন করে। কৃত্তিবাস বলেন যে, এই দ্বিতীয় বারের লঙ্কাদহনে হনুমান ত্রিশ কোটি মহিলার মুখ জস্কালিয়ে দেয়।

ত্রিশকোটি রমণীর পোড়ায় বদন, লাফ দিয়া উঠে চলে পবন নন্দন।

এরপর কুম্ভ-নিকুম্ভ যুদ্ধে আসে ও তাদের পতন হয়। মকরাক্ষ ও যুদ্ধে মারা যায়। বিভীষণ পুত্র তরণী সেন রাবণের পক্ষে যুদ্ধ করতে গিয়ে মারা যায় এবং এটি কৃত্তিবাসের রামায়ণের গুরুত্বপূর্ণ ঘটনা। তরনীসেনকে যুদ্ধে যাবার আদেশ দেওয়ার সময়ই রাবণ প্রথমবার নিজের ভূল স্বীকার করেন -

রাবণ বলে, লঙ্কাপুরী রাখহ তরনী, এতেক প্রমাদ হবে, আগে নাহি জানি।
তব পিতা বিভীষণ ধর্মেতে তৎপর, হিত উপদেশ ভাই বুঝালে বিস্তর।
অহঙ্কারে মত্ত আমি, ছিন্ন হইল মতি, বিনা অপরাধে তারে মারিলাম লাথি।

তরনীসেন যুদ্ধে যায় আর ভয়ঙ্কর যুদ্ধের পর বিভীষণের পরামর্শে ব্রহ্মাস্ত্র দিয়ে শ্রীরাম তাকে বধ করেন।

যুদ্ধে মৃত্যুর পর বিভীষণ উদঘাটন করেন যে তরণী তার পুত্র ছিল। তখন দুই সেনাদলই দুঃখ পায়। মরার আগে তরণীসেন যে আলঙ্কারিক শৈলীতে রামচন্দ্রের স্তুতি করেন তা দেখার মত -

করিছে তরণীসেন করি জোড় হাত, দেবের দেবতা তুমি, জগতের নাথ।
তুমি ব্রহ্মা, তুমি বিষ্ণু, তুমি মহেশ্বর, কুবের বরুণ তুমি যম পুরন্দর।
তুমি চন্দ্র, তুমি সূর্য, তুমি দিবারাত্রি, অনাথের নাথ তুমি, অগতির গতি।
তুমি সৃষ্টি, তুমি স্থিতি, তোমাতে প্রলয়, সত্বর জস্তমোগুণে, তুমি বিশ্বময়।
মৎস-কুর্ম্মবরাহ-নৃসিংহ-রূপধারী, হিরণ্যকশিপু, রিপু গোলক-বিহারী।
গম্ভীর-মহিমা বীর মিহির-বংশজ, অন্তিমে আশ্রয় দেহ ও পদ-পঙ্কজ।
বকার-বিহীন দীন-দয়াময় নাম, রঘুকুলোদ্‌ভব নব-দুর্ব্বাদল-শ্যাম।

এই ভাবে প্রার্থনা করা শত্রুর মৃত্যুতে দুই দলের সেনারই দুঃখ পাওয়া স্বাভাবিক। তরণীসেনের

যুদ্ধে মারা যাওয়ার পর বীরবাহু ধুম্রাক্ষ ও ভস্মলোচন যুদ্ধে আসে ও ক্রমশঃ মারা যায়। ভস্মলোচনের কথা কৃত্তিবাস সুন্দরকাণ্ডের শেষেও বলেছেন। প্রায় সেই একই কথা লঙ্কাকাণ্ডেও বলেছেন। প্রবন্ধকারের জন্য সহজ হত যদি সে ভস্মলোচনকে ভস্মাক্ষ বানিয়ে দিত। প্রবন্ধকার কাব্য সিদ্ধির কুশলতায় কৃত্তিবাস তুলসীদাসের তুলনায় অনেক বেপরোয়া। রাবণপুত্র বীরবাহুকে কৃত্তিবাস ইন্দ্রজীতের সমকক্ষ যোদ্ধা বলেছেন, সেই বীরবাহু যখন যুদ্ধক্ষেত্রে আসে, তখন রামচন্দ্রকে দেখে বিভীষণ পুত্র তরণীসেনের মত প্রার্থনা করতে থাকে -

''বহুস্তুতি করে বলে রাবণ-নন্দন, অনুক্ষণ জপে ধ্যানে দেব-ত্রিলোচন।
সাম-ঋক্-যজু ও অথবর্ব তোমা হৈতে, অসীম মহিমাগুণ নারি সীমা দিতে।
হেন পাদপদ্ম দেখিলাম অনায়াসে, পরিপূর্ণ হইল এবং মম অভিলাষে।
তব-পাদ-পদ্মে জেবা নাহি মাগে বর, বৃথায় জীবন তার অবনী-ভিতর।
আপনি করেছ বিধি, না হয় খণ্ডন, ও পাদ-স্মরণে হয় পাপ-বিমোচন।
এ ভব-সংসার দেখি অকুল পাথার, রাম-নাম-তরণী করিয়ে হব পার।
তুমি নারায়ণ-ধর্ম্ম ব্রহ্ম সনাতন, রাক্ষস-বিনাশকারী ভুবন মোহন।
উৎপত্তি প্রলয় তুমি অচিন্ত্য-রতন, তোমারে চিনিতে প্রভু পারে কোন জন।
অধম রাক্ষস আমি, বড়হ পাপিষ্ট, এ দুঃখে তারিতে প্রভু, তুমি মহাইষ্ট।
চিরদিন মহাপাপ করেছি অপার, বৈষ্ণব-অস্ত্রেতে মোরে কর হে সংহার।

আর কেনো রাক্ষস যদি এই কামনা করে যে, আপনি আমাকে অমুক অস্ত্র দিয়ে বধ করুন, তাহলে তো যুদ্ধ ক্ষেত্রের গম্ভীরতায় প্রশ্নচিহ্ন পড়ে যায়। কিন্তু তা নয়, কারণ কৃত্তিবাস প্রথমেই বলেছেন যে তিনি বাল্মিকীকে অনুসরণ করেছেন। কিন্তু বাল্মিকীর লঙ্কাকাণ্ডে ও কৃত্তিবাসের লঙ্কাকাণ্ডের অনেক পার্থক্য আছে। যদিও বাণগুলির নাম বলতে গিয়ে কৃত্তিবাস খুব গম্ভীর -

অমর্ত্য সমর্থ বাণ মহাবল, বিষ্ণুজাল অগ্নি জাল বাণ-কালানল।
বরুণ মুখ উল্দামুখ অতি শারখান, গ্রহাদি নক্ষত্র রুদ্র জোর্তিময় বাণ।
শিলীমুখ সূচী মুখ ঘোর-দরশন, সিংহদন্ত বজ্রদন্ত বাণ-বিরোচন।
রিপু হন্তা বিশ্বহন্তা বিপক্ষ সংহার, চন্দ্রমুখ সুর্যমুখ বাণ-সপ্তসার।
কালদণ্ড যমদণ্ড বাণ কর্ণিকার, ইন্দ্রজাল ব্রহ্মজাল বাণ-শতধার।
গরুড় অসুর-মুখ হংস-মুখ বাণ, ধূম্র মুখ-কুর্ম্মমুখ শমন-সমান।
নীল হরিতাল বাণ বিকট-দশন, বিলাপ প্রলাপ বাণ মহা-পদ্মাসন।
ভয়ংকর দুষ্কর কামিনী-মনোহর, পশুপত হয়গ্রীব দেখিতে সুন্দর।
কুবের পবন অস্ত্র অতি খরশাণ, নবধন উল্কা-বাণ কে করে বাখান।
শোষক-পোষক বাণ অঙ্গ যে বিভঙ্গ, ত্রিশুল-অঙ্কুশ-বাণ বিহ্বল মাতঙ্গ।
বিকট-সংকট বাণ সার্থক পথিক, মাল্যবাণ হিরাবন্ত শারঙ্গ ঐষীক।

গজাঙ্কুশ শিলাচুর্ণ গভীর গরজে, যাইতে বাণের মুখে জয়ঘন্টা বাজে।

সেনা-বাণের নাম, যোদ্ধাদের পরাক্রম ও কবির চাতুরী অনায়াসে প্রাপ্ত হয়ে গেছে এটা বলা ঠিক নয়। লোক সাহচর্যের সঙ্গে কবির কল্পনা আর নিরন্তর অধ্যয়নের ফলেই এটা সম্ভব হয়েছে। ইন্দ্রজীৎ মায়া সীতা নিয়ে এসে বানর সেনার সম্মুখে বধ করে দেয় আর সবাই স্বীকারও করে নেয়। হনুমান থেকে রাম পর্যন্ত। এটা তো ভালো যে বিভীষণ বোঝায় যে, দশ হাজার রাক্ষসীর পাহারায় যে সীতা আছে ইন্দ্রজীত কী করে তাকে নিয়ে আসতে পারে। এত ভালো সুরক্ষা .... কিন্তু হনুমান তো নিজের চোখে দেখেছে। এই বিষয়ে বিভীষণের উত্তর হল - হনুমান পশু, তার বুদ্ধি নেই।

রাম বলে, দেখিয়াছে পবন-নন্দন, বিভীষণ বলে, হনু পশুতে গণন।

বন জন্তু বানর সে, বুদ্ধি নাহি ঘটে, মহালক্ষ্মী মা জানকী, কার সাধ্য কারে।

'বুদ্ধিমতাং বরিষ্ঠম্'-এর সংজ্ঞা পাওয়া রুদ্রাংশ হনুমানকে কৃত্তিবাসের বিভীষণ এটা বলতে পারেন যে সে বানর আর বানরের বুদ্ধি হয় না। ইন্দ্রজীতের নিকুম্ভিলা যজ্ঞ বিভীষণের সহায়তায় বানরগণ ধ্বংস করে এবং লক্ষ্মণের হাতে ইন্দ্রজীতের মৃত্যু হয়। লঙ্কায় ধ্বংস করে এবং লক্ষ্মণের হাতে ইন্দ্রজীতের মৃত্যু হয়। লঙ্কা শোকাতুর হয়ে পড়ে। রাবণ সীতাকে মারার জন্য উদ্ধত হয়, কিন্তু মন্দোদরী তাকে আটকায়। তারপর সে যুদ্ধে যায় ও লক্ষ্মণ শক্তিশেলের আঘাতে আহত হয়। লক্ষ্মণের ঔষধ আনার (সুষেণের পরামর্শে) জন্য গন্ধমাদন পর্বতে যায় হনুমান। সুষেণ বলেন বিশল্যকরণী ঔষধের দ্বারা সে লক্ষ্মণকে বাঁচাতে পারে। গন্ধমাদনের পথ আঠারো বছরের, কিন্তু কেউ কী করে সূর্যদয়ের আগে সেই ঔষধি নিয়ে আসবে। হনুমান এই চ্যালেঞ্জ স্বীকার করে রওয়ানা হন। পথে কালনেমি ও গন্ধকালী নামক অপ্সরাকে উদ্ধার করেন। এই কথা শুনে রাবণ সূর্যকে মধ্যরাতেই ওঠার আদেশ দেন। হনুমান সূর্যকে নিজের বগলে চেপে যাত্রা শেষ করে। এরই মধ্যে গন্ধমাদন পর্বত আনার সময় ভরত হনুমানের পরীক্ষা নেন। আশি লাখ মন বল ছুড়ে হনুমানকে মারেন। হনুমানের ভরতের প্রেম ও শক্তি দুটিরই আন্দাজ হয়। গন্ধমাদন এসে যাওয়ার জন্য লক্ষ্মণ আবার বেঁচে ওঠে। তারপর গন্ধমাদন পর্বতকে নিজের জায়গায় নিয়ে গিয়ে রেখে আসেন। তারপর সাতটি রাক্ষসকে বধ করে হনুমান সূর্যকে বগল থেকে মুক্তি দেন। সুগ্রীব নিজের বাগানের বারমাসী ফলের দ্বারা (এমন ফল যা বারমাস ফলে) সবাইকে সন্তুষ্ট করে। পাতাল থেকে মহীরাবণ রাবণকে সাহায্য করার জন্য আসে। সে অনেক রূপ ধরেও সফল না হয়ে, শেষে বিভীষণের বেশ ধরে রাম ও লক্ষ্মণকে নিয়ে পাতালে নিয়ে চলে যায়।

আবার একবার হনুমানের যাত্রা শুরু হয় রাম লক্ষ্মণকে খুঁজতে এবং সেই যাত্রা পাতাল লোকে। সেখানে মহীরাবণকে বধ করে রাম-লক্ষ্মণকে লঙ্কায় নিয়ে আসছে সেই সময় মহীরাবণের পত্নী এবং হনুমানের পদপ্রহারের দ্বারা সদ্যজাত পুত্র অহিরাবণও লড়তে শুরু করে। এদের সকলকে বধ করে হনুমান লঙ্কায় আসে। এদিকে যখন রাবণ শুনল যে মহিরাবণ মারা গেছে তখন সে কান্না শুরু করেন।

মহীরাবণ পড়িল শুনিয়া দশানন, জীবনের আশা ছাড়ি করিছে ক্রন্দন।

রাবণ আবার যুদ্ধের জন্য তৈরী হন। আবার একবার মন্দোদরী তার কাছে গিয়ে বোঝায় যে

তুমি সর্বগুণ সম্পন্ন হয়েও রামকে জানতে পারলে না, এটা কেন ? তুমি শুনেছ কি কখনোও বানর সমুদ্র লাফিয়ে পেরতে পারে, পাথর জলে ভাসে কখনো, পাথর ছুয়ে মানুষ মূর্তি কোথাও তৈরী হয়, কিন্তু রাম সব সম্ভব করেছে। রাবণ তাকে বোঝায় -

"দশানন বলে, সীতা দিতে পারি ফিরে, হাসিবে বিভীষণ, না সবে শরীরে।
কহিবেক ইন্দ্র-আদি যত দেবগণ, যুদ্ধে হারি সীতা ফিরি দিলেন রাবণ।
ছোট হয়ে খোটা দিবে, বড় ভয় বাসি, সুস্থিরা হইয়া গৃহে বৈসহ প্রেয়সী।
বরঞ্চ রামের শরে ত্যজিব জীবন, সীতা ফিরি দিতে নাহি পারি কদাচন্।

এদিকে শ্রী রামের সহায়তার জন্য ইন্দ্র নিজের রথ পাঠায়। রাবণের দশা দেখার মত সে কখনো রামকে ধিক্কার দেয়, কখনো বন্দনা করতে থাকে।

বিশ্বের আরাধ্য তুমি অগতির গতি, নিদানে সৃজিতে সৃষ্টি তুমি প্রজাপতি।
তুমি সৃষ্টি, তুমি স্থিতি, তোমাতে প্রলয়, কালে মহাকাল বিশ্বকালে কর লয়।
তুমি চন্দ্র, তুমি সূর্য্য, তুমি চরাচর, কুবের বরুণ তুমি যম পুরন্দর।
নিরাকার সাকার সকল রূপ তুমি, তব মহিমার সীমা কি জানিব আমি।
না জানি ভকতি স্তুতি, জাতি নিশাচর, শ্রী চরণে স্থান-দান দেহ গদাধর।
তুমি হে অনাদ্য আদ্য, অসাধ্য-সাধন, কটাক্ষে ব্রহ্মাণ্ডে কর খণ্ড বিনাশন।

তারপর রাবণ রামের সাথে যুদ্ধ করেন। শীঘ্র জয়ের কামনায় তিনি মা অম্বিকার স্মরণ করেন আর অম্বিকা তাকে অভয় দেন। তখন রামের চিন্তা শুরু হয়। দেবতাদের পরামর্শে রাম স্বয়ং দেবীর পূজায় বসেন। একশো আঠ নীলপদ্ম নিয়ে বসে রামের একটি নীলপদ্ম কম পড়ে। হনুমানের আশঙ্কা হয় যে কালী পরীক্ষা করার জন্য একটি পদ্ম চুরি করে নিয়েছেন। রাম সব কিছু দেখে নিজের একটি চোখ সমর্পণ করার জন্য তৈরী হন -

ভাবিতে ভাবিতে রাম করিলেন মনে, নীল কমলাক্ষ মোরে বলে সর্ব্বজনে।
নয়ন-যুগল মোর ফুল্ল নীলোৎপল, সংকল্প করিব পূর্ণ বুঝিবে সকল।
এক চক্ষু দিব আমি দেবীর চরণে, এত বলি কহে রাম অনুজ লক্ষ্মণে।
আর কিবা দেখ ভাই, করি কি এখন, না হইল দুর্গার কৃপা, বিফল জীবন।
কমল-লোচন মোরে বলে সর্ব্বজনে, এক চক্ষু দিব আমি সংকল্প-পুরণে।
এত বলি তুণ হইতে লইলেন বাণ, উপরিতে যান চক্ষু করিতে প্রদান।
কাঁদিতে-কাঁদিতে রাম করেন স্তবন, দেবীর হইল দুঃখ দেখিয়া রোদন।
চক্ষু উপাড়িতে রাম বসিলা সাক্ষাতে, হেন কালে কাত্যায়নী ধরিলেন হাতে।
কি কর কি কর প্রভু জগৎ-গোসাই, সংকল্প তোমার পূর্ণ চক্ষু নাহি চাই।
কাতরে শ্রীরাম কন দেবীরে তখন, অবিরত-জল-ধারে ভাসিছে নয়ন।
ভাল দুঃখ দিলে মাতা পেয়ে অসময়, কিন্তু জননীর হেন উচিৎ না হয়।

পুত্র প্রতি মাতৃস্নেহ সর্ব্ব শাস্ত্রে গায়, মোর পক্ষে ভীল-ভুজঙ্গের মাতা প্রায়।
ঠেকেছি বিষম দায়ে জানকী-উদ্ধারে, অনুমতী কর মাতা রাবণ সংহারে।
যা করিল সে ভাল বারেক ফিরে চাও, শবে অস্ত্রাঘাতে, মিথ্যা আক্ষেপ বাড়াও।
ভরসা তোমার, আর না কর নিরাশ, আশা আছে আশ্বাসেতে দাও মা আশ্বাস।

আর মায়ের আশ্বাস মেলে। সে রাবণের পক্ষ ছেড়ে রামের সঙ্গ দেয়। কৃত্তিবাসের এই প্রসঙ্গকে নিজের কাব্য লালিত্য দিয়ে সূর্যকান্ত ত্রিপাঠী নিরালা 'রামের শক্তি পূজার' মত কালজয়ী হিন্দী কবিতার দ্বারা ভারতীয় সাহিত্যকে সমৃদ্ধ করেছে। রাবণের মৃত্যুবাণ চুরি করে মহাবীর হনুমান নিয়ে আসেন ও রাবণের বধ হয়। শ্রীরাম রাবণকে মারার আগে লক্ষ্মণকে তার কাছে রামের জন্য রাজনীতির শিক্ষা নিতে পাঠান। রাবণ বলেন যে এমন কোন রাজনীতি আছে যা শ্রীরাম জানে না। হ্যাঁ যদি তিনি সত্যিই আমার প্রতি কৃপা করেন তাহলে আমাকে দর্শন দিন। শ্রীরামের দর্শন পেয়ে রাবণ নিজের অন্তর থেকে প্রায়শ্চিত্ত করে নিজের কুকর্মের কথা তাকে বলে ও নীতি বাক্য বলেন -

অতএব শুভকর্ম্ম শীঘ্র করা ভালো, হেলায় রাখিয়া এ বাসনা বৃথা হলো।

রাবণের মৃত্যুর পর বিভীষণ ও মন্দোদরী শোকাতুর হয়ে পড়ে। মন্দোদরীকে সীতা ভেবে শ্রীরাম তাকে অখণ্ড সৌভাগ্যবতী হওয়ার বর দিয়ে ফেলেন। যখন মন্দোদরী বলেন যে আমার স্বামীকে মেরে আপনি আমাকে অখণ্ড সৌভাগ্যবতী হওয়ার বর কী করে দিলেন তখন শ্রীরামের সংশোধন দর্শনীয় ছিল -

শুন মন্দোদরী, জাও নিজপুরী, মনে না কর বিলাপ।
মোরে হাতে মরে, গেল স্বর্গপুরে, খণ্ডিল সকল পাপ॥
শুন মোর রাণী, গৃহে যাও রানী, দুঃখ না ভাবিও চিতে।
রাবণের চিতা, রহিবে সর্ব্বথা, চিরকাল থাক আয়তে।
রহিবেক চিতা, মিথ্যা নহে কথা, শুন মন্দোদরী রাণী।
আয়ত স্বভাবে, সর্ব্বকাল রবে, মিথ্যা না হইবে বাণী।

এটা বলতেই হবে না যে রাবণের চিতা চিরকাল জ্বলছে। চিতা জ্বলার পরও রাবণ বেঁচে থাকে। হনুমান সীতাকে রাবণবধের সূচনা দেয়। সীতা রামের সাথে দেখা করার জন্য যায়, তখন মন্দোদরী ও পরে রাবণের রাজ্যের রমণীগণ সীতাকে অভিশাপ দেয় যে, রাম তোমাকে অশুভ মানে, অশুভ চোখে দেখে। সীতার অগ্নি পরীক্ষা হয়। অগ্নি পরীক্ষার সময় কৃত্তিবাসের সীতা রামকে একহাত নেয়।

সবে মাত্র ছুঁইয়াছে পাপিষ্ঠ রাবণ, ইতর নারীর মত ভাব কি কারণ।
হনু কে আমার কাছে পাঠালে যখন, আমারে বর্জ্জন কেন না কৈলে তখন।
করিতাম বিষপান অনল-প্রবেশ, লঙ্কার ভিতরে এত না পেতাম ক্লেশ।
কটক পাইল দুঃখ সাগর-বন্ধনে, আপনি বিস্তর দুঃখ পাইলা সে রণে।
এতেক কিয়া কর আমারে বর্জন, তুমি-হেন স্বামী বর্জ, বৃথা এ জীবন।

নিমিকুলে জন্মিয়া পড়িনু সূর্য্যকুলে, আমার কি এই ছিল লিখন কপালে।

বেশ্যা নটী নহি আমি, পরে কর দান, সভা বিদ্যামানে কর এত অপমান।

কৃপা করি লক্ষ্মণ এ করহ প্রসাদ, অগ্নিকুণ্ড সাজাহ, ঘুচুক অপবাদ।

আশ্চর্য এই যে সীতা অগ্নিতে প্রবেশ করতেই শ্রীরাম কাতর হয়ে ক্রন্দন করতে থাকে। সীতা আর রামের মিলন হয়। দশরথ স্বর্গ থেকে আসে, রামের সাথে দেখা করে কথা বলে। ইন্দ্র বানরগণকে রামের কথায় জীবিত করে। বিভীষণ বিভিন্ন প্রকারে বানরগণকে সুখী করে এবং নারী সুখ ও উপলক্ষ করায়।

''স্বর্ণখাটে শুইল বানর শয্যা মেলে, দশ-দশ দিব্য নারী প্রত্যেকের কোলে।

রাবণ হরিয়া ছিল যতেক নারী, কালবশে তারা শেষে বানরের নারী।

সুখেতে বাচিল নিশা নিশাচর-পুরে, নিশা না প্রভাত হয়ে ভাবিছে অন্তরে।

কৃত্তিবাসের অন্যতম বিশেষত্ব হল যে সে মানুষ থেকে চরাচরের জীব-জগৎ এর প্রকৃত অবস্থাকে সামনে রাখতে চায়, একজন প্রবন্ধকারের জন্য এটা আবশ্যক। কিন্তু প্রবন্ধকারের কুশলতা এতেই যে তিনি এর নির্বাচন কেমন করে করেন। প্রবন্ধের অনুশাসনের জন্য এটা আবশ্যক কিন্তু এখানে কৃত্তিবাস বেপরোয়া হয়েছেন। বানরগণ রামকে বলেন যে এই আনন্দ আরো দুই মাস হোক অথবা বিভীষণ এই কন্যাগণকে দান করে দিক। বানরগণের এই ইচ্ছা রাম বিভীষণকে বলেন আর বিভীষণ এক একটি বানরকে দশটি করে নারী দান করেন। বানরগণ এই দানে প্রসন্ন হন। কৃত্তিবাস বলেন যে বানরগণ অন্নদানে এত প্রসন্ন হননি; যতটা কন্যা দানের ফলে হলেন।

অন্নদানে নাহি গণে আনন্দ তেমন, কন্যাদানে যথা হয় হৃষ্ট কপি গণ।

ঐকৈক বানরে পেয়ে দশ দশ নারী, নিবেদন করে, প্রভু দেশে যাত্রা করি॥

এরপর লক্ষ্মণ সেতুভঙ্গ করে। পরে রাম পুরোনো কথা ভাবতে ভাবতে লক্ষ্মণ-সীতার সঙ্গে ভরদ্বাজের আশ্রমে পৌঁছায়। ভরতকে সূচনা দিয়ে (হনুমানের দ্বারা) শ্রীরাম অযোধ্যায় আসেন। রাম ও কৈকেয়ীর কথা হয়। রাম কৈকেয়ীর যত প্রসন্ন করতে চাইলেন কৈকেয়ী ততই ব্যথা পান -

কৈকেয়ীরে তোষে রাম বিনয়-বচনে,তব দোষ নাহি মাতা, দৈন বিড়ম্বনে।

কালেতে সকলি হয়, বিধির নির্ব্বন্ধ, তোমার প্রসাদে বধিলাভ দশস্কন্ধ।

তোমা হইতে পাইলাম সুগ্রীব সুমিত, সংকটেতে সুগ্রীব করিল বড় হিত।

তোমার প্রসাদে করি সাগর বন্ধন, রাবণে মারিয়া তুষিলাম দেবগণ।

জানিলাম লক্ষ্মণের জনেক ভকতি, জানিলাম সীতা দেবী পতিব্রতা সতী।

তোমা হইতে ধর্ম্মা ধর্ম্ম জানিলাম মাতা, ছল বাক্যে কৈকেয়ী দ্বিগুণ পাইল ব্যথা।

সবার আনন্দে হইল রাম-দরশনে, আনন্দ রহিল রাম মাতার ভবনে।

শ্রীরামের রাজ্যাভিষেক হয়। প্রসন্নতার এই পরিবেশে সীতা-রামের তরফ থেকে বানরদেরকে উপহার দেওয়া হয়। মাতা সীতার হাত থেকে নেওয়া মূল্যবান হার নিয়ে হনুমান চিবিয়ে চিবিয়ে ফেলতে থাকে তখন লক্ষ্মণের দ্বারা সেটা দেখা যায় না। তিনি হনুমানকে কারণ জিজ্ঞাসা করেন তখন হনুমান বলেন-

যার মধ্যে রাম-নামের দর্শন নেই সেটা যতই মূল্যবান বস্তু হোক না কেন আমার কাছে তার মূল্য নেই। লক্ষ্মণ পবন নন্দনের শরীরের দিকে দেখায়, ফলস্বরূপ যা হল সেটা পুরো সভা দেখল-

লক্ষ্মণ বলেন, শুন পবন-কুমার, রাম নাম-চিহ্ন নাহি দেহেতে তোমার।

তবে কেন মিথ্যা দেহ করেছ ধারণ, কলেবর ত্যাগ কর পবন-নন্দন।

এতেক শুনিয়া তবে পবন-কুমার নখে চিরি বক্ষস্থল করিল বিদার।

সভা মধ্যে দেখাইল বিদারিত বক্ষ, অস্থিময় রাম-নাম লেখা লক্ষ লক্ষ।

দেখিয়া সভার লোক হইল চমকিত, অধোমুখে রহিলেন লক্ষ্মণ লজ্জিত।

হনুমান সকলকে নিজের চমৎকার দেখাতে থাকে। পরে মাতা সীতাও জানতে পারল যে হনুমান আর কেও নয় স্বয়ং গঙ্গাধর শিব। ভোজনের নিমন্ত্রণ যদি না দিত তাহলে বোধহয় জানতেও পারত না -

দৃষ্টে সৃষ্টি পূর্ণ করি নানা উপহারে, অন্ন দিতে হারিলাম বনের বানরে।

বুঝিতে না পারি আমি এই কোন জন, স্বর্ণথাল ফেলি কৈলা হস্ত প্রক্ষালন।

ধ্যান যোগে মা জানকী দেখিলা সত্বর, বানর রূপেতে অবতীর্ণ গঙ্গাধর।

কপি রূপে বসেছেন কৈলাসের পতি, উদরে পুরাতে পারে কাহার শকতি।

উর্ধ্ব মুখ অর্ঘ বিনা না পুরে উদর, এতেক ভাবিয়া সীতা চলিল সত্বর।

হনুমান সীতাকে মা লক্ষ্মীর রূপ সম্বন্ধে বলে। কুবেরের পুষ্পকরথ রাম ফিরিয়ে দেয়, এরপর কুবের পুষ্পকরথকে বলে যে রাবণ না জানি কত কুকর্ম করেছে। আগে তুমি রামের কাছে থেকে নিজের শুদ্ধি করো, তারপর আমার কাছে এস।

''কুবের বলেন রথ কে দিল বিদায়, রাবণ লইল তোমা জানিয়া অমায়।

শুন বলি রথ, তোমা নিল লঙ্কেশ্বর, করিল কুকর্ম্ম কত তোমার উপর।

রবে রাম একাদশ সহস্র বৎসর, রামের সেবায় কর শুদ্ধ কলেবর।

শ্রীরাম করিবে যবে বৈকুণ্ঠে-গমন, ফিরিয়া আমার কাছে আসিও তখন।

পুষ্পকও তাই করে। এইভাবে কৃত্তিবাসের লঙ্কাকাণ্ড এখানেই সমাপ্ত হয়ে যায়। তুলসীদাসের মতো কৃত্তিবাসের এখানে কোন উত্তরকাণ্ড নেই। কৃত্তিবাস বাল্মিকীকে নিজের আধার বলেছেন ঠিকই কিন্তু সে অনেক সুবিধা নিয়েছেন।

কৃত্তিবাসের রামায়ণ দেখে তুলসীদাসের মানস দেখার একটি আলাদা স্বাদ আছে। আলাদা এই কারণে যে কৃত্তিবাস যেমন প্রকৃত কবি তুলসীদাস তা নয়। তুলসীদাস প্রবন্ধকারের ওই সীমাতেই আটকে থাকেন, যার দিকে আচার্য রামচন্দ্র শুক্ল কখনও ইঙ্গিত করেছেন। পাত্রদের গরিমা বা মর্যাদার কথা তুলসীদাস নিজের মানসে যেমন রাখেন তেমনভাবে কৃত্তিবাস রাখেন না। লঙ্কা বিজয়ের পর শ্রীরামের বার্তা নিয়ে হনুমান ভরতকে রামের আসার সূচনা দেন। ভরত প্রসন্ন হয়ে হনুমানকে তিনশো ভালো গরু, আম কাঁঠালের দুইশত বৃক্ষ, মুক্তা, প্রবাল, মাণিক ও অগুনরপ্র আশি লাখ ভরি সোনা দেন। শুধু তাই নয় শীল গুণ কুল সম্পন্ন এগারোশো রূপবতী কন্যাও হনুমানকে উপহার দেন। এটা আলাদা কথা যে পবন পুত্র

হনুমান তা স্বীকার করে না। সে বলে রামের ভালো যাতে হয় সে তাই চাই। আমার কোনো জিনিসের দরকার নেই -

তিনশত গাভী দিল বাছি ভাল ভাল, দুইশত গাছ দিল রসাল কাঁঠাল।
অগ্নিবর্ণ স্বর্ণ দিল আশি লক্ষ তোলা, মণি মুক্তা দিল কত মধ্যে গাঁথা পলা।
রূপে গুণে শীলে যাহার বাখান, এমন এগার শত কন্যা দিল দান।
কন্যাগণে দেখি হাসে, পবন নন্দনে, পশু আমি, কন্যায় কি মোর প্রয়োজন।
ভরত যে দান দেহ, কিছুই না মানি, রামের মঙ্গল যাহে, তাহা আমি গণি।

বলাইবাহুল্য তুলসীদাসের এই প্রসঙ্গকে যেই গরিমার সাথে দেখিয়েছেন, তা দ্রষ্টব্য।

মারুত সুত মে কপি হনুমানা, নামু মোর সুনু কৃপা নিধানা।
দীনবন্ধু রঘুপতি কর কিঙ্কর, সুনত ভরত ভেটেও উঠি সাদর।
মিলন প্রেম নহি হৃদয় সমাতা, নয়ন স্তবত জল পুলকিত গাতা।
কবি তব দরস সকল দুখবীতে, মিলে আজু মোহি রাম পিরীতে।
এহি সন্দেশ সরিস জগ মাহি, কবি বিচার দেখেও কছু নাহী।

এটা একটা উদাহরণ মাত্র। কৃত্তিবাসের এখানে ভগবতী সীতা অনুসুয়ার কাছে নিজের পরিচয় দিতে গিয়ে বলেন যে আমার জন্ম অদ্ভুতভাবে হয়েছিল। একদিন অপ্সরা উর্বশী আকাশ পথে যাচ্ছিলেন, আর নীচে জনক রাজা হাল চালাচ্ছিলেন। অপ্সরার উড়তে থাকা বস্ত্র দেখে জনক অধীর হয়ে পড়ে তার ফলে আমার জন্ম হয়।

জানকী বলেন দেবী কর অবধান, আমার জন্মের কথা অপূর্ব আখ্যান।
একদিক উর্বশী যাইতে বস্ত্র ওড়ে, তাহা দেখি জনক রাজার বীর্য পড়ে।
সেই বীর্যে জন্ম মোর হইল ভূমিতে, উঠিতে আমার তনু লাঙ্গল চষিতে।
অযোনি সম্ভবা আমি, জন্ম মহীতলে, লাঙ্গল ছাড়িয়া রাজা মোরে নিল কোলে।
তুলসী কৃত মানসে অনুসুয়া সীতাকে উপদেশ দেন, অরণ্যকাণ্ডে।

কিন্তু কৃত্তিবাসের অরণ্যকাণ্ডে সীতাও মুখর থাকে। কৃত্তিবাস কৃত রামায়ণে লঙ্কাকাণ্ডে শেষ হয়ে যায়, কিন্তু তুলসী কৃত মানস উত্তরকাণ্ডে কলিযুগের বর্ণনা ও সাম্প্রতিক বিভীষিকার সংকেত করেন। কিন্তু এতে সংশয় করা যায় না যে কৃত্তিবাস ও তুলসীদাস এই দুই জন ভারতীয় সাহিত্যের সমৃদ্ধির কারণের প্রমুখ ছিল।

রামায়ণে দাম্পত্যসম্পর্ক এবং শ্রীরামচন্দ্র
(কৃত্তিবাসী রামায়ণ পাঠসূত্রে)

অপর্ণা রায়

একজন বহুগুণ সম্পন্ন জননায়কের দেবতা হয়ে ওঠার আপাতসাফল্য এবং নিঃশব্দ ব্যর্থতার কাহিনী হল - "রামায়ণ"। বাল্মীকিকে ব্রহ্মা বলেছিলেন

রামস্য চরিতং কৃৎঞং কুরু ত্বম্‌ষিসত্তম।
ধর্মাত্মনো ভগবতো লোকে রামস্ব ধীমতঃ॥
কৃতং কথয়ো রামস্য যথা তে নারদা সূত্রতা।
রহস্যঞ্চ প্রকাশঞ্চ যদ্বৃত্তং তসয় ধীমতঃ॥
রামস্য সহসৌমিত্রে রাক্ষসঞ্চ সর্বস্বঃ।

বৈদেহ্যাশ্চৈব যদ্বৃতং প্রকাশ্য যদি বা রহঃ॥

তচ্চাপ্যবিদিতং সর্ব বিদিতং তে ভবিষ্যতি।

ন তে বাগনৃতা কাব্যে কাচিদত্র ভবিষ্যতি।

অর্থাৎ প্রজাপতি ঋষির আকাঙ্ক্ষা ছিল, লক্ষ্মণ-সীতাসহ অযোধ্যায় ইক্ষ্বাকু পরিবারের সঙ্গে চুক্তি সূত্রে 'নরচন্দ্রমা' রামচন্দ্রের গোপন ও প্রকাশ্যজীবন বর্ণিত হবে 'রামায়ণে'। বোঝান হবে সূর্যবংশের শ্রেষ্ঠ পুরুষের কৃতিত্ব। এরই পরিণামে আদিকবির অন্তর্দৃষ্টিতে যে রাম-কথা ধরা দিয়েছিল, তা কোনও সফল রাষ্ট্রনায়কের ব্যক্তিত্ব ও কৃতিত্বের গুণগান নয়; শুধু ইহা প্রকৃতপক্ষে সমাজ ও সংসারের নির্দিষ্ট প্রেমের বন্ধনে আবদ্ধ। একজন সাধারণ মানুষের ব্যাক্তি সত্বার দ্বান্দ্বিক টানাপোড়েনের বয়ান। নারদমুনি বলেছিলেন, রামচন্দ্র হলেন শ্রেষ্ঠতম এবং সম্পূর্ণ মানুষ আর বাল্মীকি দেখিয়েছেন যে জন্মসূত্রে কেউ দেবতা বা মানুষ কোনোটিই হতে পারে না ; দেবত্ব অর্জনের জন্য যেমন মানুষকে প্রতিনিয়ত পরীক্ষার সম্মুখীন হতে হয়, তেমনি দেবতাকেও 'পূর্ণতম' মানুষের সম্মান পাওয়ার জন্য নিয়ত অগ্নিপরীক্ষার মধ্য দিয়ে শুদ্ধ হতে হয়। সুতরাং 'রামায়ণে' সীতাই শুধুমাত্র বার বার প্রশ্নচিহ্নের সম্মুখীন হয়েছেন - তা নয়; দেববংশজাত রামকেও প্রতিদিন 'নরচন্দ্রিমা' তথা পূর্ণতম মানুষ (অর্থাৎ দেবোপম) হয়ে ওঠার কঠিনতম পরীক্ষা দিতে হয়েছে। অতএব, নারদকথিত সর্বগুণান্বিত এক ক্ষত্রিয় পুরুষের আখ্যান ক্রমশ জীবনের কষ্টিপাথরে যাচাই হয়ে 'রামায়ণে'র অন্তর্বয়ানে 'সংরক্ত' ও 'স্বাভাবিক' হয়ে উঠেছে। সেই সূত্রে প্রকাশিত হয়েছে সমাজবদ্ধ মানুষের জীবনযাপনের গূঢ় ও গোপন সত্য। চন্দ্র প্রভা বা চন্দ্রলোকের দ্বারা সম্পৃক্ত একজন মানুষের মনের গভীরে লুকিয়ে থাকা অন্য একজন মানুষের উন্মোচন ঘটেছে। বাল্মীকির সেই উচ্চারণে কোথাও কোনো উচ্চারিত স্বরক্ষেপ নেই; রয়েছে অমোঘ মর্মবিশ্লেষণ।

মহাভারতের বিষয় যদি হয় 'রাজনীতি', তাহলে যে কোনো 'ব্যক্তি' মানুষের স্বভাবে মজ্জাগত যে 'রাজনৈতিক প্রবণতা' - তা-ই হল 'রামায়ণে'র বিষয়বস্তু। এই প্রবণতার প্রকাশ ঘটে থাকে মানুষের পারিবারিক জীবনের ক্ষুদ্র পরিধি থেকে তার কর্মজীবন তথা সামাজিক রাষ্ট্রিক জীবনের বৃহত্তর পরিধি পর্যন্ত সর্বক্ষেত্রেই। মানুষের স্বভাবজাত এবং স্বভাবস্থিত এই রাজনৈতিক প্রবণতাই শেষ পর্যন্ত তার জীবনের গতিপ্রকৃতি নির্ধারণ এবং নিয়ন্ত্রণ করে, পরিণামও নির্দিষ্ট করে দেয়। বাল্মীকি ধ্যানসূত্রে এই মানবিক প্রবণতারই বহুমাত্রিক প্রকাশ ঘটিয়েছেন 'রামায়ণে'। রামচন্দ্রের সেই জীবনায়নে প্রধান নিয়ামকের ভূমিকা পালন করেছে এক নারী-বিমাতা কৈকেয়ী। আবার সূর্যবংশের তথাকথিত শ্রেষ্ঠ পুরুষের যাপিত জীবনের সমস্ত আলো-অন্ধকার, সাফল্য এবং ব্যর্থতা তথা আজীবন লক্ষ কীর্তির মূল্যমান নির্ধারিত হয়ে যায় তাঁর জীবনে আরেক নারীর অবস্থানসূত্রে - এই নারী হলেন সীতা। আদিকবি ইঙ্গিতে রাঘবের যে "গোপন" ও "প্রকাশ্যজীবন" কাহিনী রচিত হয়েছে, তাই পরবর্তীকালে আঞ্চলিক 'রামায়ণ' রূপে অনুবাদিত হয়েছে। তারই বিস্তারিত টিপ্পনী ইনি রচনা করেছে। তা সত্বেও সেই রূপান্তর ও রূপায়ণে সক্রিয় ভূমিকা পালন করেছে অনুবাদকদের সময়কাল। ফলস্বরূপ তামিল কবি কম্বণের 'রামায়ণ', অসমিয়া কবি মাধব কন্দলীর 'রামায়ণ' কিংবা বাংলায় কৃত্তিবাসী 'রামায়ণ' বা হিন্দী তুলসীদাসী 'রামায়ণ' উৎস সূত্রে একই কাহিনি

সংলগ্ন হলেও কথনে, বয়ানে ভিন্নতর তর্কপূর্ণ বিচারের পরিচয় পাওয়া যায়।

আঞ্চলিক রামায়ণগুলির মূল কাহিনি কাঠামো অধিকাংশ ক্ষেত্রেই অতিপৌরাণিক প্রক্ষেপসহ বাল্মীকি-রামায়ণের রামকথায় অভিপৌরাণিক প্রক্ষেপ হয়েছে। কিন্তু সমকালীন সমাজমানসের অভিজ্ঞান বহন করে। একইভাবে, আঞ্চলিক রামায়ণগুলিও যখন সংস্কৃত-রামায়ণের মূল আখ্যান-পরিসীমা স্থির রেখে অনুকরণ, অনুসরণ-আত্মীকরণ প্রক্রিয়ার পরম্পরায় এক-একটি 'নবরামায়ণ' হয়ে ওঠে, তখন সেখানেও প্রচ্ছন্ন থাকে কবির ভূগোল এবং তাঁর ইতিহাস, কবির দেশ-কাল ও সমাজ-স্বভাব।

পূর্বভারতের এক জনমনগৃহীত রামায়ণ অনুবাদক হলেন বাংলাদেশের কৃত্তিবাস ওঝা। পঞ্চদশ শতকে কাব্যরচনার প্রস্তাবনায় তিনি বলেছিলেন,

সাতকান্ড কথা হয় দেবের সৃজিত।
লোক বুঝাইতে কৈল কৃত্তিবাস পন্ডিত। (আত্মকাহিনী)

অর্থাৎ বাল্মীকি রামায়ণের অসাধারণত্ব স্বীকার করেও আদিকবির সঙ্গে বাঙালি কবি তাঁর দূরত্বটুকু জানিয়ে দিতে ভোলেন নি। কৃত্তিবাসের কাছে 'লোক' শব্দটি ছিল অত্যন্ত গুরুত্বপূর্ণ। তাই নিছক দেবকথা লিখতে তিনি চান নি। জনস্বার্থ জনমনোগ্রাহী করে তোলার জন্য নিজ রামকথাকে নিজে আঞ্চলিক লোক-আকাঙ্ক্ষা অনুসারে সাজিয়ে তুলেছিলেন। অন্যদিকে যে কৃত্তিবাস সীতা-ত্যাগের জন্য রামচন্দের তীব্র সমালোচনা করেছেন; বালিরধের মতো অন্যায় অনৈতিক কাজের জন্য তিনি বলেছেন,

কৃত্তিবাস পন্ডিতের থাকিলা বিষাদ।
ধার্ম্মিক রামের কৈনো হোলো পরমাদ॥ (কিষ্কিন্ধ্যাকান্ড)
(কৃত্তিবাসের পন্ডিতের হল বিষন্নতা, ধার্মিক রামের কেন হল বিষন্নতা)

তাঁর কাব্যে 'তরণীর কাটামুন্ডু রাম, রাম বলে' কিংবা রাবণের মুখে 'অনাথের নাথ তুমি পতিত পাবন / দয়া করি মস্তকেতে দেহ শ্রীচরণ' -এর মতো বাক্য অনেক শতাব্দীর পরের প্রক্ষেপ, এই বিষয়ে প্রশ্ন থেকেই যায়। আধুনিকতার পূর্বে অন্যান্য বহু কাব্যের মতো আজ কৃত্তিবাসের কাব্যের মূল রূপটি সনাক্ত করা দুষ্কর। তবু সব বিতর্কের বাইরে দাঁড়িয়ে আমরা দেখি, অন্যান্য রামায়ণ অনুবাদের মতো এখানেও মূল আখ্যানের উপসংহার দ্বিধাবিভক্ত। একদিকে আছে অযোধ্যা - রাজা দশরথের রাজপাট; অন্যদিকে বনভূমি - বনবাসী রামচন্দ্রের জীবন যাপনের উত্থানপতনের কাহিনী। প্রথমে, দশরথ ও কৈকেয়ীর দাম্পত্যসম্পর্কের কাহিনীর সঞ্চালকসূত্রটি পরিকল্পিত; দ্বিতীয় ভাগে কাহিনীর গতি রাম ও সীতার দাম্পত্য জীবনের চালচলন। তাই সামাজিক কাঠামোয় শৃঙ্খলাবদ্ধ নারী-পুরুষের সহজীবনযাপনের আলো-অন্ধকার ছড়িয়ে আছে সমগ্র 'রামায়ণের' পরতে পরতে।

রাজা দশরথ বহুপত্নীক ছিলেন। তবু একমাত্র কৈকেয়ীই ছিলেন তাঁর কাছে দশের মধ্যে একাদশ। তাঁর কোনো ইচ্ছাই তিনি কখনো উপেক্ষা করতে পারতেন না। বাল্মীকি বলেছিলেন,

দায়িতা ত্বং সদা ভর্তরত্র মে নাস্তি সংশয়ঃ।
তৎকৃতে চ মহারাজা বিশ্বেদপি নহতাশনম॥

ন তরাঙ্গ ক্রোচায়িতুঙ্গ ন শতো প্রতয়দীক্ষিতুম।

তব প্রিয়ার্থং রাজা তু প্রাণাণপি পরিত্যদেৎ॥ (অযোধ্যাকান্ডম/নবমঃ সর্গঃ)

অর্থাৎ কৈকেয়ী ছিলেন পতির প্রিয়তমা পত্নী; মহারাজ তাঁর জন্য অগ্নিতেও প্রবেশ করতে পারতেন। তিনি তাঁকে ক্রুদ্ধ করতে পারতেন না। কৈকেয়ী রেগে গেলে তিনি তাঁর দিকে তাকাতেও পারতেন না। তাঁকে সন্তুষ্ট করার জন্য দশরথ প্রাণ পর্যন্ত ত্যাগ করতে প্রস্তুত ছিলেন। - কিন্তু কেন দশরথের জীবনে তিনিই বিশেষ একজন হয়ে ওঠেন? কি ছিল সেই গুণ যা তাঁকে প্রকৃত অর্থে রাণী করে তুলেছিল?

আমরা দেখি, দেবাসুরের যুদ্ধেও এই নারী ছিলেন মহারাজের সঙ্গিনী। যুদ্ধে ক্ষতবিক্ষত রাজাকে তিনিই শুশ্রূষা ক'রে বাঁচিয়েছিলেন।

অপবাহ্য ত্বয়া দেবি সংগ্রামান্নষ্টেচেতনঃ।

তত্রাপি বিক্ষতঃ শস্ত্রৈঃ পতিস্তে রক্ষিতস্তস্কয়া॥ (অযোধ্যাকান্ডম/নবমঃ সর্গঃ)

অর্থাৎ দশরথ-কৈকেয়ীর সম্পর্কে নৈকট্যের কারণ হিসেবে আদিকবি প্রাথমিকভাবে তাঁর সেবাপরায়ণতাকেই নির্দেশ করতে চেয়েছেন। পাশাপাশি কিন্তু এও দেখিয়ে দিয়েছেন, তিনি কেবল নরম সহচরী নন; কৈকেয়ী ছিলেন রাজার সম্পদে বিপদে কর্মসহচরীও বটে। আর এই ইঙ্গিতকে সম্বল ক'রেই কৃত্তিবাস রামের বনবাসযাত্রার প্রস্তাবনা পর্বকে ভিন্ন মাত্রা দিয়েছেন।

প্রসঙ্গতঃ পূর্বভারতের আরেক জনপ্রিয় রামায়ণ অনুবাদের দিকে একটু তাকিয়ে দেখা উচিৎ। অসমের কবি ছিলেন মাধব কন্দলী। তাঁর কাব্যে দেখা যায়, কৈকেয়ী ব্যক্তিত্বময়ী, সুন্দরী। পত্নী হওয়ার সাথে সাথে তিনি বাঘিনী, সর্পিনী এবং শ্যেন পক্ষীর তুল্য। স্বয়ং কৌশল্যা স্বীকার করেছেন -

কৈকেয়ীকে দেখিয়া শরীর মোর কাম্পে।

হবিনীক নিতে যেন বাঘিনীয়ে জাম্পে॥

সর্পিনীর আগে যেন মন্ডকীব গতি।

শনীব আগত যেন কম্পে কপোরতী॥ (অযোধ্যাকান্ড)

এই উক্তি দশরথের অন্তঃপুরে কৈকেয়ীর একছত্র আধিপত্যকে স্পষ্ট করে। মাধব কন্দলী দশরথের সঙ্গে কৈকেয়ীর ঘনিষ্ঠ সম্পর্ক প্রকাশ করার জন্য বার বার বলেছেন, "বৃদ্ধব তরুণী ভার্যা"। সুতরাং বাল্মীকি রামায়ণের শৌর্য-বীর্যে মহান, হৃদয়বান, সত্যনিষ্ঠ মহারাজা দশরথ সেখানে দুর্বল, রিপুতাড়িত নিষ্প্রভ। বৃদ্ধ রাজার এই দুর্বলতা প্রায় সর্বজনবিদিত। তাই মন্থরাও কৈকেয়ীকে প্ররোচিত করার সময় অনায়াসে বলতে পারে -

বৃদ্ধর তরণী ভার্যা আতি বব বতি।

তোব বোলে বাধিবাক নুহিবে শকতি। (অযোধ্যাকান্ড)

স্বয়ং দশরথও একথা অস্বীকার করেন নি। মাধব কন্দলীর রামায়ণে এই রাজার সঙ্গে কৈকেয়ীর সম্পর্ক যেন 'বাঘিনী' ও 'মৃগের' অসহায়তার সম্পর্ক। অতএব সেখানে কৈকেয়ীর অনৈতিক চাহিদার কাছে সূর্যবংশীয় নৃপতীর প্রতিবাদহীন আত্মসমর্পণে কোথাও কোনো সত্যনিষ্ঠায় ঔজ্জ্বল্য নেই-

চবণতো ধবো কৃপা কব মোক। ...

হেন বুলি চবণত পবিলা নৃপতি॥ (অযোধ্যাকান্ড)

কিন্তু রামের বনবাসযাত্রার প্রাক্‌কথনে কৃত্তিবাস গভীর সংবেদনশীল। সেখানে পুত্রহীন রাজা 'পুত্রের কারণে' বহুবিবাহ করলেও, নিঃসন্তান। বার বার হাত পাতেন কৈকেয়ীর সামনে -

প্রাণের অধিক রাজা কৈকেয়ীরে দেখে।

রাত্রদিন কৈকেয়ীর নিকটে রাজা থাকে॥ (আদিকান্ড)

এর কারণটিও কৃত্তিবাস গম্ভীরভাবে সাথে দেখিয়েছেন। আদিকান্ডের দীর্ঘ অংশ জুড়ে প্রায় ধ্রূপদের মতো ঘুরে ঘুরে এসেছে দুটি ছত্র,

রাত্রদিন কৈকয়ী রাজার কাছে থাকে।

রাজা যত দুঃখ পায় কৈকয়ী তাহা দেখে॥ (আদিকান্ড)

অর্থাৎ দশরথ এবং কৈকেয়ীর সম্পর্কের সৌন্দর্য নির্মূল বা পবিত্র ছিল নিছক সামাজিক প্রথামান্যতার বাইরে অন্য কোথাও, অন্য কোনোখানে। বহু স্ত্রী থাকা সত্ত্বেও একমাত্র এই নারীর কাছেই তিনি পেয়েছিলেন সহমর্মিতা ও সমমনস্কতার আশ্রয়। রণক্লান্ত মহারাজা তাই শারীরিক ও মানসিক সমস্ত অবসন্নতা থেকে মুক্তি পাওয়ার জন্য বার বার ফিরতেন তাঁর কাছে। কৈকেয়ীও পরম মমতায়, কখনো যুদ্ধে ক্ষতবিক্ষত রাজাকে সুস্থ করে তুলতেন, কখনো বা 'গুহ্যদুয়ারে বিস্ফোটে' কাতর রাজাকে নির্দ্ধিধায়, বিনা ঘৃণায় 'চুম্বক' দিয়ে নতুন জীবন দান করতেন।

অর্থাৎ এই নারীর কাছেই প্রবল পরাক্রান্ত, সূর্যবংশীয় প্রৌঢ় রাজার সমস্ত শান্তি এবং ক্লান্তির শুশ্রূষা হত। আর, অন্তরের গভীরে প্রোথিত এই সম্পর্কের শিকড়ে জড়ানো ছিল কৈকয়-কন্যার অসাধারণ ব্যক্তিত্ব এবং মানসিক সৌন্দর্য।

তাই পরবর্তীকালে তাঁর 'চাওয়া' এবং দাবীকে কিছুতেই উপেক্ষা করতে পারেন নি দশরথ। দশরথের পরিবারের সমস্ত সদস্যই এই দুই নারী-পুরুষের পারস্পরিক নৈকট্যের বিষয়ে জানতেন। তাই পুত্রকে বনবাসী হতে হবে - এই সংবাদে ক্ষুব্ধ কৌশল্যা যখন তীব্রকণ্ঠে কটুবাক্য বলতে শুরু করেন, স্বয়ং রামচন্দ্র নির্দ্ধিধায় মাকে বুঝিয়ে প্রার্থনা করেন -

স্বামী বোই স্ত্রীলোকের আর নাহি গতি।

সতাইর সেবায় বাপার পরম পীরিত॥

তুমি যোদি করিতে আমার বাপার সেবন।

তবে কেন হবে মা এতো বিঘটন॥ (অযোধ্যাকান্ড)

আসলে কৈকেয়ীর সঙ্গে এমন গভীর আত্মিক সম্পর্কের কারণেই 'মানুষ' দশরথের ছিল নিরুচ্চারিত দায়বদ্ধতা। তাঁর গোপন অসহায়তা ছিল। তাই শেষ পর্যন্ত 'রাজা' দশরথের ভবিষ্যৎ উত্তরাধিকার কৈকেয়ীরই ইচ্ছা-অনিচ্ছার দ্বারা নির্ধারিত হয়। দশরথ-কৈকেয়ীর দাম্পত্যজীবনের এই অন্তর্মাধুর্য এবং তার সুদূরপ্রসারী পরিণামের এমন সংবেদনশীল রূপায়ণ শুধুমাত্র কৃত্তিবাসের রামায়ণেই পাওয়া যায়।

তাঁর তীক্ষ্ণ বুদ্ধিমত্তা, প্রবল ব্যক্তিত্ব এবং স্বাভাবিক স্বভাবসৌন্দর্যের জন্য দশরথের মনে কৈকেয়ীর প্রতি শ্রদ্ধা ছিল। এই শ্রদ্ধার জন্য নির্দ্বিধায় তিনি বলতে পারেন -

অহঞ্চ হি মদীয়াশ্চ সর্বে তব বশানুগাঃ।

ন তে কশ্চিদভিপ্রায়ম বাহন্তুহমৎসহে॥ (অযোধ্যাকন্ডাম/দশমঃ সর্গঃ)

"আমি এবং আমার সব লোকই তোমার অধীন; তোমার কোনো ইচ্ছাতেই আমি বাধা দিতে চাই না"। রামচন্দ্রের একথা অজানা ছিল না। স্বাধিকারপ্রিয় এই রমণীর সন্তানস্নেহজনিত গভীর দুর্বলতা ছিল। এই কথা জানা সত্বেও, রাম ছিল দশরথের প্রিয় পুত্র, সর্বজনগৃহীত হলেও, তিনি ভরতকেই রাজা বানাতে চেয়েছিলেন। তাইকি আদিকবি তাঁকে বাল্যাবধি রামের শত্রু বলে নির্দেশ করেছেন? - (অযোধ্যাকান্ড/নবমঃ সর্গঃ) তাই কি ভরত মাতুলালয় যাওয়ার পর দশরথ রামের অভিষেকের আয়োজন করেছিলেন। সেই আয়োজনে অনেক রাজার আমন্ত্রণ থাকলেও কৈকয় রাজকে দশরথ আমন্ত্রণ জানান নি! (অযোধ্যাকান্ড/প্রথমঃ সর্গঃ) মাধব কন্দলী দেখিয়েছেন, আপাত সম্প্রীতির অন্তরালে রাম এবং ভরতের সম্পর্কে কোথাও গোপন জটিলতা ছিল। তাই অভিষেকের সময় দশরথ সেখানে রামচন্দ্রকে বলেছিলেন -

তোমাক ভকতি মনে ভবত কুমাবে।

তোমাবে সে আজ্ঞা পালি অন্নপান কবে॥

তথাপিতো নুবুজোহো কুমাব স্বভার।

শীঘ্র রাজ্য লে-য়াক দেশত নাহি যার॥ (অযোধ্যাকান্ড)

আর, কৃত্তিবাস সরাসরি দেখিয়েছেন, দশরথ জানতেন কৈকেয়ীর প্রচ্ছন্ন আকাঙ্ক্ষা; ভয়ও পেতেন। তাই ভরতকে মাতুলালয়ে পাঠানো ছিল উদ্দেশ্যপ্রণোদিত।

রামের শত্রু কেকয়ী রাজা সকল জানে।

সর্বক্ষণ যুক্তি করে পাত্রমিত্র সনে॥

ভরত বিদ্যমানে যদি দেও ছত্রদন্ড।

তবে কৈকয়ী মোরে পাড়িবে পাষন্ড॥

ভবত পাঠাইয়া দেহ পড়িবার হলে।

রাজগিরি পড়ুক গিয়া মাতামহের ঘরে॥

রাজা বলে শুন ভরত শত্রুঘ্ন।

মাতামহের বাড়ি গিয়া পড় দুইজন॥

বিবাহ করিয়া আইলা মাতামহ নাহি জানে।

নমস্কার কর গিয়া মাতামহের চরণে॥ (আদিকান্ড)

তারপরই শুরু হয় রামের অভিষেকের আয়োজন। বাল্মীকি দেখিয়েছিলেন, কৈকেয়ী কিন্তু Macbeth *বা* Lady Macbeth *- এর মতো* 'Born Criminal' *নন। তিনি রামের হিতাকাঙ্ক্ষী ছিলেন না-তাও নয়। অভিষেকের সংবাদে তিনি আনন্দিত হয়েছিলেন। কিন্তু তাঁর গোপন প্রত্যাশা এটা ছিল*

যে, নির্দিষ্ট সময়কাল পর্যন্ত রামচন্দ্র রাজা হবেন এবং তারপর অযোধ্যার নৃপতি হবে ভরত। এই নারী স্ব-ব্যক্তিত্বের বলে দশরথের ব্যক্তিজীবন এবং পারিবারিক জীবনে একচ্ছত্র প্রাধান্য অর্জন করেছিলেন। সুতরাং পুত্রের রাজত্বলাভ সূত্রে মাতার ক্ষমতাবৃদ্ধির সামাজিক সাংসারিক সমীকরণটি তাঁর ভাবনায় আসে নি। অথচ কৌশল্যা ছিলেন এই অনাগত ভবিষ্যৎ-স্বপ্নে বিহ্বল। তাই রামের বনবাসগমনের খবরে তাঁর যে বিলাপ ধ্বনিত হয় তার মূল সুর ছিল,

ন দৃষ্টাপূর্বং কল্যাণং সুখং বা পতি পৌরুষে।

অপি পুত্রে বিপশ্যেয়মিতি রামাস্থিতং ময়া॥ (অযোধ্যাকান্ড/বিংশঃ সর্গঃ)

"পতির বীরত্বেও আমি পূর্বে সুখ বা কল্যাণ লাভ করিনি। ভেবেছিলেম পুত্র রামের দ্বারাই তা আমি পাবো।"

মন্থরার প্ররোচনায় কৈকেয়ী ক্রমশ সচেতন হয়ে ওঠেন ইক্ষ্বাকু পরিবারে তাঁর আসন অবস্থান পরিবর্তন সম্পর্কে। A.C. Bradley ডাইনীদের ভবিষ্যৎ-গণনার মধ্যে Macbeth এর অবচেতন মনের গহনতম প্রদেশে লুকিয়ে থাকা উচ্চাকাঙ্ক্ষারই প্রতিফলন খুঁজে পেয়েছিলেন। 'রামায়ণে' মন্থরাও ছিল আসলে কৈকেয়ীর মনের গভীরে সুপ্ত স্বাধিকারপ্রিয়তা এবং উচ্চাশার মানুষী-রূপ। ক্ষুরধার কূটবুদ্ধিসম্পন্ন কৈকেয়ী দাবী জানিয়েছেন, রামের চোদ্দ বছর বনবাস এবং ভরতের রাজত্বলাভ। প্রথম কারণ ছিল -

চতুর্দশ হি বর্ষাণি রামে প্রব্রজিত বনম্।

প্রজাভাবগতস্নেহঃ সিরঃ পুত্রোভবিষ্যতি। (অযোধ্যাকান্ড/নবমঃ সর্গঃ)

অর্থাৎ, রাম যদি চোদ্দ বছর বনবাসী হয়, তাহলে ভরতের প্রতি প্রজাদের প্রীতিবৃদ্ধি হবে এবং সে রাজপদে স্থির হয়ে থাকতে পারবে।

দ্বিতীয় কারণটি ছিল -

যেন কালেন রামশ্চ বনাৎ প্রত্যগমিষ্যতি।

অন্তর্বহিশ্চ পুত্রস্তে কৃতমূলো ভবিষ্যতি॥

সংগৃহীত মনুষ্যশ্চ সুহৃদ্ভিঃ সাকমাত্মবান্। ......

(অযোধ্যাকান্ড/নবমঃ সর্গঃ)

অর্থাৎ সুদীর্ঘ চোদ্দ বছর পরে রাম যখন বনবাস থেকে ফিরে আসবে, ততদিনে ভরত তার বন্ধুদের নিয়ে লোকবল সংগ্রহ করে নেবে আত্মপ্রতিষ্ঠা পেয়ে ঘরে-বাইরে সুপ্রতিষ্ঠিত হয়ে যাবে। এই ঘটনা-পর্বে মাধব কন্দলী এবং কৃত্তিবাস দুজনেই আদিকবিকে অনুসরণ করেছেন। কিন্তু এরপরে যখন দশরথ কৈকেয়ীর আকাঙ্ক্ষার সম্মুখীন হয়েছেন, তখন দুই কবি তাদের প্রতিক্রিয়া বর্ণনায় ভিন্ন-চিন্তনের পরিচয় দিয়েছেন।

মাধব কন্দলীর শক্র দ্বারা প্রতাড়িত, ব্যক্তিত্বহীন দশরথ সেখানে বার বার বলেছেন,

চবণক দ্যব তোব কৃপা কব মোকে ....

সেখানে কৃত্তিবাসী রামায়ণে দশরথ তীব্র মানসিক যন্ত্রণায় অস্থির হয়েছেন -

বুকে শেল ফুটিল রাজার লাগিল বড় ব্যথা॥

আছাড় খায়া পড়িল রাজা ধইয়া মূর্চ্ছিত।

চেতনা হরিল রাজার নাহিক সম্বিত। (অযোধ্যাকান্ড)

আগে থেকেই আশঙ্কা ছিল; তবু ব্যক্তিস্বার্থে এতখানি নির্মমতা প্রত্যাশা কৈকেয়ীর কাছ থেকে কৃত্তিবাসের রাজা দশরথের ছিল না। তাই বিশ্বাসভঙ্গের গভীর আঘাতকে তিনি অসহায়ভাবে উচ্চারণ করেছেন -

আমার সোহাগের তুমি বুঝিলা পরীক্ষা ......

ভূমে গড়াগড়ি যায় রাজা অভিমানে।

এতেক প্রমাদ কথা কেহো নাহি জানে।। (অযোধ্যাকান্ড)

এরপরে রামচন্দ্র এবং কৈকেয়ী মুখোমুখি দাঁড়িয়েছেন। অযোধ্যার রাজসিংহাসনকে কেন্দ্র করে শুরু হয়েছে দুই সম কূটবুদ্ধিসম্পন্ন রাজনীতিকের পাশা খেলা। বিমাতা এবং পুত্র। চোদ্দ বছরের জন্য রামের বনবাস এবং ভরতের রাজ্যাভিষেক - দশরথের এই নির্দেশের অন্তরালে প্রচ্ছন্ন কৈকেয়ীর আধিপত্যপ্রিয়তাকে মুহূর্তমধ্যে বুঝে নিয়েছেন রামচন্দ্র। পরিণামে মাধব কন্দলীর রাম ক্ষোভে, ক্রোধে সাময়িক প্রতিক্রিয়া ব্যক্ত করে ফেলেছেন। কিন্তু কৃত্তিবাসের রামচন্দ্র ছিলেন তীক্ষ্ম বুদ্ধিসম্পন্ন। তিনি নতমস্তকে পিতৃআজ্ঞা মেনে নিয়ে নিঃশব্দে প্রতিপক্ষ বিমাতাকে পরাস্ত করার জন্য প্রস্তুত হয়েছেন। বাল্মীকির রামায়ণে আমরা দেখি, বনবাসযাত্রার সময় রামচন্দ্র ধনদান করেন। কিন্তু কাদের ? অযোধ্যাকান্ড তাই ব্রাহ্মণ, ক্ষত্রিয় এবং বৈশ্যদের। সেকালের রাজসভায় নীতিনির্ধারণ ও কর্মপরিচালনায় পরামর্শদাতার গুরুদায়িত্ব বহন করেতন ব্রাহ্মণ্য সম্প্রদায়। মুখ্য ভূমিকায় থাকতেন কুলগুরু। তাই রামের রাজ্যাভিষেকের সিদ্ধান্ত নেওয়ার আগে দশরথ শ্রেষ্ঠ ব্রাহ্মণদের অনুমতি প্রার্থনা করেছিলেন। কুলগুরু বশিষ্ঠ অনুমোদনক্রমেই অভিষেকের দিন নির্ধারণ করেন। সেই সময় রাজ্যের সীমারক্ষা ও শান্তিরক্ষার দায়িত্ব সেনানায়ক - ক্ষত্রিয় সম্প্রদায়ের মানুষেরাই বহন করতেন। রাজা দশরথ রাজ্যাভিষেকের জন্য তাদেরও অনুমতি নিয়েছিলেন। আর বৈশ্য সম্প্রদায়ের হাতে ছিল রাজ্যের অর্থনৈতিক ব্যবস্থা। বাল্মীকি রামায়ণে অযোধ্যাকান্ডে আমরা দেখি, রামচন্দ্র প্রথমে বশিষ্ঠপুত্র সুমন্তকে ধন দান করছেন। তারপর ক্রমশ অগস্ত্য, কৌশিক প্রমুখ ব্রাহ্মণদের প্রভূত পরিমাণ ধন দান করেন। এরপর দ্বিজাতিদেরও ধন দানে করার পর রামচন্দ্র বনগমনের জন্য প্রস্তুত হন। উদ্বৃত্ত ধনরাশি দিয়ে বন্ধু, ভাই, দরিদ্র, ভিক্ষুক সকলকেই সন্তুষ্ট করেছেন।

স চাপি রামঃ প্রতিপূর্ণপৌরুষো মহদ্ধনং ধর্মবলেরুপার্জিতম্।

নিয়োজয়ামাস সুহাজ্জনেহচিবাদ যথাইসম্মানবচঃ প্রচোদিতঃ।। (অযোধ্যাকান্ড/দ্বাত্রিংশঃ সর্গঃ)

এরপর রামের অযোধ্যা-জয় দশরথের আদেশে সম্পূর্ণ হল। বনবাসের প্রাক্‌মুহূর্তে রাঘব পিতার চরণে শেষবারের মতো প্রণত হয়েছেন -

সূত রত্ন সুসম্পূর্ণা চতুর্বিধবলা চমঃ।

রাঘবসয়নুযাএর্থং ক্ষিপ্রং প্রতিবিধীয়তোম্॥

ধানয়কৌশচ যঃ কশ্চিদনকোমশ্চ মামকঃ।

তো রামমনুগচ্ছেতাং বসন্তং নির্জনে বনে॥ (অযোধ্যাকান্ড/ষটত্রিংশঃ সর্গঃ)

"সারথি, মণিমাণিক্যে সমৃদ্ধ হস্তী, অশ্ব, রথ ও পদাতি - এই চতুরঙ্গ সেনাকেও রামচন্দ্রের অনুসরণের জন্য সত্বর ব্যবস্থা করো। রাম নির্জন বনে বাস করবে। আমার ধনভান্ডারও তার অনুগমন করুক।"

মাধব কন্দলী দেখেছেন, এর পরে

শুনি কৈকেয়ীর মুখ জিহা সুকাই গেল।

ক্রোধে নৃপতিক বাক্য বুলিবাক লেল॥

সাবভাগ কাঠি লেলা পাইলো সত্য বোল।

ধৃত কাঠি লেলা মই কি কবিবো ঘোল॥

রাজার চরিত্র দেখি ভবতব মাব।

চমৎকার জস্কলিল কাম্পত হাত পার॥

বিবর্ণ বদন মেল নিশ্রীক কুচান্দ।

অমৃত পানক যেন বাহুগ্রস্ত চান্দ॥ (অযোধ্যাকান্ড)

কৈকেয়ী বুঝলেন, রাজনীতির পাশাখেলায় তিনি স্বামী-পুত্রের কাছে হেরে গেছেন। তা সত্বেও রামচন্দ্র এই কূটনৈতিক কৌশলটি আরো স্পষ্টভাবে বুঝতে পেরেছেন। সেখানে রামচন্দ্র প্রথমে 'ব্রাহ্মণ সজ্জন'দের বেছে বেছে ধনদান করেছেন; তারপরে 'প্রধান সেনাপতি এবং সৈন্যসামন্ত'দের দান করেছেন। তারপর তাঁর আদেশ ছিল -

আমার দুঃখ যত লোক হইয়াছে দুঃখিত।

তাহার সভায় ধন দিয়া করহ ভূষিত॥

চৌস্ক বৎসর খাইতে পরিতে যার যত লাগে।

পরিতোষ করিয়া ধন দেহ সর্ব্বলোকে॥ (অযোধ্যাকান্ড)

অর্থাৎ আগামী চোস্ক বছরের জন্য অযোধ্যাকে স্বাধিকারে রাখার জন্যই রামচন্দ্র করজোড়ে অনুরোধে জানিয়েছিলেন, "আমা দেখিয়া ভরত ভাইয়ের করহ পালন"। ভরত ভাইয়কে আমার প্রতিরূপ মেনেই তার কথা পালন করুন।

পরে যখন দশরথ বনবাসী ঋষিদের দানের জন্য রামকে সম্পদ প্রদানের আদেশ দিলেন, তখন কৈকেয়ী বুঝতে পারলেন তাঁর পরাজয় সম্পূর্ণ হয়েছে। সপত্নীপুত্র রামচন্দ্র ছিলেন রাজনৈতিক কূটনীতিতে কৈকেয়ীর সমবুদ্ধিসম্পন্ন; উপযুক্ত প্রতিপক্ষ। কিন্তু দশরথের এই আচরণ তাঁকে শুধু ক্রুদ্ধ বা ক্ষুব্ধই করে নি; গভীর দুঃখী করেছিল (রাজার তরে গালি পাড়ে পাইয়া বড় দুখ)। আসলে সেদিন হয়তো কৈকয়-কন্যা অন্তর দিয়ে উপলব্ধি করেছিলেন। মানুষের স্বভাবগত রাজনৈতিক প্রবণতা কিভাবে মানবিক সম্পর্কগুলির চেহারা বদলে দেয়। তীক্ষ্ণ বুদ্ধিমত্তা ও দূরদর্শিতা দিয়ে তিনি বুঝতে পেরেছিলেন, বনগামী রাম যে অযোধ্যাকে পিছনে রেখে গেলেন, তা কোনদিন, কোনভাবেই ভরতের হবে না, হতে পারবে না। সেই সময়

অযোধ্যার কোষাগার প্রায় শূন্য হয়ে গিয়েছিল; ব্রাহ্মণ-ক্ষত্রিয়সহ সমস্ত সমাজ-প্রধান এবং সাধারণ অযোধ্যাবাসীরা সকলেই তখন রামের দেওয়া পারিতোষিক পেয়ে রামানুগত ছিল।

ধন বিলাইয়া রাম পূরিলা সংসার।

রামের প্রসঙ্গে লোকের বাটে ঠাকুরাল। (অযোধ্যাকান্ড)

রাজ্যখন্ড ছাড়িয়া রাম যাবে বনবাসে।

রামের পাছে ধায় লোক স্ত্রী আর পুরুষে॥ (অযোধ্যাকান্ড)

অতঃপর সর্বজননন্দিত রামচন্দ্র যখন গেরুয়া বসন পরিধান ক'রে সস্ত্রীক বনযাত্রা করেন, তখন তাঁর আপাতনমনীয়তার অন্তরালে, প্রতিটি পদক্ষেপে নিঃশব্দে বাজতে থাকে জয়ের অহংকার।

অন্যদিকে কৈকেয়ী তখন সর্বজননিন্দিত, পরাজিত, নিঃসঙ্গ। ভরত মাতুলালয় থেকে ফিরেই অনুভব করেন, এই অযোধ্যা তাঁর পরিচিত অযোধ্যা নয়। অযোধ্যাবাসীর কাছে তাঁর কোনও গ্রহণযোগ্যতাই সেদিন আর নেই। নির্বুদ্ধিতার জন্য মাকে তিরস্কার করে পুত্র। অযোধ্যাবাসীর কাছে তাঁর কোনও গ্রহণযোগ্যতাই সেদিন আর নেই। নির্বুদ্ধিতার জন্য মাকে তিরস্কার করে পুত্র। রাজনীতিতে অভ্যস্ত ভরত এও বুঝতে পারেন, এমতাবস্থায় অযোধ্যার সিংহাসনে রামের প্রতিভূ হয়েই তাঁকে রাজকার্য চালাতে হবে - সেটাই হবে তাঁর পক্ষে সম্মানজনক। সুতরাং, সর্বজনসমক্ষে তাঁকে বলতেই হয় -

রক্ষিতুং সুমহদ রাজ্যমহমেকস্তু নোৎসহে।

পৌর-জানপদাংশ্চাপি রক্তান রজয়িতুং তদা॥

জাতয়শ্চাপি যোধাশ্চা মিত্রানি সুহৃদশ্চ নঃ।

ত্বমেব হি প্রতীক্ষন্তে পর্ণনয়মিব কর্ষকাঃ॥

ইদং রাজ্যং মহাপ্রাজ্ঞ স্থাপয় প্রতিপদা হি।

শক্তিমান স হি কাকুতস্থ লোকসৎ পরিপালনে॥

(অযোধ্যাকান্ডম/দ্বাদশাধিকশততমঃ সর্গঃ)

রক্ষিত এই বিশাল রাজ্য এবং আপনার অনুরক্ত পুরবাসী ও জনপদবাসীদের আমি একা সন্তুষ্ট করতে উৎসাহ পাচ্ছি না। কৃষকেরা যেমন বৃষ্টির জন্য প্রতীক্ষা করে, তেমনি জ্ঞাতি, যোদ্ধা, মিত্র এবং সুহৃদেরা তোমারই প্রতীক্ষায় রয়েছেন। এই বিশাল রাজ্য আপনি গ্রহণ করে অন্য কারো হাতে স্থাপন করুন। আপনি যার হাতে এই রাজ্য দেবেন, কেবলমাত্র তিনিই তা প্রতিপালনে সমর্থ হবেন।

উপায়ান্তরহীন এই বশ্যতারই পরিণামে মাধব কন্দলী দেখিয়েছেন, ভরত বলেছেন -

তবু আজ্ঞাপালি দেশ চলিব নিশ্চয়।

পাবন্তে কি জায়ন্তা পারাণী কি নসয়॥

তোমাব দুইখানি পানে প্রভু দিয়া মোক।

মাথাত ধরিয়া তাক পাসবিবো শোক॥

তুলনামূলকভাবে কৃত্তিবাসী রামায়ণে ভরত রামচন্দ্র এবং কৈকেয়ীর কূটনৈতিক পাশার চালে

নিরুপায় কিন্তু অসহায় বশ্যতা স্বীকারে সম্মত নন। তিনি জানতেন, রামচন্দ্র কোনও ভাবেই অযোধ্যায় ফিরবেন না, কেননা পিতৃআজ্ঞা পালনের এবং সত্যনিষ্ঠার আবরণ তার জনপ্রিয়তার প্রধান চাবিকাঠি। অযোধ্যার সীমানার বাইরে বিস্তারিত ভূখণ্ডে 'দেবতুল্য' মানুষ হয়ে ওঠার দূর্লভ সুযোগ তিনি কৈকেয়ীর নির্বুদ্ধিতা জন্য পেয়েছিলেন। সুতরাং কৃত্তিবাসী রামায়ণে ভরত রামের খড়ম নিয়েছেন বটে, কিন্তু গোপন জল্পলায় বলেছেন -

দেশে যাইতে কেন না কর সাহস।
ত্রিভূবন থাকিল গোসাত্রি ঘুসিতে অপযশ॥
দূই পানই দেহ গোসাত্রি করি লেয়া রাজা।
পানই রাজা করিয়া পালন করিব প্রজা। (অযোধ্যাকান্ড)

এরপরেই -

রাজপাট তুমি ভাই করিও নন্দীগ্রাম। .....
পাত্রমিত্র লৈলা তুমি কর রাজ্যখন্ড॥
অযোধ্যায় গিয়া আমি ধরিব ছত্রদন্ড॥
অযোধ্যায় রাজা হয় সকল নৃপতি।
চৌস্ক বৎসর গেলে আমি ধরিব দন্ডছাতি॥ (অযোধ্যাকান্ড)

অর্থাৎ আগামী চৌস্ক বছর ভরত রামের আজ্ঞাবহ হয়ে নন্দীগ্রামে বসে রাজপাট পরিচালনা করবেন, কিন্তু অযোধ্যার সিংহাসন কেবল রামেরই - কেবল রামানুগত জনেরাই সেখানে থাকবেন। চৌস্ক বৎসরান্তে স্বয়ং রামচন্দ্র ফিরে এসে তাঁর ছত্রদন্ড গ্রহণ করবেন।

রাজনীতির পাশাখেলায় এইভাবে বিমাতা এবং বৈমাত্রেয় ভাইকে সম্পূর্ণ পরাজিত, অধিকারচ্যুত ক'রে এরপর রঘুপতি ক্রমশ 'নরচন্দ্রমা' হয়ে ওঠার পথে পা রেখেছেন। এই যাত্রাপথে বীর রামচন্দ্র, সত্যনিষ্ঠ রামচন্দ্র, প্রিয়ংবদ রামচন্দ্র, ধর্মনিষ্ঠ রামচন্দ্র, সূর্যবংশের সূর্যতুল্য 'পুরুষ' রামচন্দ্র বিনা প্রতিদ্বন্দ্বিতায় অযোধ্যায় বাইরের বৃহত্তর ভূখন্ডে নন্দিত এবং বন্দিত হয়েছেন এবং সেই সঙ্গে সীতাও। সেই সীতা, যাঁকে বনবাসযাত্রার শুরুতে তিনি বলেছিলেন,

অহং হি সীতাং রাজ্যরং প্রাণানিষ্ঠান ধনানি চ।
হৃষ্টোভ্রাত্রে স্বয়ং দদাং ভরতায় প্রচোদিত॥

(অযোধ্যাকান্ড/উনবিংশ সর্গঃ)

"ভরত আমার ভাই। তার প্রীতির জন্য আমি নিজের প্রাণ, ধন এমনকি সীতাকেও আনন্দের সঙ্গে দিয়ে দিতে পারি"।

সেই সীতা, যাঁকে বার বার রাম বলেছিলেন, বনবাসযাত্রার সংকল্প ত্যাগ ক'রে ভরতকে সন্তুষ্ট করে চলতে থাক। (অযোধ্যাকান্ড/ষড়বিংশ সর্গঃ)।

সেই সীতা, যিনি কিন্তু সেই মুহূর্তে বলতে দ্বিধা করেন নি, "আপনি অস্ত্র-শস্ত্রে নিপুণ বীর

রাজপুত্রের পক্ষে অযোগ্য, অখ্যাতিকর কথা বলেছেন। এ'কথা শোনারও অযোগ্য" ......

বীরনাং রাজপুত্রাণাং শস্ত্রাস্ত্রবিদুষাং নৃপ।

অনইমযশসন্ধে ন শ্রোতবং ত্বয়েরিতম॥ (অযোধ্যাকান্ড/সপ্তবিংশ সর্গঃ)

এই স্পষ্টভাষিণী, দৃঢ় ব্যক্তিত্বসম্পন্ন নারীকে রামচন্দ্র তখনও ঠিক করে চিনতে পারেন নি। এই দৃঢ়তার সামনে দাঁড়িয়ে শেষ পর্যন্ত তিনি বাধ্য হয়েছিলেন সীতাকে সঙ্গে নিতে। জানকী বলেছিলেন,

অনন্যভাবামনুরক্তচেতসং ত্বচা বিযুক্তাং মরণায় নিশ্চিতাম্।

নয়স্বমাং সাধু কুরুত্ব যাচনাং না তো ময়া তে গুরুতা ভবিষ্যতি॥

(অযোধ্যাকান্ড/সপ্তবিংশ সর্গঃ)

রামের বিচ্ছেদ ছিল তাঁর কাছে মৃত্যুযন্ত্রণাতুল্য; পাশাপাশি এই আত্মাভিমানী নারী এ'কথাও বলেছিলেন, তিনি কোনও অবস্থাতেই রামের ভার বা বোঝা হতে চান না। রাজনৈতিক পাশাখেলার ছকের বাইরে দাঁড়ানো এই নারীর অটুট আস্থা ছিল মানুষের হৃদয়ধর্মে। সমাজ দ্বারা নির্দেশিত মহৎ পতিব্রতা ধর্ম পালনের জন্য নয়; রামকে গভীরভাবে ভালোবাসতেন বলেই জনকনন্দিনী সেদিন রাজসুখ ত্যাগ করে বনগামী হয়েছিলেন।

কৃত্তিবাসের রাম চৌস্ক বছর পর্যন্ত সীতাকে অপেক্ষা করতে বলেছিলেন। তাতেই ক্রুদ্ধ জানকী তীক্ষ্ণকণ্ঠে রামের পৌরুষে প্রথম বার আঘাত করেছিলেন -

পণ্ডিত হৈয়া আমার বাপের বুদ্ধি হইল আন।

যেন জামাতার তার কন্যা কৈল দান॥

স্ত্রী রাখিতে যে জন ভয় করে।

বীর হেন করিয়া তারে কোন্ জন্ বলে॥ (অযোধ্যাকান্ড)

কূটনীতিতে দক্ষ, জটিল রাজনৈতিক বোধসম্পন্ন, দাম্ভিক জনপ্রিয়তালোলুপ রামচন্দ্র তখনও সীতার জন্য অপরিচিত ছিল। তাই সীতাহরণ মুহূর্তে কিংবা রাবণের বিবাহ-প্রস্তাবের সময় তিনি যে ভাষায় নিজের কথা বলেছিলেন তার পিছনে একজন প্রিয় মানুষের প্রতি অটুট বিশ্বাস ছিল। মাধব কন্দলীর আত্মবিশ্বাসী সীতা বলেছিলেন, বশিষ্ঠের অরুন্ধতীকে হরণ করা গেলেও রামচন্দ্রের সীতাকে সহজে হরণ করা যায় না।

কৃত্তিবাসী রামায়ণের এই অংশে কিন্তু সীতার এই তেজ অনেক স্তিমিত; তিনি তাঁর প্রতিবাদের ভাষায় আছে সাময়িক অসহায়তা।

শ্রীরামের প্রিয়া আমি ঋষির ঝিয়ারি।

সর্ব্বথা আমারে না লেও নিজপুরী॥ (অরণ্যকান্ড)

তবু এই সীতারই আমূল ভাবান্তর ও রূপান্তর রাম-রাবণের যুদ্ধান্তে ঘটেছে। এরই মধ্যে রামচন্দ্র নিজের উদ্দেশ্য সাধনের জন্য বালি বধের মতো অনৈতিক কাজ করেছেন। সেই মুহূর্তে স্থলচর এবং নভশ্চর বানরসেনার সঙ্গে তাঁর বন্ধুত্বের প্রয়োজন ছিল। কিন্তু কপিরাজ বালি ছিল আত্মবিশ্বাসী, বীর। অনায়াসে

রামানুগত্য স্বীকার করার মতো ব্যক্তিত্ব তার ছিল না। অন্যদিকে সুগ্রীব, অপেক্ষাকৃত দুর্বল মেরুদন্ডের; রাজ্যলোভী কিন্তু আত্মক্ষমতায় আস্থাশীল নয়। স্বভাবতই আনুগত্যলোভী সুগ্রীবের সাথে রামচন্দ্র সীতা উদ্ধারের জন্য এগিয়ে যান -

তোমা হোয়তো সুগ্রীব রাজা পাইবে রাজ্যভার।
সুগ্রীব করিবেন তোমার সীতার উদ্ধার॥ (কিষ্কিন্ধ্যাকান্ড)

এরপরেই সুগ্রীব - বালিকে সম্মুখ সমরে গোপনে শরাঘাত করে। 'ধার্মিক' রামচন্দ্র বন্ধুত্বের দায়বদ্ধতা পালন করেছেন। মৃত্যুমুখে দাঁড়িয়ে বালি রামচন্দ্রকে ধিক্কার জানিয়েছে, 'সূর্যবংশের কুলাঙ্গার', 'অধার্মিক' ইত্যাদি শব্দ প্রয়োগ করে। কিন্তু মৃত্যুপথযাত্রী পিতার অন্তিম অসহায়তাকে কাজে লাগিয়ে রামচন্দ্র শেষ পর্যন্ত 'নরচন্দ্রমা' হয়ে ওঠার পথে আরও এক ধাপ এগিয়ে গেছেন। বালি তখন সন্তান অঙ্গদেব অনাগত ভবিষ্যতের দুশ্চিন্তায় ব্যাকুল ছিলেন। রঘুপতি তাঁকে বলেছেন -

তোমার পুত্র অঙ্গদের বাঢ়ার বিশেষ - (কিষ্কিন্ধ্যাকান্ড)

অতএব শেষ পর্যন্ত বালির সমস্ত ক্ষোভ, বালির প্রতি করা সমস্ত অন্যায়, তার অভিশম্পাত (দোষারোপ) সব কিছুকে ছাড়িয়ে রামচন্দ্রেরই মহত্ব অনেক বড় হয়ে উঠেছে। কেন না, বালির - 'আমার বিহনে অঙ্গদেরে নাহি দিও তাপ' - এই অনুরোধক্রমে এরপর রঘুপতি অঙ্গদকে কিষ্কিন্ধ্যার যুবরাজ হিসেবে অভিষিক্ত করেছেন। মাধব কন্দলী বলেছেন, আশ্রিত জনকে কৃপা করার জন্যই সেদিন রাম এমন 'অধর্মাচরণ' করেছিলেন। কিন্তু কৃত্তিবাস গভীর বিষণ্নতায় বলেছেন, 'ধার্ম্মিক রামের কেন হৈল পরমাদ!'

এরপর দেখি দীর্ঘ রাম-রাবণের যুদ্ধ - সীতা উদ্ধারের জন্য। বহু মৃত্যু, বহু রক্তপাত। যুদ্ধে নাকি নীতি, দুর্নীতির কোনও বিভাজন থাকে না। সুতরাং লঙ্কাকান্ডের শেষে,

রাজা হইলা বিভীষণ আনন্দিত দেবগণ, পুষ্পবৃষ্টি করিল সত্বর।
হরষিত হৈলা রাম হাতে লেইলা দুর্ব্বাধান, দিল তার মস্তক উপর॥
লঙ্কার ব্রাহ্মণ যত পুষ্পমালা লেয়া শত, বিভীষণে দিল আশীর্বাদ।
ব্রহ্মা হরষিত মনে সঙ্গে লেয়া দেবগণে, মুণিগণে জয় জয় বাদ॥ (লঙ্কাকান্ড)

চতুর্দিকে তখন রামের জয়ধ্বনি। তৃপ্ত, নিশ্চিন্ত সূর্যবংশের 'নরচন্দ্রমা'। কিন্তু এরপরেই সেই আপাত-চন্দ্রমাসদৃশ ব্যক্তিত্বসম্পন্ন মানুষটির মধ্য থেকে বেরিয়ে এসেছে অন্য এক মানুষ। সীতা উদ্ধারের লক্ষে দীর্ঘ যুদ্ধ এবং জয়ের পর সীতারই সামনে দাঁড়িয়ে তিনি উচ্চারণ করেছেন -

'যুদ্ধ করে বিজয়ী হয়ে যে তোমার সামনে দাঁড়িয়ে আছি তা তোমার জন্য নয়' - ন ত্বদর্থং ময়া কৃতঃ,

আমার প্রখ্যাত বংশের কলঙ্কমোচনের জন্যই ছিল এ 'যুদ্ধ' -
প্রখ্যাতস্যাত্মবংশস্য নয়সম্বন্ধ পরিমার্জতা

এখানেই শেষ নয়; এরপরেও রামচন্দ্র বলেছেন -

প্রাপ্তঃ চারিত্রসন্দেহা মম প্রতিমুখে স্থিতা।
দীপো নেত্রাতুরস্যেযবে প্রতিকুলামি মে দৃঢ়া॥
তদ্ গচ্ছ ত্বানুজানেহদয় যথেষ্টং জনকাত্মজে।
এতা দশ দিশো ভদ্রে কার্যমস্তি ন মে ত্বয়া॥
কঃ পুমাংস্ত কুলে জাতঃ স্ত্রিয়ং পরগৃহোষ্ঠিতাম।
তেজস্বী পুনরাদদ্যাৎ সুহৃল্লোভেন চেতসা॥
রাবণাঙ্ক পরিক্লিষ্টাং দুষ্টাং দুষ্টেন চক্ষুসা।
কথং ত্বাং পুনরাদদযাং কুলং বয়াদিমন্মহং॥
যদার্থং নির্জিতা মে ত্বং সোহয়মাসাদিতং ময়া।
নাস্তি মে তয়য়মিস্বগোং যথেষ্টং গময়তামিতি॥

(যুদ্ধকান্ডম্/পঞ্চদশাধিকশতমঃ সর্গঃ)

অর্থাৎ সীতার চরিত্রে তিনি সন্দেহ করেন; তাই সীতাকে তাঁর কোনও প্রয়োজন নেই। রাবণের অঙ্কলালিতা, দূষিতা কোনও নারীকে গ্রহণ করে ইক্ষ্বাকু বংশকে তিনি কলুষিত করতে চান না। সীতার প্রতি তাঁর সামান্যতম আসক্তিও নেই - তিনি যেখানে খুশি চলে যেতে পারেন। ইচ্ছে করলে তিনি তাঁর সুখের জন্য লক্ষ্মণ কিংবা ভরত যাকে খুশি বরণ করে নিতে পারেন -

তদসয় বয়হুতং ভদ্রে ময়েতং কৃতবুদ্ধিনা।
লক্ষ্মণে বাথ ভরতে কুরু বুদ্ধি যথাসুখম্॥

শুধু সীতা নয়; লক্ষ্মণ, ভরত সকলেই সেদিন রঘুকুলশিরোমণির দ্বারা অসম্মানিত হয়েছিলেন। কিন্তু তবুও স্বাভাবিকভাবে একটা প্রশ্ন তৈরি হয় - সীতা গ্রহণ যদি ইক্ষ্বাকু বংশের পক্ষে দূষণীয় হয়, তাহলে রামচন্দ্র কেন জানকীকে লক্ষ্মণ বা ভরতকে স্বীকার করতে বলেছিলেন? তাতে কি সূর্যবংশ অকলঙ্কিত থাকতো? প্রকৃতপক্ষে, সীতার জীবনে রামচন্দ্রের যে অবস্থানই থাকুক না কেন, রামচন্দ্রের কাছে তাঁর কোনও সম্মানজনক অস্তিত্ব কোনদিনই ছিল না। এরপরেও হৃদয়ের নির্দেশে জনকনন্দিনী যতই রামানুগামী হোন্ না কেন, অন্ধ রামানুগত্য তাঁর ছিল না। তাই স্বাধিকারবোধসম্পন্না, দৃঢ়চেতা, ব্যক্তিত্বময়ী, স্পষ্টবক্তা এই নারীকে শেষ পর্যন্ত রামচন্দ্র সহ্য করতে পারেন নি। 'রামায়ণ' পাঠের পর আমার মনে হয়, হরধনুভঙ্গ থেকে সীতা বিরহে বার বার অশ্রুপাত পর্যন্ত সবের মধ্যেই প্রচ্ছন্ন ছিল রঘুকুলপতির স্বভাবসিদ্ধ দ্বিচারিতা। বাল্মীকি কিন্তু সীতা প্রত্যাখ্যান সূত্রে নিঃশব্দে দেখিয়েছেন, মানুষের দম্ভ এবং অহংবোধ কিভাবে সমস্ত মানবিক সম্পর্ককে কলুষিত করে। সেদিন যে লাঞ্ছনা ও অপমান জানকী সহ্য করেছিলেন, তার জ্বালার কাছে অগ্নিদাহ কিছুই ছিল না।

মাধব কন্দলীর রামায়ণে আমরা দেখি, রাম-মনস্তত্বের আরো গভীর বিশ্লেষণ। রামচন্দ্র বলেছেন-

তোমাক লাগিয়া আমি সকবিলো কাজ;
পৌবুসতা আচরি গুচাইলো সব লাজ॥ (লঙ্কাকান্ড)

অর্থাৎ কেবল বংশের সম্মান রক্ষার জন্যই রঘুপতি সীতার নারীত্বের এমন অবমাননা করেছিলেন - তা নয়। রাবণ কর্তৃক সীতাহরণ ছিল তাঁর পৌরুষের পক্ষে অপমানজনক। এই পৌরুষরই পুনঃপ্রতিষ্ঠা ছিল লঙ্কাযুদ্ধের প্রকৃত কারণ। এই তথাকথিত পৌরুষের সংকীর্ণ সীমাবদ্ধতা এবং অহংবোধ সেদিন সীতার মতো নারীকে একজন মানুষের প্রাপ্য ন্যূনতম সম্মানটুকু পর্যন্ত দেয় নি। সুতরাং, মাধব কন্দলীর রামায়ণে রামচন্দ্র সীতাকে কেবল লক্ষ্মণ বা ভরতকে নয়; বিভীষণ, সুগ্রীব - যাকে খুশি বরণ ক'রে নিতে বলেছিলেন। দৃঢ় ব্যক্তিত্বসম্পন্না সীতা সেদিন রামচন্দ্রকে 'ইতর নিষ্ঠুর পুরুষ' বলতেও দ্বিধাবোধ করেন নি; জানিয়েছিলেন, 'অন্তর্গত শুদ্ধ আমি' ....। কিন্তু এই রামচন্দ কেবল সীতাকে নয়, কেউকেই চিনতেন না।

এরপর সীতা অগ্নিপরীক্ষার জন্য প্রস্তুত হয়েছেন। জীবনের মর্মান্তিক দাহ যে নারী নিজের অন্তর দিয়ে অনুভব করছেন, তার কাছে এ পরীক্ষা প্রায় প্রহসনতুল্য। কিন্তু অগ্নিতে জনকনন্দিনীর প্রবেশমাত্রই রামচন্দ্রের সম্বিত ফিরেছে। মুহূর্তমধ্যে তিনি বুঝতে পেরেছেন যে তিনি ভুল করেছেন! লঙ্কার আপামর জীবিত বালক-বৃদ্ধ-যুবা, সেনাদল থেকে শুরু ক'রে বানর ও ভালুক সৈন্যবাহিনী পর্যন্ত সকলেই রামকে ধিক্কার জানিয়েছে। তিল তিল ক'রে অর্জিত বিপুল জনমান্যতা একমুহূর্তে ধূলিসাৎ হয়ে গেছে। জনমানসে সীতার এতখানি গ্রহণযোগ্যতা ও সম্মান, আত্মকেন্দ্রিক রঘুপতির কল্পনারও অতীত ছিল। অগত্যা রামচন্দ্রকে সাময়িকভাবে সীতাকে ফিরিয়ে নিতে হয়েছে। বাল্মীকি রামায়ণের এই পর্বে দেবতারা স্তবগানের দ্বারা নারায়ণসদৃশ শ্রীরামকে তুষ্ট ক'রে অনুরোধ করেন সীতা গ্রহণের জন্য; আর মাধব কন্দলীর রামায়ণে দেবতারাও এই অংশে রামের শ্রেষ্ঠত্ব নিয়ে সন্দিহান। অসহায় ভাবে তার উচ্চারণ ছিল ঃ 'মুণিবো হবয় মতিভ্রম'! রঘুকুল শিরোমণি যখন আত্মপক্ষ সমর্থনে তাঁর সিদ্ধান্তকে দৈব-কার্য বলে প্রতিপন্ন করার চেষ্টা করছেন, তখন মাধব কন্দলী কিন্তু বলে দিয়েছেন -

রামর চবিত্র সুনা সাবধান কবি। (লঙ্কাকান্ড)

কৃত্তিবাসী রামায়ণে আমরা দেখেছি, সীতাত্যাগের মুহূর্তে রামের চিরানুগত বানরজাতিও ধিক্কার দিয়ে বলেছিল,

জানিলু জানিলু রাম তুমি বড় দয়াবান
কু লাগি বলাহ দাশরথি। ....
নির্দয় নিষ্ঠুর তুমি কি বোল বলিব আমি,
ধর্ম্ম কর্ম্ম নাহি তব মনে॥ (লঙ্কাকান্ড)

দেবতারা যখন প্রশ্ন করেছিলেন,

মনুষ্য নহ রাম তুমি দেবতার পতি।
মনুষ্যের মত কেন দেখি তব মতি।

আজীবন দেবতুল্য গুরুত্ব পেতে অভ্যস্ত রাম তখন স্বীকার করতে বাধ্য হয়েছিলেন,

মনুষ্য আমি মনুষ্যকুলে জন্ম।

মনুষ্য হৈয়া কবি কর্ম।

বলা বাহুল্য, রামচরিত্রে দেবত্বের আদর্শ ছিন্নভিন্ন হয়ে গেছে। রঘুপতির দক্ষ, জনপ্রিয়তার আকাঙ্ক্ষা, কূটনীতি, আনুগত্যলোলুপতা, পৌরুষ এবং তার সংকীর্ণতা, তাঁর অহংবোধ, তাঁর নেতৃত্ব প্রদানের দক্ষতা, তাঁর নীতি ও নীতিহীনতা সবকিছুই আশ্চর্য মানবিক 'স্বাভাবিকতা' লাভ করে।

লঙ্কাকান্ডের শেষে অপমানিতা, লাঞ্ছিতা সীতা গভীর দুঃখে বলেছিলেন, 'একবার লোহা ভেঙে গেলে যেমন জোড়া যায় না; তেমনি মন ভেঙে গেলেও ফাটলের চিহ্ন কখনও মোছা যায় না। জনচাহিদায় সাময়িকভাবে সীতাকে গ্রহণ করলেও, শেষ পর্যন্ত অযোধ্যাপতি রাম আবার প্রজানুরঞ্জনের মিথ্যা আখ্যান তৈরি ক'রে গর্ভবতী সীতাকে সম্পূর্ণ শঠতার আশ্রয়ে নির্বাসনে পাঠান - স্বর্ণসীতাকে প্রতিষ্ঠা ক'রে জনপদবাসীদের প্রতারিত করেন। কেবল লক্ষ্মণকে তিনি প্রতারণা করতে পারেন নি। যে লক্ষ্মণ একদিন রামের সেবার জন্য রাজসুখ ত্যাগ ক'রে বনবাসী হয়েছিলেন, সীতা বিরহে রামের হাহাকার দেখেছিলেন, তিনিই উত্তরকান্ডে সীতাত্যাগের পর রামের অশ্রুবিসর্জনের দ্বিচারিতায় প্রতিবাদী ছিলেন -

আপনি সীতায় তুমি করিলা বর্জ্জন।
আপনি বর্জ্জিয়া এখন কর সে ক্রন্দন॥ (উত্তরকান্ড)

লক্ষ্মণ যখন সীতাকে আবার ঘরে আনার কথা বলেছেন, তখন রামচন্দ্র অসঙ্কোচে বলেছেন,

.... বর্জয়া থুইলাম দেশের বাহিরে।
অধিক লজ্জা পাইব আমি সীতা আনিলে ঘরে॥

অতঃপর শুরু হয়েছে রাজসূয় যজ্ঞের বিশাল আয়োজন! রঘুপতি প্রমাণ করতে চয়েছেন -

যত রাজা আছে ভারতভূমের ভিতর।
রাজচক্রবর্তী রাম সভার উপর।

চতুর্দিকে তখন ধন্য ধন্য রব। কেবল সীতা, লক্ষ্মণের মতো কাছের মানুষেরা তাঁকে ধীরে ধীরে ত্যাগ করেছেন। সূর্যবংশের শ্রেষ্ঠ পুরুষের কীর্তিগাথা রচনাও প্রায় তখন সম্পূর্ণ হয়ে এসেছে।

যজ্ঞসভায় রামায়ণ-গান করতে লব-কুশ এসে দাঁড়িয়েছে। রামের আত্মজ, কিন্তু রামের অপরিচিত। এরাই শেষপর্যন্ত নিঃশব্দে রামচন্দ্রের আজীবন-লক্ষ কীর্তির শেষ মূল্যমান নির্ধারণ করে দিয়েছে। যজ্ঞসভায় রঘুকুলাধিপতি লব-কুশের পিতৃপরিচয় জানতে চাইলে, দুই বালক পিতার সামনে দাঁড়িয়ে পুত্রের জীবনে পিতার অধিকার অস্বীকার ক'রে বলেছে,

বাপেরে না চিনি মোরা মায়ের নাম সীতা।
বাল্মীকির শিষ্য মোরা নাহি চিনি পিতা॥

বলতে পারি, 'রামায়ণের' আখ্যান এখানেই শেষ। এরপর সীতার পুনর্বার অগ্নিপরীক্ষা ও পাতালপ্রবেশ নতুন ক'রে আমাদের আলোড়িত করে না। আমরা জানতে চাই না, সীতাকে স্বামী ত্যাগ করার পর এগারো হাজার বছর ধরে শ্রীরামচন্দ্র কি কি করেছিলেন! কেননা, ততক্ষণে আমরা জেনে গেছি,

স্বর্গলোকের বাসিন্দা, 'নরচন্দ্রমা' আখ্যা দিলেও, মানুষের পৃথিবীতে রাঘব একজন সর্বগুণান্বিত জননায়ক হওয়া সত্ত্বেও কখনোই 'পূর্ণতম' হয়ে উঠতে পারেন নি। তাঁর এই অবমাননাই ছিল, তাঁর ক্রমশ 'দেবতা' হয়ে উঠতে না পারার সীমাবদ্ধতা। এই ব্যর্থতাই তাঁকে মানুষ হিসেবে স্বাভাবিকতা প্রদাণ করেছে। রামচন্দ্রের এই সাফল্য এবং ব্যর্থতা ভক্তদের মনে দেবলীলা বলে প্রতিভাত হলেও, আধুনিক যুক্তিপ্রবণ মননের কাছে তা ভিন্নমাত্রিক প্রতিক্রিয়া বহন করে। হয়ে ওঠে, এক বহুগুণান্বিত, উচ্চাকাঙ্ক্ষী জননায়কের 'দেবোপম' হয়ে ওঠার আপাতসাফল্য ও নিঃশব্দ ব্যর্থতার কাহিনী।

তথ্য সূত্র গ্রন্থ এবং মন্তব্য :-

১. **বাল্মীকি বিরচিত 'রামায়ণম্' (প্রথম ও দ্বিতীয় খন্ড)** - *সম্পা. ধ্যানেশনারায়ণ চক্রবর্তী/নিউলাইট, কলকাতা ০৯/১৯৯৭*

২. **মাধব কন্দলী রচিত 'রামায়ণ'** - *সম্পা. হবিনারায়ণ দত্তবরুয়া / দত্তবরুয়া পাবলিশিং কোম্পানী প্রা. লি., গুয়াহাটি, ৭৮১০০১ / ১৯৫২ চন*

৩. **কৃত্তিবাসী 'রামায়ণ'** - *সম্পা. সুখময় মুখোপাধ্যায় / ভারবি, কলকাতা-৭৩ / ১৯৮০*

বাংলা নাটকে রাম-কথা

সুমিতা চট্টোপাধ্যায়

মহর্ষি বাল্মীকি তাঁর রচিত রামায়ণে রামচন্দ্রকে পরম পুরুষ রূপে চিত্রিত করেছেন। বাল্মীকি রামায়ণের অনুসরণে রামের ব্যক্তিত্ব বিভিন্ন ভারতীয় ভাষায় নিজস্ব সংস্কৃতি এবং সামাজিক নিয়ম-কানুনের ভিত্তিতে কল্পনা করা হয়েছে। সেইসঙ্গে ভারতীয় ধর্ম ও সাহিত্যে রামের চরিত্রের মধ্যে অনেক নবীনতার উদ্ভাষণও লক্ষ্য করা যায়। শ্রীরামচন্দ্রের চরিত্রে এই নবীনতা সত্ত্বেও তাঁর উজ্জ্বল ব্যক্তিত্ব সর্বত্র অক্ষুণ্ন থেকেছে। বিভিন্ন রচনাকার দ্বারা ভিন্ন ভিন্ন পরিবেশ-পরিস্থিতিতে কল্পিত হয়েও রামচন্দ্রের এক নিশ্চিত স্বরূপ সমস্ত সাহিত্যে সমানভাবে উদ্ভাসিত। তুলসীদাস 'রামচরিতমানস'-এ শ্রীরামচন্দ্রকে ব্রহ্মরূপে স্বীকৃতি দিলেও তিনি তাঁর মধ্যে মানবীয় সমস্ত প্রবৃত্তির সমাবেশ করেছেন। সেখানে একদিকে যেমন রামের ঈশ্বরত্বকে

স্বীকার করা হয়েছে, অপরদিকে তেমনি রাম চরিত্রের মানবীয় লৌকিক স্বরূপ পুত্র, স্বামী, পিতা ও এক আদর্শ রাজার বিবিধ রূপেরও সমন্বয় দেখা গেছে। 'কবি ভক্ত' কেশবদাসের 'রামচন্দ্রিকা' কথাও বাল্মীকি রামায়ণের অনুসারী হলেও সেখানে রাম চরিত্রে কবি দ্বারা আরোপিত ব্যক্তিত্ব সুস্পষ্ট রূপে প্রতিফলিত। সেখানে রামচন্দ্রের মানবীয় রূপকেই গুরুত্ব দেওয়া হয়েছে। বাংলার রামকাহিনী-এর থেকে আলাদা নয়। বাঙালি কবি কৃত্তিবাস, চন্দ্রাবতী, মধুসূদন দত্ত, নাট্যকার গিরিশচন্দ্র ঘোষ প্রমুখ রচনাকার মূল রামায়ণের কাহিনিতে নতুন নতুন বিষয় এবং ভাবনার সংযোজন করেছেন। তবে এই নতুন ভাব-সংযোজনের মূলে সমকালীন সমাজ-জীবনের প্রত্যক্ষ প্রভাব পড়েছে - এ কথা অস্বীকার করা যায় না।

সংস্কৃত সাহিত্যের ইতিহাসে 'রামায়ণ' এক মহাকাব্য রূপে প্রতিপাদিত হয়েছে। কিন্তু বাঙালি এই মহাকাব্যকে পুরাণ রূপেই গ্রহণ করেছে। বাংলার সাংস্কৃতিক পরম্পরায় রাম-কথা মূলত কবি কৃত্তিবাস ওঝার রামায়ণের ওপর স্থাপিত। কবি কৃত্তিবাস তাঁর রামায়ণে বাংলার সংস্কৃতি ও বাংলার জনসমাজের মানসিকতার প্রতি দৃষ্টি রেখে রামায়ণকে এক নতুন রূপে প্রস্তুত করেছেন। বাল্মীকির রামায়ণ-কথায় বাংলার সংস্কৃতির সংযোজন করে কবি কৃত্তিবাস তাতে কিছু ভাবগত পরিবর্তন করেছেন। একে সংস্কৃত রামায়ণের অবিকল অনুবাদ বলা যায় না। বরং একে প্রাচীন মহাকাব্যের বঙ্গীয় সংস্করণ বলা যেতে পারে। কৃত্তিবাসের কাব্যে বর্ণিত নর-বানর-রাক্ষস একদিকে যেমন আমাদের অতি পরিচিত বলে মনে হয়, অপরদিকে অশোক বাটিকার গাছপালাও বাংলার প্রকৃতিতে অপরিচিত নয়। স্বয়ং রামচন্দ্রও এখানে বাংলার চিরপরিচিত সাধারণ মানুষের প্রতিনিধি। কৃত্তিবাসের এই আধ্যাত্মিক চেতনা বিকশিত হয়ে বাংলায় এক নতুন ধারার সৃষ্টি করেছে।

বাংলা নাট্য সাহিত্যের প্রথম যুগ পুরাণ এবং সংস্কৃত নাটকের অনুসরণ, অনুকরণ ও অনুবাদের ওপর সম্পূর্ণরূপে নির্ভর ছিল। তারাচরণ শিকদারের লেখা 'ভদ্রার্জুন' (১৮৫২) বাংলা সাহিত্যের প্রথম পূর্ণাঙ্গ মৌলিক নাটক। অর্জুন দ্বারা সুভদ্রা হরণের মহাভারতীয় বৃত্তান্ত নিয়ে 'ভদ্রার্জুন' নাটক রচিত। রামায়ণের কাহিনি বা রাম-কথা বাংলা নাট্য সাহিত্যে তুলনামূলক রূপে কিছু পরে এসেছে। বাংলা নাট্যসাহিত্যে রামায়ণের কাহিনী নিয়ে সর্বপ্রথম লেখা হয় 'রামের বনবাস নাটক'। এটি একটি করুণ রসাত্মক নাটক। রচনাকার দ্বিজতনয়া। এরপর মনোমোহন বসু 'রামাভিষেক' (১৮৬৩) নাটক রচনা করেন। পাঁচ অঙ্কের এই নাটকের বিষয়বস্তু সংক্ষিপ্ত। রামচন্দ্রের রাজ্যাভিষেকের প্রস্তুতি থেকে আরম্ভ করে রামের বনবাস গমন পর্যন্ত ঘটনা এই নাটকের প্রধান বিষয়বস্তু। দশরথের মৃত্যুর মধ্য দিয়ে এই নাটকের যবনিকা পড়েছে। 'রামাভিষেক' নাটকে কবি কৃত্তিবাসের লেখা রামায়ণের সামান্য অংশের নাট্যরূপ। নাট্যকার কাহিনী বা চরিত্র সৃষ্টিতে কোথাও নিজের মৌলিক চিন্তার পরিচয় দেননি। তিনি কোন প্রকার আধ্যাত্মিক তত্ত্বও পরিবেশন করতে চাননি। মানবরসই তাঁর নাটকের প্রধান ভিত্তি। তিনি রাম এবং সীতা

চরিত্রকে স্বাভাবিক রূপে অঙ্কিত করে তাতে নবীনতা আনতে নাট্যকার সক্ষম হয়েছেন। দেব চরিত্র এখানে তাঁদের স্বাতন্ত্র্য ত্যাগ করে মানবীয় রূপ পেয়েছে। এঁদের পরিচয় পৌরাণিক কিন্তু আচরণ বাঙালি চরিত্র-সুলভ। নাটকে কোন প্রকার অন্তর্দ্বন্দ্ব বা বহির্দ্বন্দ্ব নেই। অযোধ্যা এখানে বাংলারই একটি গ্রাম, যেখানে কৌশল্যা তাঁর পুত্রের মঙ্গল কামনা করে মঙ্গলচণ্ডীর ব্রত করেন। পুত্রের বন-গমনের সময় সাধারণ বাঙালি জননীর মত সুদীর্ঘ বিলাপ করেন। দশরথ এখানে বহু-বিবাহ প্রথায় পীড়িত বাংলার পুরুষ সমাজের প্রতিনিধি। দশরথের করুণ পরিণতির মধ্য দিয়ে নাট্যকার বাংলার এই সামাজিক কুরীতির প্রতি কটাক্ষ করেছেন। সামাজিক কুপ্রথার বিরোধ, বিচারের উদারতা এবং আধুনিক চিন্তাধারা মনোমোহন বসুর 'রামাভিষেক' নাটককে উজ্জ্বল করে রেখেছে।

উনিশ শতকের শেষভাগে বাংলায় পৌরাণিক গীতিনাট্য অত্যন্ত জনপ্রিয়তা পেয়েছিল। এই গীতিনাট্যের মূল ভিত্তি ছিল মহাভারত ও রামায়ণ কাহিনী। এর মধ্যে রামায়ণের অনুসরণে রচিত নাটকের সংখ্যা অধিক ছিল। এই সময়ে গীতিনাট্যের রচনাকার ভোলানাথ মুখোপাধ্যায় 'সীতার বনবাস', 'রাম-বনবাস', 'রামবিলাপ', 'লঙ্কেশ্বর বিজয়', 'রাম-অভিষেক', 'রাবনের দিগ্বিজয়', 'রামের রাজ্যাভিষেক', 'ভরত-বিলাপ যাত্রা', 'জানকী-পরিণয়' ও ভৃগুরামের দর্পচূর্ণ' এবং 'লক্ষ্মণ-বর্জন' নাটক লেখেন। মহেশচন্দ্র দাস দে লেখেন 'তরণীসেন বধ'। তিনকড়ী বিশ্বাস 'সীতার বনবাস', 'মেঘনাথবধ', 'রাম-বনবাস', 'লক্ষ্মণের শক্তিশেল', 'সীতার পাতাল প্রবেশ', 'ভরত বিলাপ' লেখেন। ব্রজমোহন রায় 'শতস্কন্ধ রাবণবধ'; মতিলাল রায় 'সীতাহরণ', 'ভরতাগমন', 'রাম রাজা', 'রাম বদায়', 'রাবণবধ'; ঈশ্বরচন্দ্র সরকার 'রামবনবাস নাটক'; আশুতোষ চক্রবর্তী 'লক্ষ্মণ-বর্জন'; নগেন্দ্রকৃষ্ণ ঘোষ 'সীতান্বেষণ'; হরিমোহন চট্টোপাধ্যায় 'ভরতমিলন'; নন্দলাল রায় 'সীতাহরণ', 'সীতার বনবাস'; বিনোদবিহারী শীল 'লক্ষ্মণের শক্তিশেল'; পার্বতীচরণ ভট্টাচার্য 'সীতার পুনঃপরীক্ষা', 'রাম-বিবাহ'; গোপালচন্দ্র মিত্র 'সীতার অগ্নিপরীক্ষা'; জহরলাল শীল 'রাবণবধ'; পার্বতীচরণ ভট্টাচার্য 'সীতার পুনঃপরীক্ষা', 'রাম-বিবাহ'; গোপালচন্দ্র মিত্র 'সীতার অগ্নিপরীক্ষা'; জহরলাল শীল 'রাবণবধ'; অক্ষয়কুমার দেব 'মেঘনাদবধ', ও 'তরণীসেন বধ'; ঈশ্বরচন্দ্র বিশ্বাস 'রাম নির্বাসন গীতাভিনয়'; অঘোরচন্দ্র ঘোষ 'সীতাহরণ যাত্রা' 'বালি বধ', 'লক্ষ্মণের শক্তিশেল', 'রাম-বনবাস'; কৃষ্ণধন চট্টোপাধ্যায় 'জানকীপরীক্ষা' ও 'তরণীসেন বধ'; গোপালচন্দ্র সিং 'লব কুশ বিজয়' ইত্যাদি গীতিনাট্য লেখেন। এই গীতিনাট্যগুলিকে বিশুদ্ধ নাটক তো বলা যায় নি, কিন্তু বাংলা নাটকে প্রচলিত পৌরাণিক কাহিনী সমানান্তরালভাবে প্রবাহমান। এই ধারা বাংলা পৌরাণিক নাট্য সাহিত্যকে এক নতুন পথে অগ্রসর করতে সহায়ক হয়েছিল।

বাংলা পৌরাণিক নাটকের স্বর্ণযুগ বাস্তবিক রূপে গিরিশচন্দ্র ঘোষ থেকেই প্রারম্ভ হয়েছিল। আধুনিক কালের যুক্তি তর্কের ঊর্ধ্বে ভক্তি ভাবই ছিল তাঁর নাটকের মূল রস। গুরু রামকৃষ্ণ পরমহংসের

সংস্পর্শে এসে গৌড়ীয় বৈষ্ণব ধর্মের যে অহেতুক ভক্তিবাদের প্রতি গিরিশচন্দ্র আকর্ষিত হয়েছিলেন, তা তাঁর নাটকে স্পষ্টই প্রতিফলিত হয়েছে। তিনি তাঁর রচনার মাধ্যমে প্রাচীন পুরাণ নয়, বরং বাঙালির পুরাণকেই জীবন্ত করে তুলেছেন। তিনি বাল্মীকি রামায়ণের পরিবর্তে কৃত্তিবাসের রামায়ণকেই অনুসরণ করেছেন। তাই তাঁর পৌরাণিক নাটকে বাংলার প্রাণ-রসের স্পন্দন সহজেই অনুভব করা যায়। বাংলার পুরাণ বাঙালির নিজস্ব সৃষ্টি। তাই সংস্কৃত পুরাণ থেকে তা অনেকাংশে ভিন্ন। রামচন্দ্র প্রাচীন পুরাণের মত এখানে উজ্জ্বল পৌরুষদীপ্ত অবতার পুরুষ নন, বরং তিনি সত্যনিষ্ঠ ভক্তবৎসল একজন সাধারণ মানুষ। সীতাও এখানে সংস্কৃত রামায়ণে বর্ণিত তেজস্বিনী ক্ষত্রিয় কন্যা নন, তিনি বাংলার সাধারণ কুলবধূ। গিরিশচন্দ্র পৌরাণিক চরিত্রের পূর্ণ মর্যাদা রক্ষা করে তাঁর নাটকগুলি রচনা করেছেন। তিনি পুরাণের কোন নতুন ব্যাখ্যা করেননি। যেখানে নির্ভরযোগ্য তথ্য পাওয়া যায়নি সেখানে তিনি প্রচলিত জনশ্রুতির আশ্রয় নিয়েছেন। কিন্তু কোথাও তাঁর কল্পনা বা অতিশয়োক্তি দ্বারা পুরাণকে বিকৃত করেননি। রামায়ণের বিষয় নিয়ে গিরিশচন্দ্র সাতটি নাটক রচনা করেছেন। তিনি সপ্তকাণ্ডে কৃত্তিবাসী রামায়ণের সমস্ত অংশকেই ভিন্ন ভিন্ন খণ্ডে নাট্যরূপ দিয়েছেন।

রামায়ণের কাহিনী অবলম্বনে গিরিশচন্দ্রের সর্বপ্রথম নাটক 'অকাল বোধন' (১৮৭৭)। মাত্র দুটি দৃশ্যের সম্পূর্ণ এই নাটকে শ্রীরামচন্দ্রের দুর্গোৎসবের বৃত্তান্ত রয়েছে। তাঁর প্রথম পূর্ণাঙ্গ নাটক 'রাবণবধ' (১৮৮১)। রাবণের জীবনের অন্তিম পর্ব নিয়ে এই নাটক লেখা হয়েছিল। রাবণ এখানে বিষ্ণুর অংশাবতার শ্রীরামচন্দ্রের পরম ভক্ত। এই জন্য শত্রুরূপে সম্মুখীন রামচন্দ্রকে ভগবান রূপে পূজা করে। শ্রীরামচন্দ্রও এখানে করুণার অবতার। তিনি রাবণকে জীবনদান দিতে ব্যাকুল হয়ে ওঠেন। পরিবর্তে তিনি কেবল সীতাকে ফিরে পেতে চান। কিন্তু রাবণ রামচন্দ্রের হাতে মৃত্যুর মধ্য দিয়ে মুক্তি পেতে চায়, নিজের জীবনের প্রতি তার কোন মোহ নেই। রামের বাণের আঘাতে আহত রাবণ যখন রামচন্দ্রের স্তব করে, তখন রামচন্দ্রও ভক্তবৎসল হয়ে রাবণকে ক্ষমা করতে চান। কিন্তু রাবণ কটু বাক্য দ্বারা রামকে উত্তেজিত করতে থাকেন। কেবলমাত্র রামের হাতে মৃত্যু বরণ করে এই রাক্ষস জীবন থেকে মুক্তি পাবার জন্য। রাবণ এখানে একদিকে যেমন রাম-ভক্ত, অপরদিকে তাকে সীতার দেহ কামনা করতেও দেখা যায়। বাল্মীকি রামায়ণের প্রসঙ্গকে সামান্য পরিবর্তন করে কৃত্তিবাস এই অংশটি নিজস্ব কল্পনা দ্বারা সৃষ্টি করেছেন, যাকে নাট্যরূপ দিয়েছেন গিরিশচন্দ্র।

'রাবণবধ'-এর মঞ্চসফলতায় উৎসাহী হয়ে গিরিশচন্দ্র রামায়ণের কাহিনী নিয়ে পর পর আরও পাঁচটি নাটক রচনা করেন। কৃত্তিবাসের রামায়ণের সঙ্গে বাংলায় প্রচলিত অন্যান্য লৌকিক রামায়ণের আধারে তিনি লেখেন 'সীতার বনবাস' (১৮৮১) নামক পঞ্চাঙ্ক নাটক। এটি একটি করুণ রসাত্মক কাহিনী। এখানে রাম স্বয়ং সীতার কলঙ্কের প্রতি সন্দেহপ্রবণ হয়ে সীতাকে ত্যাগ করেন। উর্মিলার অনুরোধে

সীতা রাবণের একটি চিত্র তৈরি করে তাকে দেখান। অতঃপর গর্ভভারজনিত অলসতায় নিজের অজান্তেই সেই চিত্রের ওপরে ঘুমিয়ে পড়েন। অনুচরের মুখে সীতার কলঙ্কের এই সংবাদ পেয়ে রামচন্দ্র তৎক্ষণাৎ অন্তঃপুরে এসে সেই দৃশ্য দেখেন এবং প্রচন্ড ক্রোধে উত্তেজিত রামচন্দ্র তৎক্ষণাৎ লক্ষ্মণকে আদেশ দেন সীতাকে বনবাসে রেখে আসবার জন্য। সীতাকে বিষধর সর্পিনীর সঙ্গে তুলনা করে তাঁকে হীনচরিত্রের 'দুষ্ট নারী' বলেও লক্ষ্মণের সম্মুখে দুঃখ প্রকাশ করেছেন তিনি। এই প্রসঙ্গের উল্লেখ ভবভূতির 'উত্তররামচরিত' বা বাল্মীকি রামায়ণে নেই। কৃত্তিবাসী রামায়ণে নগরের নারীরা দশমুণ্ড ও কুড়িটি হাতযুক্ত রাবণ দেখতে কেমন, তা জানতে চাইলে সীতা তাদের দেখাবার জন্য রাবণের একটি চিত্র অঙ্কন করেন। সেই সময় রামচন্দ্রকে অন্তঃপুরে আসতে দেখে নগরের নারীরা সেখান থেকে চলে যায়। গর্ভবতী সীতা আলস্যজনীত কারণে সেই চিত্রের পাশেই নিদ্রা যান। এই প্রসঙ্গ চন্দ্রাবতী রামায়ণেও রয়েছে। এই রামায়ণে লব কুশকেও রামচন্দ্র নির্দ্বিধায় নিজের পুত্র রূপে স্বীকার করতে পারেননা। গিরিশচন্দ্র সীতার পাতাল-প্রবেশের সময়ও রামচন্দ্রকে দুঃখিত হওয়ার স্থানে মূর্চ্ছিত হতে দেখিয়েছেন। নাটকে নতুনত্ব সৃষ্টি করবার জন্য নাট্যকার সীতার পাতাল-প্রবেশের সময় শূন্য কমলাসনে লক্ষ্মীরূপী সীতার আবির্ভাবের দৃশ্য দেখিয়েছেন। 'লক্ষ্মণ বর্জন' (১৮৮২) মাত্র নয়টি দৃশ্যে সম্পূর্ণ গিরিশচন্দ্রের একটি অতি সংক্ষিপ্ত নাটক। এটিও 'সীতার বনবাস'-এর মত করুণ রসে পূর্ণ। কোন চরিত্রই এই নাটকে বিশিষ্টতা পায়নি। সমস্ত চরিত্রই সাধারণ। এটিকে 'সীতার বনবাস' নাটকের উপসংহার বলা যেতে পারে।

মূল রামায়ণের যথার্থ নাট্যরূপ দেখা যায় গিরিশচন্দ্রের 'সীতার বিবাহ' (১৮৮২) নামক তিন অঙ্কের নাটকে। এখানে ঋষি বিশ্বামিত্র দ্বারা রাজা দশরথের কাছ থেকে রাম-লক্ষণকে পাওয়ার জন্য প্রার্থনা, তাড়কা রাক্ষসীর বধ, অহল্যা-উদ্ধার, সীতা স্বয়ম্বর, পরশুরাম-মিলন, দশরথের চার পুত্রের বিবাহ -এর ঘটনাকে সংক্ষিপ্ত নাট্যরূপ দেওয়া হয়েছে। নাটকের প্রারম্ভে রামচন্দ্রকে গোলোকপতি বিষ্ণু এবং সীতাকে রমা রূপে চিত্রিত করা হয়েছে। এর কাহিনী বাল্মীকি রামায়ণের অনুসরণ করে নাট্যকারের মৌলিকতাকে অস্বীকার করা যায় না। বাংলার সমাজ-সংস্কারকেই এখানে অধিকতর গুরুত্ব দেওয়া হয়েছে।

রামচন্দ্রের বনবাস যাত্রা থেকে আরম্ভ করে চিত্রকূট পর্বতে ভরত-মিলন পর্যন্ত কাহিনী সংক্ষেপে উঠে এসেছে গিরিশচন্দ্রের পঞ্চাঙ্ক নাটক 'রামের বনবাস' (১৮৮২)-এ। এখানে কৃত্তিবাসী রামায়ণ অধিক উজ্জ্বল হয়ে উঠেছে। দশরথের পুত্র স্নেহ নাটকের শেষভাগে রামভক্তিতে পরিবর্তিত হয়েছে। রামের বনবাসই দশরথের মৃত্যুর কারণ - এই ঘটনা নাটকের করুণ রসকে আরও ঘনীভূত করেছে। পরবর্তী পাঁচ নাটক 'সীতা হরণ' (১৮৮২) গিরিশচন্দ্র কৃত্তিবাসী রামায়ণের কিষ্কিন্ধ্যাকাণ্ড এবং সুন্দরকাণ্ডের অনুসরণে রচনা করেন। লক্ষ্মণ দ্বারা শূর্পনখার নাসিকাচ্ছেদ, সীতাহরণ, অশোকবনে সীতার সঙ্গে হনুমানের সাক্ষাৎ ও সীতার সংবাদ নিয়ে হনুমানের ফিরে আসা পর্যন্ত বৃত্তান্ত বর্ণিত হয়েছে এই নাটকে। রামায়ণের সুদীর্ঘ

কাহিনীকে পাঁচটি অঙ্কের মধ্যে গিরিশচন্দ্র অত্যন্ত নিপুণতার সঙ্গে বর্ণনা করেছেন। গিরিশচন্দ্র তাঁর প্রায় সমস্ত নাটকেই সংস্কৃত মূল রামায়ণের পরিবর্তে কৃত্তিবাসী রামায়ণকে গ্রহণ করেছেন। ফলে তাঁর নাটকে বাঙালীর জাতীয় রস ধারার স্বাভাবিক বিকাশ ঘটেছে।

গিরিশচন্দ্রের 'রাবণবধ'-এর অনুকরণে বিহারীলাল চট্টোপাধ্যায় 'রাবণবধ' (১৮৮২) নামক একটি নাটক রচনা করেন। বহারীলাল এটিকে নাটক না বলে 'পৌরাণিক দৃশ্যকাব্য' বলে উল্লেখ করেছেন। এখানে রামচন্দ্রের বীরত্ব প্রতিষ্ঠা করাই নাট্যকারের প্রধান উদ্দেশ্য ছিল। সেকারণেই রাম চরিত্রের অন্যান্য গুণগুলি তেমনভাবে প্রকাশিত হতে পারেনি। রাবণকে বধ করে রামচন্দ্র সীতার উদ্ধার করেছেন কিন্তু পরক্ষণেই তাঁকে বিসর্জিত করেছেন। ফলে রাম চরিত্রের বীরত্ব প্রকাশিত হলেও তাঁর মহত্ব ক্ষুণ্ণ হয়েছে। হনুমানের রামভক্তি ও সীতার প্রতি আন্তরিক শ্রদ্ধা সুন্দর রূপে প্রকাশিত।

রামায়ণ-কাহিনী অনুসরণে নাটক রচনায় গিরিশচন্দ ঘোষার যথার্থ উত্তরাধিকারী রাজকৃষ্ণ রায়। পৌরাণিক নাটকে ভক্তিরসের আধিক্যের ফলে রাজকৃষ্ণ রায়ের নাটকে বাস্তবিকতার অভাব স্পষ্ট দেখা যায়। গিরিশচন্দ্রের সাথে তাঁর মূল পার্থক্য হল গিরিশচন্দ্র অহেতুক ভক্তিরস ও নিষ্কাম ধর্মের সাধনা করেছিলেন অপরদিকে রাজকৃষ্ণ রায় তাঁর নাটকে সহেতুক ভক্তিরসকে স্থান দিয়েছেন। অহেতুক ভক্তি শুদ্ধভক্তির অন্তর্গত, এই সাধনায় ঈশ্বরের কাছ থেকে কোন কিছু পাওয়ার আকাঙ্ক্ষা থাকে না। এটা কামনাহীন অচলাভক্তি। সহেতুক ভক্তির সাথে ফলকামনা ও ফলপ্রাপ্তি প্রত্যক্ষভাবে সম্পর্কিত।

রাম-চরিত্র অবলম্বনে রাজকৃষ্ণ রায় 'অনলে বিজলী' (১৮৭৮), 'হরধনুভঙ্গ' (১৮৮১), 'রামের বনবাস' (১৮৮২), তরনীসেন বধ (১৮৮৪), দশরথের মৃগয়া (১৮৮৫) নামক নাটকগুলি রচনা করেছেন। রাজকৃষ্ণ রায় সংস্কৃতে লেখা মূল বাল্মীকি রামায়ণকে বাংলা কাব্যেও অনুবাদ করেছিলেন। তাঁর মনে হয়েছিল, দেবোত্তম বাল্মীকি কৃত রামায়ণের কেবলমাত্র পঠন ও শ্রবণ দ্বারা প্রাণানন্দ ও জ্ঞানানন্দ লাভ করলে মন পরিপূর্ণ রূপে তৃপ্ত হতে পারে না - দর্শণানন্দও উপভোগ করা প্রয়োজন। তাই তিনি 'রামচরিত নাটকাবলী' নামে বাল্মীকি রামায়ণের বালকাণ্ড থেকে উত্তরকাণ্ড পর্যন্ত কাহিনীর বিভিন্ন অংশ নির্বাচন করে প্রায় সম্পূর্ণ রামায়ণেরই নাট্যরূপ দিয়েছিলেন। নাট্যকার 'রামচরিত নাটকাবলী'র ভূমিকায় কেবলমাত্র বাল্মীকি রামায়ণের অনুসরণের কথা উল্লেখ করেছেন, কিন্তু তাঁর নাটকে কৃত্তিবাস ও মাইকেল মধুসূদন দত্তের প্রভাব স্পষ্টই দেখা যায়।

সীতার অগ্নিপরীক্ষার ঘটনা নিয়ে লেখা নাটক 'অনলে বিজলী'। রাবণ মহিষী মন্দোদরী এই কাহিনীর পরিণতিকে নিয়ন্ত্রিত করে। মন্দোদরী বীরাঙ্গনা নারী। রাবণের মৃত্যুর পর উন্মাদিত মন্দোদরী স্বামীকে স্মরণ করে রামচন্দ্রের বিরুদ্ধে যুদ্ধক্ষেত্রে প্রবেশ করে। মন্দোদরী নারী - রাম-লক্ষ্মণ তাকে অস্ত্রাঘাত করবেন না। তাই রামচন্দ্র সীতাকে যুদ্ধক্ষেত্রে নিয়ে আসার আদেশ দেন। দূত যখন সীতাকে নিয়ে

যুদ্ধক্ষেত্রে আসে, মন্দোদরীর রথের সম্মুখে এসে সীতা অহংকারবশত বলেন, এখন তিনি তাঁর স্বামীর দর্শনে যাচ্ছে আর এই সময় তিনি কোন বিধবার মুখ দেখতে চান না। সীতার এই উক্তিতে ক্রোধিত মন্দোদরী তাঁকে অভিশাপ দেন - যে স্বামীকে নিয়ে তাঁর এই অহংকার, সেই স্বামী একদিন তাঁকে 'অসতী' বলে ত্যাগ করবে। মন্দোদরীর এই অভিশাপ কিছু দিনের মধ্যেই সত্যে পরিণত হয়। রামচন্দ্র সীতাকে অসতী আখ্যা দিয়ে পরিত্যাগ করেন। এরপর সীতার অগ্নিপরীক্ষা এই পরীক্ষায় সতীত্বের মহিমায় উত্তীর্ণ হওয়ার ঘটনাক্রম আছে 'অনলে বিজলী' নাটকে। এরপর সীতার অগ্নিপরীক্ষার জন্য নাট্যকার এখানে রামচন্দ্রকে নয়, বরং মন্দোদরীর অভিশাপকে প্রধান কারণ হিসেবে চিহ্নিত করেছেন।

তাড়কা আর সুবাহু বধ, রাজা সুমতির গৃহে রামচন্দ্রের অতিথি রূপে আগমন, অহল্যা-উদ্ধার ইত্যাদি বহু ঘটনার সমাবেশ হয়েছে 'হরধনুভঙ্গ' নাটকে। এখানে রামচন্দ্র পূর্ণব্রহ্ম রূপে করে অবতীর্ণ হয়েছেন। ঋষি বিশ্বামিত্র, গৌতম, অহল্যা, জনক থেকে আরম্ভ করে রাবণ পর্যন্ত রামচন্দ্রের এই রূপ সম্পর্কে পরিচিত। কৃত্তিবাসী রামায়ণকে আদর্শ মেনে এই কাহিনী রচিত হলেও নাট্যকার তাঁর মৌলিক কল্পনাকে তুলে ধরেছেন এই নাটকে। যেমন, সীতার বিবাহের পূর্বে জনকের রাজসভায় রাবণ ও বালী এসে সীতার সম্মুখে তাঁর ভবিষ্যৎ জীবন সম্পর্কে বর্ণনা করেছে - এ ঘটনা কোন পুরাণেই পাওয়া যায় না।

বাল্মীকি রামায়ণের অনুসরণে লেখা 'রামের বনবাস' নাটকে রামের বনবাস গমনের চিত্র করুণ রসাত্মক হয়ে উঠেছে। দশরথের মৃত্যুর দৃশ্যের মধ্য দিয়ে এই নাটকের যবনিকা পড়েছে। এটি সম্পূর্ণ রূপে একটি বিষাদান্তক নাটক। 'তরণীসেনবধ' নাটকে তরণীসেন বিভীষণের পুত্র। বিভীষণ রামচন্দ্রের সখা। বন্ধু-পুত্র শত্রু-রূপে যুদ্ধক্ষেত্রে রামচন্দ্রের সম্মুখে উপস্থিত। কিন্তু তরণীসেন রামভক্ত এবং তার জীবনের একমাত্র আকাঙ্ক্ষা রামচন্দ্রের হাতে মৃত্যু বরণ করে মোক্ষ লাভ করা। তাই সে রামচন্দ্রের বিরুদ্ধে যুদ্ধক্ষেত্রে অবতীর্ণ হয়ে রামনাম জপ করে চোখের জল ফেলতে থাকে। রামচন্দ্রও সেকথা জানেন। তাই তাঁর মনে কোনপ্রকার দ্বন্দ্ব সৃষ্টি হয় না। তিনি এই দয়াযুদ্ধে ব্রহ্মাস্ত্র নিক্ষেপ করে তরণীসেনকে বধ করেন। কৃত্তিবাসী 'রামায়ণ'-এর রামভক্ত তরণীসেনের চরিত্রকে কেন্দ্র করে রাজকৃষ্ণ এই নাটকটি লেখেন। বাল্মীকি রামনামের মাহাত্ম্য বর্ণনাই এই নাটকের মূল উদ্দেশ্য।

রামায়ণের চিরপরিচিত কাহিনী নিয়ে রাজকৃষ্ণ রায় 'দশরথের মৃগয়া' বা 'বালক সিন্ধুবধ' নাটক লেখেন। অন্ধ মুনির একমাত্র পুত্র সিন্ধু তার পিতা-মাতার ক্ষুধা নিবারণের জন্য সরযূ নদীতে জল আনতে যায়। নদীতে জলের শব্দ শুনে মৃগয়া করতে যাওয়া দশরথ বাণ নিক্ষেপ করেন। মৃত সিন্ধুকে নিয়ে দশরথ যখন তার পিতা মাতার কাছে আসেন তখন ক্রোধিত মুনি দশরথকে পুত্রসুখ থেকে বঞ্চিত হওয়ার অভিশাপ দেন। বাল্মীকি রামায়ণের অনুসরণে এই নাটকে রাম-জন্মের পূর্বের ঘটনা তুলে ধরা হয়েছে।

বাংলা নাট্য সাহিত্যে গিরিশ-যুগের পরবর্তী সময় দ্বিজেন্দ্র-যুগ নামে পরিচিত। গিরিশচন্দ্র প্রবর্তিত

পৌরাণিক নাট্যধারার অসাধারণ জনপ্রিয়তার যুগে দ্বিজেন্দ্রলাল সম্পূর্ণ নূতন রূপে পুরাণের নাট্যরূপ দিয়েছেন। ঐতিহাসিক নাটক রচনায় দ্বিজেন্দ্রলালের প্রসিদ্ধি সর্বাধিক। তিনি তাঁর পুরাণ নির্ভর নাটকগুলিকে 'পৌরাণিক নাটক' না বলে 'গীতিনাটিকা' বলে উল্লেখ করেছেন। রামায়ণের আধারে তিনি 'পাষাণী' (১৯০০) ও 'সীতা' (১৯০৮) নামক দু'খানি নাটক রচনা করেন। তিনি তাঁর এই নাটক দুটিতে সংস্কৃত পুরাণের নবরূপায়ণ করেছেন। গিরিশ যুগ পর্যন্ত বাংলা পৌরাণিক নাটকে সংস্কৃত পুরাণের রূপান্তরণ ঘটেনি। ভক্তিরস এবং আধ্যাত্মিকতাতেও কোন পরিবর্তন হয়নি। গিরিশ-পরবর্তী যুগে এই ভক্তিবাদী ধারায় যুগ-জীবনের প্রভাব পড়েছে। দ্বিজেন্দ্রলালের সময়কালে বিদেশি ভাষা ও সাহিত্যের সঙ্গে সাধারণ মানুষের পরিচয় ঘটেছে। সেইসঙ্গে স্বাধীনতা আন্দোলনের পটভূমিতে জন-সমাজের চিন্তাধারায় পরিবর্তন এসেছে। সাধারণ মানুষ বুদ্ধি ও যুক্তিবাদকে গুরুত্ব দিয়েছে। বাংলা সাহিত্যে পুরাণের মানবীয় ব্যাখ্যা উনিশ শতকের মধ্যভাগ থেকেই দেখা যায়। এই সময় মাইকেল মধুসূদন দত্ত, কবি হেমচন্দ্র, নবীনচন্দ্র হিন্দু পুরাণকে নিজস্ব যুক্তিবাদী দৃষ্টিকোণ দিয়ে এক অভিনব রূপে ব্যাখ্যা করেছেন। প্রচলিত পুরাণ-কথায় তিনি এক নতুন মানব সত্যের উদঘাটন করেছেন। দ্বিজেন্দ্রলালও প্রতিটি বিষয়কে যুক্তিবাদী দৃষ্টিকোণ দিয়ে দেখতে চেয়েছেন। এরই পরিণামস্বরূপ কাহিনীর আধারে এই নাটক লেখা হয়েছে। তাই তিনি তাঁর পৌরাণিক নাটকে যুক্তি দ্বারা প্রাচীন পুরাণের বিশ্লেষণ করেছেন। ফলে পুরাণের সিদ্ধরস অনেকস্থানে খণ্ডিত হয়েছে। তিনি অলৌকিকতার মধ্যে লৌকিক জীবনের অনুসন্ধানের চেষ্টা করেছেন। তাতে পুরাণের চিত্রে কোন পরিবর্তন তিনি করেননি, কিন্তু তার চরিত্রগত পরিবর্তন স্পষ্টই পরিলক্ষিত হয়। এই সব চরিত্রে আধুনিক কালের মানুষের মত কামনা-বাসনার সমাবেশ ঘটেছে। তাঁর নাটকে পূর্ব প্রচলিত পৌরাণিক নাটকের মত ভক্তিরস দেখা যায় না। প্রচলিত পুরাণ বাস্তবিক সামাজিক পটভূমিতে এক নতুন চিন্তা-ভাবনা নিয়ে প্রস্তুত হয়েছে।

'পাষাণী' একটি তত্ত্বমূলক নাটক। এতে রামচন্দ্রের ভূমিকা খুব অল্প। কৃত্তিবাসী রামায়ণের অযোধ্যাকাণ্ডের অনুসরণে লেখা এই নাটকের প্রধান চরিত্র ঋষি গৌতম ও তাঁর স্ত্রী অহল্যা। দ্বিজেন্দ্রলাল রায়ের 'সীতা' তাঁর পৌরাণিক নাটকের মধ্যে সর্বশ্রেষ্ঠ। রামায়ণের উত্তরকান্ডে রামচন্দ্রের সীতাকে নির্বাসনের কাহিনী নিয়ে এই নাটক লেখা হয়েছে। এখানে তিনি ভবভূতির 'উত্তর রামচরিত' বা বাল্মীকি রামায়ণ - কোনটিকেই পুরোপুরি অনুসরণ করেননি। বস্তুত, বাল্মীকি রামায়ণ, ভবভূতির 'উত্তর রামচরিত' ও দ্বিজেন্দ্রলাল রায়ের 'সীতা' রচনায় যুগ-জীবন ও সময়কালের বিস্তর পার্থক্য রয়েছে। কালিদাস ও ভবভূতির অনুসরণ করেছেন। তাঁর মনে হয়েছে সীতার বনবাস প্রসঙ্গে বাল্মীকির রামায়ণ এবং উত্তর রামচরিতে রাম-চরিত্রের যে বর্ণনা করা হয়েছে, তাতে রাম চরিত্রের মর্যাদা ক্ষুণ্ণ হয়েছে। বাল্মীকি রামায়ণ থেকে উপাদান নিয়ে তাঁরা তার ব্যাখ্যা করেছেন নিজস্ব দৃষ্টিভঙ্গিতে। নাট্যকার দ্বিজেন্দ্রলাল রায় তাঁর নাটকের ভূমিকায় লিখেছেন, "কেবলমাত্র বনবাস-আখ্যানটিতেই ভবভূতির পদানুসরণ" করেছেন। তাই

তিনি রামচরিত্রকে 'সীতা' নাটকে আরও মহান রূপে চিত্রিত করবার প্রয়াস করেছেন। যদিও দ্বিজেন্দ্রলাল রাম চরিত্রকে মহান ভাবে দেখাতে চেয়েছেন, কিন্তু বলা যায় তা সত্ত্বেও তাঁর প্রচেষ্টা ত্রুটিপূর্ণ থেকে গেছে। রামচন্দ্র এখানে নিতান্তই এক ব্যক্তিত্বহীন অসহায় পুরুষ রূপে উপস্থাপিত হয়েছেন। সীতাই এই নাটকের প্রধান চরিত্র, রাম নয়। নাটকে অনুচরের মুখে সীতার অপবাদ শুনে রামচন্দ্র তার বিরোধ করেন; সীতার জন্য রাজ্য, রাজপ্রাসাদ ত্যাগ করতেও প্রস্তুত হন, অথচ দৃঢ় চিত্ত হয়ে এই লোক-অপবাদকে অস্বীকার করতে পারেননা। তাই বংশ মর্যাদা রক্ষার জন্য রামচন্দ্র গুরু বশিষ্ঠের শরণাপন্ন হন। ঋষি বশিষ্ঠ পরামর্শ দেন, এমন পরিস্থিতিতে সীতা 'পরিত্যাজ্যা'। গুরুর এই আদেশের সম্মুখে রামচন্দ্রের সমস্ত ইচ্ছাশক্তি ক্ষণিকের মধ্যেই ক্ষীণ হয়ে যায়। রামচন্দ্র গুরু বশিষ্ঠরূপী সমাজ-বিধান দ্বারা সম্পূর্ণ রূপে নিয়ন্ত্রিত হতে থাকেন এবং আশ্রম থেকে ফিরেই তিনি সীতাকে পরিত্যাগ করবার ঘোষণা করেন। ক্রমে ভ্রাতা ভরত, ভগ্নি শান্তা ও জননী কৌশল্যা রামচন্দ্রকে তাঁর সংকল্প ত্যাগ করবার অনুরোধ করেন। মাতার অনুরোধে একসময় রামচন্দ্রের মনে পরিবর্তন দেখা দেয়। মাতৃভক্তির সম্মুখে গুরুর আদেশ গৌণ হয়ে যায়। তিনি সীতাকে পরিত্যাগ করবার সংকল্প ত্যাগ করেন। কিন্তু তা সত্ত্বেও তাঁর মনে এক দ্বিধা থেকেই যায়। এমন সময় সীতা স্বয়ং এসে 'পতিসত্য' পালনের উদ্দেশ্যে নিজের জন্য বনবাস প্রার্থনা করেন। রামচন্দ্র সত্যভঙ্গের পাপ থেকে মুক্তি পান। স্বামীর অনুমতি নিয়ে সীতা রাজপ্রাসাদ ত্যাগ করেন। তবুও নাটকে রামচন্দ্র সীতার বনবাসের জন্য কুলগুরু বশিষ্ঠকেই দোষারোপ করেছেন। নাট্যকার এখানে সীতা বিসর্জনের অপবাদ থেকে রামচন্দ্রকে মুক্ত করবার যথাসম্ভব প্রচেষ্টা করেছেন। শ্রী অযোধ্যাসিংহ উপাধ্যায় 'হরিওধ'-এঁর 'বৈদেহী বনবাস' নাটকেও এমনই কিছু চিত্র দেখা যায়। সেখানেও সীতা নির্বাসনের দায়িত্ব গুরুজনদের ওপর আরোপ করা হয়েছে। লোকনিন্দা ও অপমানের থেকে মুক্তির জন্য 'বৈদেহী বনবাস'-এ সীতাকে ত্যাগ করা হয়েছে। বাল্মীকি রামায়ণে রাম চরিত্রে যে কর্তব্য, প্রেম ও আদর্শের অপূর্ব সমন্বয় দেখা যায়, দ্বিজেন্দ্রলাল রায় চিত্রিত রাম চরিত্রে তার অনেকখানি অভাব রয়েছে। এখানে রাম চরিত্রে মহৎ গুণ না থেকে সাধারণ মানবোচিত দুর্বলতা অধিকতর পরিস্ফুট। তিনি একদিকে সমাজের বিধানকে মন থেকে স্বীকার করে নিতে পারেন না, অপরদিকে সমাজের শাসনকে অস্বীকার করবার শক্তিও নেই তাঁর মধ্যে। নাটকে রামচন্দ্র ব্যক্তিগত প্রেম, গুরুর আদেশ ও মাতৃভক্তি - এই তিনের মধ্যে সামঞ্জস্য স্থাপিত করতে পারেননি।

বাল্মীকি, কালিদাস ও ভবভূতির রামায়ণে সীতা নির্বাসন অংশে সীতা ঋষিদের আশ্রম দর্শণের উদ্দেশ্যে সেখানে যেতে চান। বনবাসের পূর্বে তিনি তাঁর সম্পর্কে লোক-অপবাদের কথা জানতে পারেন না। সেখানে রয়েছে -

১। "তপোবনানি পুণ্যানি দ্রষ্টুমিচ্ছামি রাঘব।
গঙ্গা তীরোপবিষ্টানামৃষিণামুগ্রতেজসাম।। (বাল্মীকি রামায়ণ, উত্তরকাণ্ড, ৪২/৩৯/৩৫)

২। "সা দষ্টনীবারবলীনি হিংস্রৈ

সম্বদ্ধবোইখানস-কন্যাকানি।

ইয়েষ ভূয়ঃ কুশবন্তি গন্তুম্

ভাগীরথী তীর তপোবনানি।।" (রঘুবংশম্, সর্গ ১৪/২৮)

৩। "ইদং চ ভগবত্যরুন্ধত্যা দেবীভিঃ শন্তয়া চ ভুয়োঃ সন্দিষ্টম।

যঃ কশ্চিদ গর্ভদোহদো ভবত্যস্যাঃ সোবশ্যমচিরাত্ম পাদলয়িতব্য ইতি।।" (উত্তর রামচরিত, অংক ১)

দ্বিজেন্দ্রলাল রায়ের 'সীতা' নাটকে কলঙ্কের কথা সীতা আগে থেকেই জানতেন। ভবভূতি বশিষ্ঠ - প্রসঙ্গের উল্লেখ করেননি। সেখানে রামচন্দ্র নিজের দায়িত্বে সীতাকে পরিত্যাগ করেছেন। দ্বিজেন্দ্রলাল রায় তাঁর নিজস্ব নতুন ভাবনা দ্বারা সীতার বনবাস জীবনেও কিছু রূপান্তরণ করেছেন।

ভবভূতির সীতা বিসর্জিত হয়ে পাতালে গঙ্গা ও পৃথিবীর সহায়তায় দ্বাদশ বর্ষ অতিবাহিত করেছেন। পরে তাঁর পুত্রদ্বয়কে বাল্মীকির আশ্রমে পাঠানো হয়। দ্বিজেন্দ্রলাল রায়ের সীতা ও তাঁর দুই পুত্র প্রথম থেকেই বাল্মীকির আশ্রমে থাকতেন। বস্তুত, উত্তর রামচরিতের সীতার সঙ্গে দ্বিজেন্দ্রলালের সীতার কোন মিল নেই। যদিও বাল্মীকি রামায়ণের সঙ্গে এর কিছু মিল অবশ্যই দেখা যায়। উত্তর রামচরিতে সীতার পাতাল প্রবেশের ঘটনার উল্লেখ নেই। এখানে সীতার পরিণতি মধুর মিলনান্তক।। বাল্মীকি রামায়ণে অযোধ্যাবাসীরা সীতাকে পুনরায় পরীক্ষা করে গ্রহণ করবার প্রস্তাব দেওয়ায় অপমানিতা সীতা জননী ধরিত্রীর কোলে আশ্রয় নেন। দ্বিজেন্দ্রলালের নাটকে সীতার প্রতি রামচন্দ্র বা অযোধ্যাবাসীদের কোন প্রকার অবিচারের উল্লেখ নেই, অথচ সীতার আকস্মিক পাতাল-প্রবেশের ঘটনা বর্ণিত হয়েছে।

আধুনিক যুগে প্রাচীন পৌরাণিক নাটকের ধারাকে অনুসরণ করে যোগেশচন্দ্র চৌধুরী 'সীতা' নাটক রচনা করেছেন। দ্বিজেন্দ্রলাল রায়ের 'সীতা' নাটক প্রকাশিত হওয়ার বাইশ বছর পর যোগেশচন্দ্র এই নাটক রচনা করেন। এখানে তিনি সীতার বনবাস জীবনের বর্ণনা করেছেন। দ্বিজেন্দ্রলালের নাটকের বিপরীতে যোগেশচন্দ্র রামকে নাটকে প্রধান চরিত্র রূপে স্থান দিয়েছেন। নাটকের শুরুতেই রামচন্দ্র প্রতিজ্ঞা করেন যে, প্রজানুরঞ্জনের জন্য তিনি অনায়াসে সর্বস্ব এমনকি তাঁর প্রিয়তমা পত্নীকেও ত্যাগ করতে পারেন। সীতাও এখানে তাঁর বনবাসের জন্য রামকে নয়, বরং তাঁর অদৃষ্টকেই দোষারোপ করেন। সীতা-বিসর্জনের পর রামচন্দ্রের আত্মবিশ্লেষণই এই নাটকের মূল বিষয়বস্তু। বৈতালিক যখন 'শ্রীরামচন্দ্র কৃপালু ভজু মন হরণ ভব ভয় দারুণম্' গায়, তখন স্বাভাবিক রূপেই রাম চরিত্রের ঈশ্বরীয় রূপ প্রকাশিত হয়ে ওঠে। রামচন্দ্রের এই ঈশ্বরত্বকে স্বীকার করে নিয়ে তাঁর মধ্যে নাট্যকার যে মানবীয় গুণের সমাবেশ করেছেন - তা এই নাটকের মূল আকর্ষণ। রামচন্দ্রের মানব হৃদয় কর্তব্য ও প্রেমের দ্বন্দ্বে বিচলিত। নাটকে কোথাও সিদ্ধরস খণ্ডিত হয়নি। এখানে দ্বিজেন্দ্রলাল রায় পূর্বে সীতার বনবাসকে কেন্দ্র করে রাম-চরিত্রের

কলঙ্ক-স্খলনের প্রয়াস করেছিলেন। যোগেশচন্দ্র তাঁর 'সীতা' নাটকে বিভীষণ চরিত্রের কলঙ্ক-স্খলনের প্রয়াস করলেন। রামায়ণ-কাহিনি অনুসরণে যোগেশচন্দ্রের পরবর্তী নাটক 'রাবণ'। কৃত্তিবাসী রামায়ণের অনুসরণে এই নাটকের শেষে রাবণকে রাম-ভক্ত রূপে চিত্রিত করা হয়েছে। পূর্বে গিরিশচন্দ্রও তাঁর নাটকে রাবণকে রাম ভক্ত রূপে চিত্রিত করেছেন। যোগেশচন্দ্রের রাবণ তার থেকেও বড় রাম ভক্ত। সে রাম-নাম-সংকীর্তনকেই তার জীবনের পরম সত্য মনে করে।

স্বদেশী আন্দোলনের যুগে পৌরাণিক নাটক পূর্বের মত তার বস্তুধর্ম রক্ষা করতে পারেনি। পূর্বে পৌরাণিক নাটকের মূল সুর ছিল ভক্তিরস ও আত্মসমর্পণ। উনিশ শতকের মধ্যভাগ থেকে পুরাণ-আশ্রিত বাংলা সাহিত্যে দেবদেবীদের অলৌকিক জীবনাচরণের স্থানে নরনারীর মানবীয় দ্বন্দ্ব সংঘাত প্রাধান্য পেয়েছে। বিশ শতকে এসে সেই অকারণ ভক্তি ও নির্বিচার আত্মসমর্পণের আদর্শে যুক্তিবাদের প্রতিষ্ঠা হয়েছে। বস্তুতঃ বিশ শতকের প্রথম পর্বে সমস্ত বাংলাকে যে কঠিন জীবন সংগ্রামের সম্মুখীন হতে হয়েছিল, এই পরিবর্তন তারই ফলশ্রুতি।

স্বাধীনতা পরবর্তী কালে বাংলা সাহিত্যে পুরাণ নির্ভর নাটক অনেক কম সংখ্যক লেখা হয়। এই সময় যে অল্প সংখ্যায় পৌরাণিক নাটক লেখা হয়েছে তাতে পুরাণ-রসের সর্বত্র অভাব দেখা যায়। কেবল পৌরাণিক চরিত্রের পটভূমিতে যুগ-জীবনের বাস্তবিক মানব-সংগ্রামই এখানে বেশিভাবে উঠে এসেছে। রাম-কথার মহান আদর্শ ও পরিপূর্ণ ভক্তিবাদ নিয়ে বর্তমান কালে বাংলা নাটক প্রায় লেখা হয়না বললেই চলে। যেমন, আধুনিক কালে নাট্যকার মনোজ মিত্রের নাটক 'পুঁটি রামায়ণী', 'তক্ষক' ও 'ভেলায় ভাসে সীতা' নাটকে রাম চরিত্র দেখা তো যায়, কিন্তু রামায়ণের সঙ্গে তার কোন সম্পর্ক নেই। এগুলি সম্পূর্ণত ব্যঙ্গ নাটক।

রামায়ণের কাহিনী প্রাচীন কাল থেকেই সমস্ত ভারতীয় সাহিত্যে আকর্ষণের কেন্দ্রবিন্দু। বাংলার সামাজিক পরিবেশের অন্তঃস্থলে যে রাম-কথা বহু যুগ ধরে প্রবাহিত হয়ে চলেছিল, বাংলা নাট্য সাহিত্যের বিকাশের সঙ্গে সঙ্গে তা বিভিন্ন নাট্যকারের লেখনীস্পর্শে সমৃদ্ধ হয়ে সাধারণ জন মানসে প্রভাব বিস্তার করেছে। বাংলা নাট্যসাহিত্যের মধ্যযুগে রামায়ণের অনুসরণে সর্বাধিক নাটক লেখা হয়েছে। মনোমোহন বসু, গিরিশচন্দ্র ঘোষ, দ্বিজেন্দ্রলাল রায়, যোগেশচন্দ্র চৌধুরী প্রমুখ নাট্যকারেরা রাম চরিত্রের মহত্ত্ববর্ণনার সঙ্গে সঙ্গে সীতা চরিত্রের মহানতাকেও সমান ভাবে তুলে ধরেছেন। মূল রামায়ণের সমস্ত চরিত্র, প্রকৃতি, পরিবেশ ইত্যাদি বাংলার জীবনধারা এবং সংস্কৃতির সঙ্গে মিলেমিশে এক নতুন রূপে পাঠক ও দর্শকের সম্মুখে উপস্থাপিত হয়েছে। বাঙালি নাট্যকারদের হাতে রাম-কথা তার পৌরাণিকতাকে ছাপিয়ে হয়ে উঠেছে অভিনব ও আধুনিক।

গ্রন্থঋণ -

Bengali

১। *অজিতকুমার ঘোষ;* **বাংলা নাটকের ইতিহাস**; *আগষ্ট ১৯৮৫; জেনারেল; কোলকাতা*

২। *আশুতোষ ভট্টাচার্য;* **বাংলা নাট্যসাহিত্যের ইতিহাস**; *প্রথম খণ্ড; বৈশাখ ১৩৬২; এ মুখার্জী এণ্ড কো লি; কোলকাতা*

৩। **দ্বিজেন্দ্রলাল রায় রচনাবলী; ভাগ-২,** *১৯৬৪; সাহিত্য সংসদ; সেপ্টেম্বর, কোলকাতা*

৪। **গিরিশ রচনাবলী; ভাগ-১, ২, ৩, ৪,** *আগস্ট, ১৯৬৯; সাহিত্য সংসদ; কোলকাতা*

৫। *যোগেশচন্দ্র চৌধুরী;* **সীতা**; *জুলাই, ২০০২; দে'জ পাবলিশিং, কোলকাতা*

৬। **কৃত্তিবাস বিরচিত রামায়ণ,** *২০০০, দেজ পাব্লিশিং, কোলকাতা*

৭। *রবীন্দ্রনাথ বন্দ্যোপাধ্যায়;* **বাংলা সাহিত্যে পৌরাণিক নাটক**; *এপ্রিল, ১৯৯৩; পুস্তক বিপণি; কলকাতা*

Hindi

1. **রামের স্বরূপ,** *সী.পী. রাজগোপাল নায়র, ১৮৮৭, লোকভারতী প্রকাশন, এলাহাবাদ*

English

2. Acharya Sitaram Chaturvedi; **Kalidas Granthavali**; 2002; Uttar Pradesh, Sanskrit Sansthan; Lucknow
3. **Valmiki Ramayana**; 2007; Geeta Press; Gorakhpur
4. **Brajabhushan Dwivedi, Bhavabhuti Ke Natak**; 2001; Sahitya Bhandar; Merath
5. Pandit Baldev Upadhyay; **Sanskrit Sahitya Ka Itihas**; 1998; Sharada Sanskrit Sansthan; Varanasi

ঔপন্যাসিক তারাশঙ্কর বন্দ্যোপাধ্যায়ের রামায়ণ পাঠ

ড. দেবাশিস্ মুখোপাধ্যায়

ঔপন্যাসিক তারাশঙ্কর বন্দ্যোপাধ্যায় সম্পূর্ণ রামায়ণের এক অনুরাগী পাঠক। তাঁর জীবনকাল ১৮৯৮ থেকে ১৯৭১ পর্যন্ত। একেবারে শৈশবকালে তাঁর রামায়ণের রসাস্বাদনের সুযোগ এসেছিল। শৈশবে মায়ের কাছে শুনতেন রামায়ণের গল্প আর বাবার পারিবারিক গ্রন্থাগারে সংগৃহীত রামায়ণ গ্রন্থ নিজের হাতে নেড়েচেড়ে দেখতেন তিনি। পরে ধীরে ধীরে নিজেই রামায়ণের এক অনুরাগী পাঠক হয়ে ওঠেন। আত্মজীবনী গ্রন্থ থেকে শুরু করে গল্প-উপন্যাস প্রবন্ধ-নিবন্ধ চিঠিপত্র এবং প্রদত্ত ভাষণে তাঁর রামায়ণ পাঠের কমবেশী পরিচয় ছড়িয়ে রয়েছে। রামায়ণ পাঠে তারাশঙ্কর বাংলা অপেক্ষা সংস্কৃত রামায়ণকে অধিক গুরুত্ব দিতেন। এমন অনুমানের জন্য অনেক অবকাশ রয়েছে। কৃত্তিবাসের রামায়ণে দিয়ে তাঁর রামায়ণের আদি পাঠ আর বাল্মীকি রামায়ণ তাঁর গবেষণা ক্ষেত্র। মহাকবি বাল্মীকি বিরচিত হাজার হাজার শ্লোক সমন্বিত অর্দ্ধলক্ষ পংক্তির লক্ষ লক্ষ শব্দে সমৃদ্ধ সুবিশাল সংস্কৃত রামায়ণের প্রতি শ্লোক প্রতি পংক্তি প্রতিটি শব্দ ধরে ধরে অধ্যয়ন করেন তারাশঙ্কর। রামায়ণ পাঠের এমন স্বপ্নবৎ সত্যটি তারাশঙ্কর নিজেই প্রকাশ করে গেছেন তাঁর 'আমার কথা' নামক আত্মজীবনীর পাতায়। আর জীবনের প্রায় শেষ পর্বে শ্রাবণ ১৩৬০ বঙ্গাব্দে রামায়ণ গ্রন্থটি বাংলা গদ্যে অনুবাদের জন্য অনুবাদক রাজশেখর বসুকে কৃতজ্ঞতা জানিয়েছেন তিনি।

বাল্মীকি রামায়ণ সম্পর্কে পাঠক তারাশঙ্করের অভিমত, 'মহাকবি বিধাতার নির্দেশে রামের জীবন নিয়ে যে প্রথম সাহিত্য সৃষ্টি করেছিলেন তাই হল রামায়ণ। - রামের জীবনের সুখ দুঃখ, আশা নিরাশা, ধর্মোপলব্ধি ও নিষ্ঠা পর্যন্তই সীমিত নয়, পাত্রপাত্রী যাঁরা এতে আছেন, প্রতিটি জীবনের সবকিছু নিয়েই এই প্রথম সাহিত্য রচিত হয়েছে। রাক্ষস রাবণ যে লালসা পরায়ণ হয়ে শক্তির দম্ভে সীতা হরণ করে রামের জীবনে বিপর্যয় আনে, যা সমগ্র রাক্ষস বংশকে ধ্বংস করে দেয়। তার জীবনের সকল দিক প্রতিফলিত হয়েছে এই কাহিনীতে। তার দম্ভ, তার লালসাপরায়ণতা, তার পাপ, তার পাণ্ডিত্য, তার শক্তি, তার আভিজাত্য - তার সবকিছু অর্থাৎ সমগ্র, সম্পূর্ণ জীবন রূপায়িত হয়েছে বলেই এই রচনা হয়েছে কালজয়ী মহাকাব্য। পৃথিবীর গুরুত্বপূর্ণ শ্রেষ্ঠ সাহিত্যের অন্যতম সৃষ্টি হল এই রামায়ণ।'

অন্য একস্থানে তিনি আরও বলেছেন, 'রাবণের প্রতাপ, সীতাকে অবিশ্বাস করে জনতার দ্বারা সীতা নির্বাসনের দাবী, রামচন্দ্রের সীতাকে ফিরিয়ে আনার জন্য সভায় শপথ গ্রহণের অনুমতি নিতে চান। রাজধর্মের ওপর বিচার করার জন্য বাল্মীকি এই কথা বলেছেন। রাবণের প্রতাপে তিনি ভয় পান না। জনতার সন্দিগ্ধ চিত্ততার হীনতাকে তিনি শব্দের বাণে আঘাত করেছেন।'

তারাশঙ্করের কাছে রামায়ণ পৃথিবীর শ্রেষ্ঠ মহৎ সাহিত্যের অন্যতম সৃষ্টি। ভারতীয় সাহিত্যের এই সম্পূর্ণ গ্রন্থ ভারতীয় সাহিত্যের এক অন্যতম আদর্শ। রামায়ণের শিক্ষা আদর্শ ভারতীয়ের শিক্ষা। এই গ্রন্থের কোনরূপ বিকৃত ব্যাখ্যাকে - ভারতীয় ঐতিহ্যের অপমান বলেই মনে করতেন তারাশঙ্কর। তাই রামায়ণ সম্পর্কে এবং রামায়ণ রচয়িতা সম্পর্কে কোন বিকৃত ব্যাখ্যা কোনদিন কোনভাবেই মেনে নিতে পারেন নি তিনি। এমন ক্ষেত্রে নিজের ক্ষুধার্থ আত্মার প্রশান্তি আনতে প্রতিপক্ষকে পরাস্ত করতে প্রতিবাদের পথে অগ্রসর হয়েছেন। তেমনি সঙ্গে সঙ্গে প্রকৃতির বাস্তবতাকে উদ্ভাসিত করেছেন। এমনই একটি ঘটনার মধ্যে দিয়ে রামায়ণ পাঠের এক অসামান্য নজির রেখে গেছেন।

একবার ইংরেজি সাহিত্যের এক খ্যাতনামা অধ্যাপক তাঁর এক প্রবন্ধে এমনই এক অনভিপ্রেত কার্য করেন। গবেষণা করে তিনি অভিমত দেন - রাবণ বলপূর্বক সীতার সাথে সম্ভোগ করেছেন এবং বাল্মীকি ছিলেন একজন সত্যকারের মার্ক্সবাদী। সংস্কৃত রামায়ণের অরণ্যকাণ্ডের ৫২ সর্গ থেকে কয়েকটি শ্লোক উদ্ধার করে তিনি তাঁর অভিমতকে অকাট্য ঘোষণা করার চেষ্টা করেন। এমন প্রবন্ধ পড়ে তারাশঙ্কর ক্ষুব্ধ হন। তিনি অধ্যাপকের এই অভিমত মানতে পারেন নি। তারাশঙ্করের মতে রামায়ণের অপব্যাখ্যার মাধ্যমে অধ্যাপক মহাশয় ভারতীয় সংস্কৃতিকে বিকৃতরূপে তুলে ধরে নতুন যুগের মানুষের কাছে ভারতীয় আদর্শের মূল্য এবং দীপ্তি ম্লান করে দিতে চেয়েছেন। তার কাছে ভারতীয় সংস্কৃতির আদর্শ গ্রন্থ রামায়ণের মুখ্য মহিলা চরিত্র সীতা একজন আদর্শ ভারতীয় নারী। সীতা সম্পর্কে তারাশঙ্কর বলেছেন -

'রামায়ণে সীতা দুবার সতীত্বের পরীক্ষা দিয়েছেন। কলুষহীন প্রদীপ্ত বহ্নির মতো তিনি রামায়ণের মাধ্যমে আজ বহু সহস্র বৎসর অম্লান জ্যোতির মতো বিরাজ করছেন। রামায়ণের কাহিনী সত্য অথবা কল্পনা এই প্রশ্ন ওঠে। কেবল দুর্জন পাষণ্ড পিশাচের দ্বারা যে সব সতী নারী লাঞ্ছিত হন - ঘটনা বিপাকে তাঁরা সতী কি অসতী এ প্রশ্নই এখানে নেই। এখানে প্রশ্ন এই যে সহস্র সহস্র বৎসর ধরে যিনি দুবার মহাপরীক্ষায় উত্তীর্ণ হয়ে এক অনুপম স্ফটিক প্রতিমার মতো কোটি কোটি বছর ধরে মানুষের অন্তর্লোকে কল্পকল্পান্তর ধরে আদর্শের মণিবেদীর উপর অধিষ্ঠিতা রয়েছেন। তাঁর শরীরে এমনভাবে খানিকটা কালির ছিটে দিয়ে তাঁকে ধূলায় টেনে নামাবার কি প্রয়োজন? রামায়ণ অনুসারে এই ব্যাখ্যা অশিষ্ট, অসম্ভব এবং মিথ্যা।'

তারাশঙ্করের মতে মানব-সভ্যতায় কথিত সর্বোত্তম শিল্পই হল আদর্শ। আদর্শ স্ফটিকের মত সাদা এবং মনোহর।

তাকে খর্ব করে বা ভেঙে গুঁড়ো করে ধুলোয় মিশিয়ে দেওয়ার মধ্যে কোন সার্থকতা বা ঔচিত্য নেই। তাই রামায়ণের এমন অপব্যাখ্যা করা অধ্যাপকের এক হীনতম কাজ। এমন অপকর্মের প্রতিবাদ জানিয়ে ওই অধ্যাপককে এক চিঠিও দিয়েছিলেন তারাশঙ্কর। অধ্যাপক তাঁর কথায় মনোযোগ না দিয়ে হাজার বছর পরে তর্কাতীত গৌরবময় আবিষ্কারের অহংকার ব্যাক্ত করেছিলেন।

রামায়ণের অপব্যাখ্যা সম্পর্কিত ঘটনার সময় তারাশঙ্করের বয়স ছিল পঞ্চাশের কাছাকাছি। দেশ তখন স্বাধীনতার মুখ দেখেছে। তারাশঙ্করের ভাষায় 'সেই সময়ে মার্কসবাদী বুদ্ধিবাদীদের এক অংশ উগ্রভাবে ভারতের সনাতন জীবনাদর্শটি ধ্বংস করবার জন্য বদ্ধপরিকর হয়ে উঠেছেন'। তখন তারাশঙ্করের চৈতালী ঘূর্ণি থেকে ধাত্রীদেবতা, গণদেবতা, পঞ্চগ্রাম, কবি প্রভৃতি বিখ্যাত উপন্যাস এবং অসংখ্য ছোটগল্প রচনা করেছিলেন। এইসব গল্প-উপন্যাসে তাঁর রামায়ণ পাঠের প্রত্যক্ষ এবং পরোক্ষ প্রমাণও পাওয়া যায়। কিন্তু তখনো পর্যন্ত তারাশঙ্কর বাল্মীকির মূল রামায়ণটি পড়েন নি। তখনো পর্যন্ত তাঁর রামায়ণ পাঠ কৃত্তিবাসের গ্রন্থ অথবা অন্য কোন অনুবাদিত রামায়ণ ছিল। অপব্যাখ্যা সম্পর্কিত ঘটনার সূত্রেই তারাশঙ্কর প্রথম সংস্কৃত রামায়ণটি পড়েন। তারাশঙ্কর বলেছেন, 'আমি মূল সংস্কৃত রামায়ণ দেখবার জন্য ব্যাকুল হয়ে সঠিকভাবে সেই রামায়ণখানি সংগ্রহ করেছিলাম, যার অধ্যয়ণ সেই অধ্যাপক মহাশয় করেছিলেন এবং যা থেকে তিনি এই সত্য আবিষ্কার করেছিলেন।' এর পূর্ব পর্যন্ত তারাশঙ্কর রামায়ণের কেবল একজন পাঠক ছিলেন মাত্র। আর এই ঘটনার সময় থেকে তারাশঙ্কর একজন রামায়ণ গবেষক, তত্ত্ব এবং তথ্যদর্শী পাঠক। বাল্মীকির কবিত্ব এবং সীতা সম্পর্কে বাল্মীকির অভিমত উদঘাটনই তাঁর উদ্দেশ্য। তাঁর এই গবেষণা বিশ্ববিদ্যালয়ের ডিগ্রী পাওয়ার জন্য নয় বিকৃত ব্যাখ্যার হাত থেকে ভারতীয় আদর্শের মূল্য এবং দীপ্তিকে অম্লান রাখতেই। এই উদ্দেশ্য নিয়েই ঔপন্যাসিক তারাশঙ্কর বন্দ্যোপাধ্যায় মহাকবি বাল্মীকি বিরচিত সুবিশাল সংস্কৃত রামায়ণের প্রতিটি ছত্র ধরে ধরে অধ্যয়ন করেন। এই তাঁর প্রথমবার বাল্মীকির সংস্কৃত রামায়ণ পাঠ।

সেবারে তারাশঙ্কর মূল সংস্কৃত রামায়ণটি তিনবার পড়েছিলেন। প্রথমবার রামায়ণ খুলে তারাশঙ্কর দেখেন অরণ্যকাণ্ডের ৫১ সর্গে জটায়ুর মৃত্যুর পর বাল্মীকি ৫২ সর্গের আরম্ভ করছেন 'রাবণ সীতার দিকে তাকালেন এবার'। তিনি দেখলেন জটায়ুর মৃত্যুতে সীতা বিলাপ করছেন। রাবণ সীতাকে পুনরায় হরণ করার জন্য তাঁর দিকে ছুটলেন। সীতা বনের মধ্যে গাছের আড়ালে গিয়ে আত্মরক্ষার চেষ্টা করছিলেন। রাম রাম বলে বিলাপ করছিলেন। রাবণ তাঁকে জোর করে গাছের আশ্রয় থেকে টেনে বার করলেন। এরপর বাল্মীকি একটি শ্লোকে বলেছেন, 'প্রধর্ষিতা বৈদেহী'।

এই 'প্রধর্ষিতা বৈদেহী' - শব্দ দুটিতে ব্যাখ্যাকারের ব্যাখ্যার যত জটিলতা সেই সম্পর্কে তারাশঙ্কর বলেছেন -

'প্রধর্ষিতা বৈদেহী' - সীতার এই শব্দ দুটির উপর বিশেষ ইঙ্গিত আরোপ করে ব্যাখ্যাকার এই ব্যাখ্যা করলেন যে সীতাকে রাবণ বনমধ্যে দেহগতভাবে ধর্ষণ করে নিয়ে গেছেন এই কথাই বাল্মীকি লিখেছেন। তার সঙ্গে কথিত অধ্যাপক লিখেছেন এইখানেই মার্কসবাদীদের দৃষ্টিতে বাল্মীকি এখানে চরম পগতিশীল। কারণ মার্কসবাদী তত্ত্ব এর মধ্যে পরিস্ফুট।'

তারাশঙ্কর দেখেছেন অধ্যাপক মহাশয় উদ্ধৃতি উদ্ধারে কোন ভুল করেন নি। বাল্মীকির বইতে ওই কথাই লেখা আছে। সাধক মুনি মহাকবি বাল্মীকি যে এমন কথা লিখতে পারেন - সেকথা ভেবেই তারাশঙ্কর স্তম্ভিত হয়ে গিয়েছিলেন। অধ্যাপকের উক্তির প্রতিবাদের জন্য কিছু খুঁজে পান নি। এমন মনে হয় যে প্রথমবারে তারাশঙ্কর কেবলমাত্র অরণ্যকাণ্ডটুকুই পড়েছিলেন। তাই এ সম্পর্কে আগে আরও কিছু আছে কিনা তা জানার জন্য তারাশঙ্কর রামায়ণ পুনঃ পাঠ করেন। এবারে অর্থাৎ দ্বিতীয়বারে তিনি সযত্নে সমগ্র রামায়ণের প্রতি শ্লোকের প্রতি ছত্র পড়েন। দেখেন 'কর্মণা, মনসা, বাচা' ইত্যাদি শ্লোকে সীতার অগ্নিপরীক্ষার কথা সর্বজনবিদিত। এরপর লঙ্কাকাণ্ডের ১১৮ সর্গের একটি শ্লোকে তারাশঙ্কর পড়েন 'পরাধীনেষু গাত্রেষু কিং করিষ্যাম্যনীশ্বরা।' - অর্থাৎ সীতা বলছেন পরাধীন দেহের উপর তার কোন হাত ছিল না।

প্রথমবার রামায়ণ পাঠের পরে তারাশঙ্কর স্তম্ভিত হয়েছিলেন। এবারের পাঠে পেলেন আঘাত। তারাশঙ্কর স্তম্ভিত হন আঘাত পান কিন্তু হতোদ্যম হননি। কারণ তাঁর অনুমান ছিল সীতা প্রসঙ্গে বাল্মীকিকৃত 'প্রধর্ষিতায়াং বৈদেহী' শব্দ দুটিকে অধ্যাপক মহাশয় যে সহজ অর্থে ব্যবহার করেছেন বাল্মীকির মতো মহাকবি নিশ্চয়ই সে অর্থে তা ব্যবহার করতে পারেন না। তাই তারাশঙ্কর নতুন করে রামায়ণ পাঠে মনোনিবেশ করেন। রামায়ণপাঠে প্রথমবারে স্তম্ভিত দ্বিতীয়বারে আঘাতপ্রাপ্ত তারাশঙ্কর তৃতীয়বার পাঠ প্রসঙ্গে বলেন -

'তবু আমি নতুন করে প্রতি ছত্র পড়ে গেলাম এবং ফলও পেলাম।' এবারে তারাশঙ্কর মহাকবি বাল্মীকি বিরচিত হাজার হাজার শ্লোক এবং লক্ষ লক্ষ শব্দে সমৃদ্ধ সুবিশাল সংস্কৃত রামায়ণের প্রতিটি পংক্তি শব্দ ধরে ধরে একজন গবেষকের ন্যায় অনুসন্ধানী দৃষ্টিতে অধ্যয়ণ করেন। একই রামায়ণ একবার নয় দুবার নয় একেবারে তিন তিনবার পাঠ করেন। তারাশঙ্করের রামায়ণ পাঠের এই দৃষ্টান্ত সাধারণ পাঠকের কাছে স্বপ্নবৎ এবং গবেষকের কাছে এক অসামান্য দৃষ্টান্ত। এই রকমভাবে রামায়ণ পাঠের প্রমাণ তারাশঙ্কর নিজেই দিয়েছেন তাঁর 'আমার কথা' নামক আত্মজীবনীর পাতায়। তিনি বলেছেন -

'শুধু এইখানেই আমি ক্ষান্ত হইনি। গোটা রামায়ণখানির প্রতি পঙক্তি খুঁজে দেখেছিলাম কোথায় ধর্ষিত, ধর্ষণ শব্দ আছে কিনা এবং কি অর্থে ব্যবহার করেছেন মহাকবি। বলপূর্বক নারীদেহ ভোগের কথা কতবায় এসেছে, সেখানে একস্থানেও বাল্মীকি 'ধর্ষণ' শব্দ ব্যবহার করেন নি সেটি আমার চোখে

পড়েছিল। রম্ ধাতু এবং ভুঙ্ ধাতুর ব্যবহার আছে। 'কুক্কুটবৃত্তেন ভুংগশ্চ চ রমব্বচ।' রাবণের প্রসঙ্গে বলছেন - 'ময়া ভুক্তা'। ব্রহ্মা অভিশাপ দিয়ে বলেছিলেন, 'বলান্নারী গমিষ্যমি'। ধর্ষণ শব্দই নেই। আমার সন্দেহ হয়েছিল বাল্মীকি ধর্ষণ শব্দ এই অর্থে ব্যবহারই করেন নি। তাই কোথায় কোন পঙ্‌ক্তিতে ধর্ষণ শব্দ আছে খুঁজে বের করে একটি তালিকা প্রস্তুত করেছিলাম। দেখেছিলাম, আমার এ অনুমানই সত্য। শতাধিকবার (বোধ হয় ১২৭ বার) ধর্ষণ শব্দের ব্যবহার আছে রামায়ণে। সর্বত্রই এক অর্থ - সে অর্থ জোরপূর্বক বিপর্যস্ত বা লাঞ্ছিত করা। রাবণ স্বর্গ জয় করেছে, তছনছ করেছে। হনুমান লঙ্কা দহন করেছে। সুগ্রীবের বানর সেনা মধুবন লণ্ডভণ্ড করেছে এবং এই অর্থে ধর্ষণ শব্দ ব্যবহার হয়েছে রামায়ণে। দেহভোগ করার অর্থে রম্ এবং ভুঙ্ ধাতু ব্যবহার করা হয়েছে।'

তৃতীয়বার রামায়ণপাঠ করার সময় তারাশঙ্কর তাঁর আকাঙ্ক্ষিত ফল পান। পৃষ্ঠার পর পৃষ্ঠা পড়তে পড়তে তারাশঙ্কর লঙ্কাকাণ্ড বা যুদ্ধকাণ্ডের ১২ এবং ১৩ সর্গে গিয়ে দেখেন, যে রাবণের বিরুদ্ধে এমন ভয়ঙ্কর অভিযোগ আছে। সেই রাবণই সীতা সম্পর্কে অন্য কথা বলেছেন। দেখুন রাবণের বক্তব্য একথা প্রমাণ করে যে সীতা প্রসঙ্গে প্রধর্ষিতা শব্দটি কুৎসিৎ অর্থে প্রাসঙ্গিক নয়। সীতাহরণের পর বেশ অনেকটা সময় অতিক্রান্ত হয়েছে। রাম তখন সেতু বন্ধনের আয়োজন করছেন। বানর সৈন্যের কোলাহল লঙ্কাপুরীতে প্রতিধ্বনিত হচ্ছে। সেই সময় রাবণ সভা ডেকে তাঁর পারিষদবর্গের সামনে সীতা প্রসঙ্গে তাঁর ক্রিয়া প্রতিক্রিয়ার কথা বলেন। বলেন দণ্ডকারণ্য থেকে সীতাকে আমি হরণ করে এনেছি ঠিকই কিন্তু তিনি আজও আমার শয্যাভোগিনী হন নি। এই নারীর জন্য আমি সর্বদেহে সর্বক্ষণ কামার্ততায় বহ্নিজম্বলার মতো দাহ অনুভব করছি। কিন্তু সে আমার কাছে একবৎসর সময় প্রার্থনা করেছে। তিনি রামের প্রতীক্ষা করছেন।

তারাশঙ্কর পড়েছেন, অন্য এক জায়গায় সীতাকে ভয় দেখিয়ে রাবণ বলেছেন, বৎসরান্তে আমার অনুগামিনী না হলে তোমাকে কেটে তোমার মাংস আমি প্রাতঃরাশের সঙ্গে গ্রহণ করব।

আরও পড়েছেন, মহাপার্শ্ব নামে এক পারিষদকে রাবণকে অনুযোগ করে বলেছেন, 'বলাৎ কুক্কুট বৃত্তেন প্রবর্ত্তস্ব মহাবল আক্রমাক্রম্য সীতাং মুক্তংচরমস্বচ।" - তথাপি রাবণ সেপথে অগ্রসর হন নি। সীতাকে দেহগতভাবে বলপূর্বক ভোগ না করা এক মূর্খতা একথাও তিনি স্বীকার করেছেন।

রাবণের বক্তব্য এবং এই আচরণ থেকে তারাশঙ্কর সীতার নিষ্কলঙ্কতা প্রমাণ করেছেন। কিন্তু এর মধ্যে রাবণ চরিত্রের কোন মহত্বকে তিনি দেখান নি। কারণ রাবণের এই স্থিতিশীলতা তাঁর চারিত্রিক কোনো ঔদার্য বা সীতার প্রতি করুণার কারণে নয়। তাঁর এমন স্থিতিশীলতার মূলে ছিল ব্রহ্মার অভিশাপের ভয়। ইতিপূর্বে একদিন রাবণ পুহিংবসলী নামে এক অপ্সরার সাথে আকাশলোকে জোর করে সম্ভোগ করেন। এই ঘটনার জন্য ব্রহ্মা তাঁকে অভিশাপ দেন, আজ থেকে রাবণ বলপূর্বক কোন নারীকে ভোগ

করলে তাঁর দশমুণ্ড একশত ভাগে বিভক্ত হয়ে ফেটে যাবে। রাবণ সেই শাপের ভয়ে সীতার উপর বলপ্রয়োগ করেন নি বা করতে পারেন নি।

অগ্নিপরীক্ষার সময় সীতা বলেছিলেন 'দেহ আমার পরাধীন ছিল'। বাল্মীকির বইতে তারও উত্তর পেয়েছেন তারাশঙ্কর। পড়েছেন অপহরণকালে রাবণ সীতাকে বাঁ কাঁধে উঠিয়ে ডান হাতে যুদ্ধ করেছিলেন। এই জন্যই সীতার দেহ তাঁর সামনে পরাধীন ছিল।

বাল্মীকি রামায়ণ থেকে উপযুক্ত তথ্য দিয়ে তারাশঙ্কর প্রমাণ করেন সীতা কলঙ্কিনী নন, তিনি অম্লান দীপ্তিময়ী। বাল্মীকি তাঁকে কখনো কলঙ্কিনী বলেন নি। এরপর সীতা সম্পর্কে তাঁর ব্যক্তিগত অভিমত হল -

সীতা বাস্তব বা বাস্তব নয় - এ প্রশ্ন কারোর মনে আসে না। কারণ সীতা ভারতীয় সংস্কৃতির হোমকুণ্ড থেকে যজ্ঞফলের মতো যজ্ঞনিঃসৃত এক আদর্শ নারী। যার মহিমার কাছে দেবী মহিমা ম্লান হয়ে পড়ে। এই মহিমার আদর্শকে সম্মুখে রেখে এই ধূলামাটির জগৎলোকে নারীরা নিজেদের গঠণ করেছেন। সীতার দেহ রাবণের দ্বারা কলুষিত হলে তিনি তৎক্ষণাৎ বিগত জীবনকে শেষ করে দিতেন। খুব বেশী এই পর্যন্ত ভাবা যায় যে যুদ্ধান্তে রামের সম্মুখীন হয়ে সকল দুর্ভাগ্যের কথা নিবেদন করে বলতেন, আমার চিতা তৈরী কর। তিনি তখন বেঁচে থাকতেন না।

রামায়ণকে তারাশঙ্কর প্রতিবাদের জন্য প্রামাণ্য হাতিয়ার হিসাবে ব্যবহার করেছেন। ১৯৬০ খ্রিষ্টাব্দে আসামে শুরু হয় এক ভয়ঙ্কর দাঙ্গা। আসামে বাঙালীদের উপর অসমীয়াদের অমানুষিক অত্যাচার নির্যাতন এবং কলঙ্কময় অবমাননার কারণে কলকাতা উত্তপ্ত হয়ে ওঠে। আসামের ঘটনাবলী সম্পর্কে কোন এক সভায় কালেলকর সাহেব বলেছিলেন - অহিংসাতত্ত্ব এবং ধর্মানুযায়ী আজ বাঙালীদের দুর্যোগময় অতীত বিস্মৃত হয়ে অসমীয়াদের ক্ষমা করা উচিৎ এবং তাহাই ভারতধর্ম'। কালেলকর সাহেবের এই বিবৃতি তারাশঙ্কর সেদিন মেনে নিতে পারেন নি - এক পত্র দ্বারা তার প্রতিবাদ জানান। প্রতিবাদের প্রধান পাথেয় ছিল রামায়ণ। পত্রমধ্যে তারাশঙ্কর বলেছেন, 'রামায়ণের দৃষ্টান্ত দিয়েই প্রশ্ন করি - সীতাকে যেদিন পৌরাণিক অত্যাচারী হরণ করে নিয়ে যায়, সেদিন কোন দেবতা কোন ঋষি এসে কি এমন ... উপদেশ দিয়েছেন? বলতে পারতেন - হে রামচন্দ্র যেহেতু অহিংসা প্রেম জগত ও জীবনের শ্রেষ্ঠ ধর্ম সেই জন্য তুমি অপহরণকারীকে ক্ষমা করে দাও?'

ভারতবর্ষের জীবনে রাজনীতি বড় নয় - নীতি, ধর্ম আর সত্য বড়। এমন বক্তব্য পেশ করে রামায়ণের আশ্রয় নিয়ে একটি পত্রে তিনি লেছেন -

'লঙ্কাকাণ্ডের শেষে অগ্নিপরীক্ষায় উত্তীর্ণা অপাপবিদ্ধা সীতাকে নিয়ে রাম দেশে ফিরলেন। সম্রাট হলেন। রাম রাজত্বের গৌরবে ন্যায়ধর্ম্ম, সত্যধর্ম্ম, স্বর্গধর্ম দিয়ে রাজ্যকে মহান করে তুলল। কিন্তু তার পরই

এল রামের অগ্নিপরীক্ষা। একদিকে সতী সীতা এবং অন্যদিকে অসন্তুষ্ট প্রজা। একদিকে নীতি ও সত্য অন্যদিকে রাজনীতি ও কৌশল। রাম রাজনীতির কাছে মাথা নত করলেন, কৌশলকে প্রশ্রয় দিলেন। সীতাকে বনবাসে পাঠিয়ে অন্তঃপুরের উপবনে সীতা সীতা বলে অসহায়ের মত ক্রন্দন করলেন। রামরাজ্যের গৌরব ম্লান হল - অশ্বমেধ যজ্ঞ দ্বারাও তার পুনঃপ্রতিষ্ঠা হয় নি। সীতার প্রেমে অশ্বমেধের অশ্ব ফিরে আসছিল, কিন্তু তখনও অমোঘ নিয়তি ক্ষমা করে নি। ভারতলক্ষ্মী সীতা রসাতলে প্রবেশ করে ভারতভূমি রামরাজত্বকে হাহাকারে পূর্ণ করে গিয়েছিলেন।'

প্রতিবাদে প্রাসঙ্গিক ও প্রামাণিক তথ্যসমৃদ্ধ এই উদ্ধৃতি তারাশঙ্করের সূক্ষ্ম রামায়ণ পাঠের এক বিশেষ উদাহরণ।

তারাশঙ্কর একজন কথাশিল্পী। তাঁর সৃষ্টিতে রামায়ণের প্রত্যক্ষ এবং পরোক্ষ প্রভাব সুস্পষ্ট। রামায়ণের ফল্গুধারায় অমৃত সিঞ্চনের কারণেই তাঁর সাহিত্য চিরায়ত কালজয়ী। প্রথম উপন্যাস 'চৈতালী ঘূর্ণি' থেকেই তারাশঙ্কর তাঁর সৃষ্টিকর্মে রামায়ণ গ্রন্থকে অনুসরণ করেছেন। 'কবি' উপন্যাসের নিতাই কবি এক অনুরাগী রামায়ণ পাঠক। কৃত্তিবাসের রামায়ণ পাঠ তার প্রতি সন্ধ্যার নিত্য অভ্যাস। একদিন এক মর্মান্তিক আঘাতে অশান্ত মনকে শান্ত করতে নিতাই 'রামায়ণ'-এর সাহায্য নিলেন। বইখানা খুলে তিনি দস্যু রত্নাকরের কাহিনী বের করলেন। বহুবার তিনি এ কাহিনী পড়েছেন। কিন্তু আজ এই কাহিনী নূতন রূপ নূতন অর্থ নিয়ে তার মনের আঘাত করল। বই পড়ার আগেই জানা কাহিনী তার মনে জেগে উঠেছিল। সঙ্গে সঙ্গে তাহার চোখে জল এসে গেল। চোখ মুছে তিনি পড়তে আরম্ভ করলেন -

রামনাম ব্রহ্মাস্থানে পেয়ে রত্নাকর
সেই নাম জপে ষাট হাজার বৎসর।'

রেলের পয়েন্টসম্যান রাজন ওরফে রাজা এসে তাকে ডাক দেয় - ওস্তাদ! নিতাই উদাসভাবে মুখ তুলে তাকে আহ্বান করে - এস, রাজা এস। তারপর আবার মন দেয় রামায়ণের সেই খুলে রাখা পৃষ্ঠায়। নিজে পড়ে রাজনকেও শোনায় -

বর দিয়া ব্রহ্মা গেলা আপন ভবন
আদিকাণ্ড গান কৃত্তিবাস বিচক্ষণ।

আমরা জানি দস্যু রত্নাকর রামনাম জপ করে মহাকবি বাল্মীকি হয়ে ওঠেন। তারাশঙ্করের সৃষ্টিতে এক কুখ্যাত বংশের সন্তান নিতাই রামায়ণ পাঠ করে হয়ে ওঠে নিতাই কবিয়াল। রামায়ণের আদিরূপে সতীশ ডোমকে তারাশঙ্কর বাস্তবের মাটিতে দেখেছিলেন। তথাপি মনে হয় নিতাই চরিত্র নির্মাণে রত্নাকরের জন্মান্তর লাভের কাহিনী তারাশঙ্করের অবচেতন মনে ক্রিয়াশীল ছিল।

এই উপন্যাসেই রয়েছে তারণ এবং বিষ্ণুনামে দুই কবিয়ালের কথা। একদিন এক কবিগানের

আসরে রাবণ ও বিভীষণের পালায় তারণ হয়েছে বিভীষণ আর বিষ্ণু হয় রাবণ।

বিষ্ণুর প্রত্যুত্তরে তারণ কবিয়াল সেদিন গায় -

তোমার লাথি আমার বুকে পরম আশীষ শোন দশানন

তোমার চরণধূলা আমার অঙ্গে অগুরু চন্দন।

আমাদের বুঝতে আর অসুবিধা হয় না যে রামায়ণের সূত্র ধরে কবিয়াল কণ্ঠে এমন কবিত্ব কবি তারাশঙ্করের দান।

'সাহিত্য ও রাজনীতি' বিষয়ক আলোচনায় তারাশঙ্কর বলেছেন, 'আমাদের সাহিত্য সৃষ্টির আদি কাহিনীর মর্মগত রূপই সাহিত্যের সংস্থা। সে প্রথম দিনেও যেমন ছিল আজও তেমনি আছে। আদিকবি বাল্মীকি দীর্ঘ তপস্যান্তে তমসাতীর্থে স্নানের পথে কামমোহিত বক মিঠুনের সাথে পুরুষ বককে ব্যাধের শরাঘাতে নিহত হতে দেখে বেদনাভিভূত হলেন। সে বেদনা বিলাপ প্রকাশিত হল ছন্দবদ্ধ হয়ে শ্লোকের আকারে।' মহাকবি বাল্মীকির শোকসম্মুখ শ্লোক থেকেই রামায়ণ মহাকাব্যের সৃষ্টি। এ তাঁর স্বতোৎসারিত বেদনার প্রকাশ। সাহিত্য সৃষ্টি প্রসঙ্গে রামায়ণের এই চিরপরিচিত বিষয়টিকে তারাশঙ্কর যেমন সর্বকালের সাহিত্যের সংজ্ঞা হিসাবে অভিমত দিয়েছেন তেমনি আপন সৃষ্টি ক্ষেত্রেও এই সংজ্ঞাকেই অনুসরণ করেছেন। ঔপন্যাসিক তারাশঙ্কর বন্দ্যোপাধ্যায়ের সমগ্র সৃষ্টি জুড়ে এই বেদনাবোধেরই অবিচ্ছিন্ন ধারা প্রবাহিত। চৈতালী ঘূর্ণি, পাষাণপুরী, আগুন উপন্যাসগুলিতে অসহায় মানুষের দুঃখ তুলে ধরেছেন তারাশঙ্কর। তারপর এই দুঃখপ্রদর্শন ধীরে ধীরে শিল্পীর অন্তর্লোকে দুঃখ দর্শনে অধিষ্ঠিত হয়েছে। ধাত্রীদেবতা, কালিন্দী, গণদেবতা, পঞ্চগ্রাম উপন্যাসগুলি পড়লেই তা বোঝা যায়। আবার সপ্তপদী, বিচারক, যোগভ্রষ্ট উপন্যাসগুলি রচনার সময় তারাশঙ্কর আপন অন্তরাত্মার দুঃখের অনলে দগ্ধ হয়েছেন আর আত্মদহনে শুদ্ধির পথে সমুজ্জ্বল হয়ে উঠেছেন। তারাশঙ্করের সৃষ্টিতে এই ত্রিমাত্রিক বেদনার ধারা লক্ষ্য করা যায়। রামায়ণে যেমন বাল্মীকির বেদনা বিলাপ দেখা যায় তারাশঙ্করের সাহিত্য তেমনি জনজীবন এবং ব্যক্তিজীবনের বেদনাবিলাপ পরিলক্ষিত।

তারাশঙ্কর অনেক কিছু দেখেছেন। তাঁর অনুভূতি বিরাট, সাধনা বিরাট এবং সে সাধনার বিকাশ ও প্রকাশ বিশাল-বিস্তৃত। তাই তিনি আঞ্চলিক হয়েও অখণ্ডের রূপকার। আর সেই অর্থেই তিনি যেমন বাংলার কথাকার তেমনি ভারতবর্ষের নীরব ভাষ্যকার। তারাশঙ্কর বন্দ্যোপাধ্যায়ের এই বিপুল শিল্পতত্ত্বের অন্তরাত্মায় ফল্গুস্রোতের মতো এসে গেছে, যেন তাঁর রামায়ণ পাঠের প্রভাব - মহাকাব্যের বিচিত্রতা নিয়ে তাঁর জীবনধারাতেও পরিলক্ষিত। তাঁর সমগ্র সৃষ্টির ইতিহাসের মধ্যে প্রবাহিত হয়েছে মহাকাব্যিক ঐতিহ্যের স্রোতধারা এবং একই সঙ্গে এই সমস্ত ঊর্মিলতা ও উত্তালতার নিচে রয়েছে একটি শাশ্বত কল্যাণেরঐশ্বর্য। এই ঐতিহ্য মুখ্যত রামায়ণের। রামায়ণের শিক্ষা আদর্শ ভারতীয়ের শিক্ষা। রামায়ণের শিল্পতত্ত্ব প্রসঙ্গে

তারাশঙ্কর বলেছেন, রামায়ণে পাত্রপাত্রী যাঁরা এসেছেন তাঁদের 'সমগ্র সম্পূর্ণ জীবন রূপায়িত হয়েছে বলেই এই রচনা হয়ে উঠেছে কালজয়ী মহাকাব্য। পৃথিবীর শ্রেষ্ঠ মহৎ সাহিত্যের অন্যতম সৃষ্টি হল রামায়ণ।' তারাশঙ্করের ধাত্রীদেবতা, গণদেবতা, পঞ্চগ্রাম থেকে শুরু করে হঁসুলী বাঁকের উপকথা, আরোগ্য নিকেতন, রাধা, কীর্তিহাটের কড়চা উপন্যাসগুলিতে সেই ভারতীয় আদর্শের সমগ্র সম্পূর্ণ জীবনের পরিচয় পাওয়া যায়। এমনকি গল্পগুলিও এক একটি গোটা সমাজের ছবিতে সম্পূর্ণ। রামায়ণে দেবতা দয়া করে মানব হন নি মানবই দেবতা হয়ে উঠেছেন। যেন অনেকটা একইভাবে তারাশঙ্করের সাহিত্যে রক্তমাংসের দেহধারী মানুষগুলির অন্তর থেকে সাক্ষাৎ দেবতার আবির্ভাব সম্ভব হয়ে উঠেছে।

আর গণদেবতা, পঞ্চগ্রাম উপন্যাস দুটি গদ্যে রচিত নবযুগের নব রামায়ণ। এই উপন্যাস দুটি লেখার সময় মার্কস্ এবং বাল্মীকি দু'জনের গ্রন্থই তিনি সঙ্গে রাখতেন। আচার্য যদুনাথ সরকার এক সভায় বলেছিলেন - তারাশঙ্করের গণদেবতা, পঞ্চগ্রাম বই দুটি পড়ে দেখলাম - তিনি রামায়ণ রচনা করেছেন। বাল্মীকির রামায়ণের মতো তারাশঙ্করের গণদেবতা, পঞ্চগ্রাম সমসাময়িক যুগের ব্যক্তি-সমাজ-রাষ্ট্র এই তিনের গতি-প্রকৃতি ও দাবীর নিরিখে রচিত এক মহান সৃষ্টি। এই দুই উপন্যাসের নায়ক দেবনাথ পণ্ডিত ওরফে দেবু সবল দেহ দীর্ঘকায় শ্যামবর্ণ এক যুবা। সে তার অঞ্চলের আর্থসামাজিক ক্রান্তিলগ্নের দ্রষ্টা এবং সেই সঙ্গে সামাজিক নতুন পর্যায়ের স্রষ্টা. তার স্বপ্ন মানুষের সুখস্বাচ্ছন্দময় রামরাজত্বের স্বপ্ন। তার কারাবাস স্ত্রী ও পুত্র বিয়োগ - সব মিলিয়ে দুঃখের নিকষে নিজেকে যাচাই করতে করতে তার পথ চলা প্রকৃত অর্থেই ভারতীয় ঐতিহ্যবাহী। চূড়ান্ত ক্রোধের মুহূর্তে অথবা দারুণ সঙ্কটেও সে সেই সহস্র বৎসরে প্রবহমান ঐতিহ্যধারা থেকে শক্তি সঞ্চয় করে। ভারতীয় ঐতিহ্য অনুসরণের দিক থেকেও রামচন্দ্রের জীবনাদর্শ যেন দেবনাথ চরিত্রে অনেকখানি প্রতিফলিত। দেবনাথ যেন রামচন্দ্রের প্রাচীন প্রতিমা হিসাবেই নির্মিত হয়েছে।

আধুনিক বাংলা সাহিত্য ও রামায়ণ

রামেশ্বর মিশ্র

রামায়ণ এবং মহাভারতকে ভারতীয় ধর্ম, আধ্যাত্ম, সাহিত্য তথা সংস্কৃতির বিশ্ব অভিধান বলে সম্বোধিত করলে অত্যুক্তি করা হবে না। রূপগত পার্থক্য থাকলেও উভয়েরই ভারতীয় সমাজের উপর প্রভাব সমান ভাবে দৃষ্টিগত হয়। মহাভারতকে বেদ ও পুরাণের মধ্যবর্তী রচনা ধরা হয়ে থাকে আর সে জন্যই একদিকে যেমন একে পঞ্চমবেদ বলা হয়ে থাকে তেমনই অন্য দিকে আদি পুরাণও বলা হয়ে থাকে। বেদ-পুরাণের মত মহাভারতকে একজন ব্যাক্তি দ্বারা এবং একই সময়ে রচিত বলে মনে করা হয় না। কিন্তু রামায়ণকে আদি কাব্য হিসাবেই ধরা হয় আর এর রচয়িতাকে আদিকবি। ভারতীয় সাহিত্যের মধ্যে এটিই একমাত্র রচনা যেটি স্বর্গে রচিত হয়েছিল।

বেদ ও পুরাণ অবশ্যই নমস্য, কিন্তু ভারতীয় জনজীবনে রামায়ণ ও মহাভারতের প্রভাব বেশী। আসলে রামায়ণ, মহাভারত, বেদ-পুরাণের তত্ত্ব-কথা, বিচারও সমাবিষ্ট হয়ে আছে। বেদ-পুরাণ সকলের কাছে সহজলভ্য নয়। তাই রামায়ণ-মহাভারতকেই জনজীবনের বেদ-পুরাণ বলে স্বীকার করে নেওয়া হয়েছে। ভারতীয় জনজীবনের আচার-বিচার, রীতি-নীতি, ধর্ম-কর্ম সবই রামায়ণ মহাভারতের দ্বারাই পরিচালিত হয়ে আসছে। রাজা রাম ও শ্রীকৃষ্ণ হলেন আদর্শ পুরুষ, সীতা হলেন আদর্শ স্ত্রী, ভরত-লক্ষ্মণ আদর্শ ভাই আর রাম-রাজ্য হল আদর্শ রাজ্য। ভারতীয় জীবন এবং সাহিত্যে মহাভারতের তুলনায় রামায়ণের প্রভাবই অধিক দৃষ্টিগত হয়। রামায়ণে শুধু ভারতীয় সংস্কৃতির প্রতিপালনই হয়নি বরং রামায়ণ ভারতীয় সংস্কৃতিকে প্রভাবিত তথা পরিচালিতও করেছে।

প্রাচীন বাংলায় প্রাক্-আর্য ধর্মেরই প্রচলন ছিল। ব্রাহ্মণ আশ্রিত রামায়ণ, মহাভারত, উত্তরায়ণকে পার করে পূর্বে বাংলা পর্যন্ত পৌঁছেছিল। বাংলায় পৌরাণিক ধর্মের প্রচলন মৌর্য যুগ বিশেষ করে গুপ্ত যুগের পরেই হয়েছিল, অন্যথা এখানে অবৈদিক ধর্মের অধিক প্রচলন ছিল। পাল বংশের রাজা মহাপাতী বৌদ্ধ ছিলেন, তাঁর আগে শশাঙ্ক নরেন্দ্র গুপ্তের শাসনকালে ব্রাহ্মণ-ধর্ম পূর্ণ প্রতিষ্ঠা অর্জন করে। পঞ্চদশ শতক থেকে রামায়ণ মহাভারত তথা অন্য পৌরাণিক কাব্য এবং দর্শনের প্রতি আকৃষ্ট বাঙালি সমাজ রামকথা এবং রাম প্রেমের রসে ডুবে গিয়েছিল। প্রাচীন বাংলায় যে অনুবাদিত সাহিত্য আছে তার বৃহৎ অংশ রামায়ণ থেকে নেওয়া। বাংলা রামায়ণের অন্যতম বৈশিষ্ট্য এই যে এটি শুধুমাত্র বাল্মীকি রামায়ণের অনুবাদ বা অনুকরণ মাত্র নয়। এর মধ্যে

বাংলার নিজস্ব বৈশিষ্ট্য, লোককথা, লোকশ্রুতি, ভক্তিবাদ তথা শক্তিবাদ এবং প্রাকৃতিক পরিবেশের মিশ্রণও রয়েছে। নানা প্রকার লৌকিক কলার সংযোজনও এর মধ্যে হয়েছে।

বাংলাদেশে সংস্কৃত ভাষাতেও রামায়ণের রচনা হয়েছে। পালযুগে অভিনন্দ এবং সন্ধ্যাকর নন্দী দ্বারা দুটি রামচরিত রচিত হয়েছে। বাংলার বৈশিষ্ট্য অনুসারে এর মধ্যে মাতৃভাব এবং দেবী মাহাত্ম্যের বর্ণনা প্রাধান্য পেয়েছে। একটিতে হনুমানের বাণীর দ্বারা দেবীর মাহাত্ম্যর বর্ণনা আছে এবং অপরটিতে রাবণ ছিলেন মহেশ্বরের উপাসক।

মধ্যযুগ

কবি কৃত্তিবাস দ্বারা রচিত 'শ্রীরাম পাঞ্চালী' (পঞ্চদশ শতাব্দী) বাংলা ভাষার আদিকাব্য হিসাবে ধরা হয়। আর এই পরিপ্রেক্ষিতে কৃত্তিবাসের রামায়ণের বিশেষ গুরুত্ব আছে। এটি বাল্মীকি রামায়ণের কেবলমাত্র অনুবাদ নয়। বাংলায় কৃত্তিবাসের রচনা থেকেই ভক্তিবাদের প্রচার হয়েছে। ভক্তিবাদের সাথে কৃত্তিবাসের রামায়ণে বাংলার স্থানীয় বৈশিষ্টেরও প্রতিপালন হয়েছে এই কারণেই এর মধ্যে ভক্তিবাদের সাথে শক্তিবাদও দেখা যায়। কৃত্তিবাসী রামায়ণের সবাই রামদ্রোহী রাবণ, তরণী সেন এবং বীরবাহু রামের ভক্ত। আর রাবণের পুত্র মহিরাবণ কালিকার ভক্ত। রাবণ স্বয়ং শক্তির বরপুত্র, রাবণবধের জন্য রামকেও দেবীর আরাধনা করতে হয়। কবি নিরালার 'রাম কী শক্তিপূজা'-র প্রেক্ষাপট ও কৃত্তিবাসী রামায়ণের এই প্রসঙ্গের উপরই আধারিত। কৃত্তিবাসের রামায়ণে ভক্তি আর শক্তির অপূর্ব মেল বন্ধন হয়েছে আর এটিই এই কাব্যের সব থেকে বড় বৈশিষ্ট্য।

কৃত্তিবাসের পরে ষোড়শ শতাব্দীতে বাংলায় রামায়ণ অনুবাদের ধারার প্রচলন শুরু হয়। মধ্যযুগের এই অনুবাদকদের মধ্যে অদ্‌ভুতাচার্য্য (ষোড়শ শতাব্দী), কৈলাস বসু, চন্দ্রাবতী গুণরাজ, ঘনশ্যাম দাস, ভবানী ঘোষ, দ্বিজ লক্ষ্মণ, রাম শঙ্কর, রামানন্দ ঘোষ, শঙ্কর কবিচন্দ্র (দ্বাদশ শতাব্দী) প্রভৃতির নাম উল্লেখযোগ্য। এই অনুবাদগুলি সম্বন্ধে বিশেষ উল্লেখযোগ্য বিষয়টি হল এই যে এগুলি বাল্মীকি রামায়ণের তুলনায় সংস্কৃত ভাষার আধ্যাত্ম রামায়ণ তথা অদ্‌ভুত রামায়ণকে অধিক অনুসরণ করে তৈরী হয়েছে। এই কারণে ঘটনার বৈচিত্রতা তথা নানা কথা, উপকথার বর্ণনা এর মধ্যে পাওয়া যায়। উপরন্তু এর উপর সহজিয়া বৈষ্ণব মত তথা শক্তিবাদেরও প্রভাব পড়েছে।

আধুনিক যুগ (রবীন্দ্রপূর্ব)

পঞ্চদশ শতকে কৃত্তিবাস এবং তাঁর রামায়ণ 'শ্রীরাম পাঁচালী'-র দ্বারা বাংলায় ভক্তিবাদের প্রচার হয়। শ্রী চৈতন্যদেবের আবির্ভাবের পরে তা আরও বলবতী এবং পরবর্তী বাংলা রামায়ণে এই ভক্তিবাদই প্রমুখ তত্ত্ব হয়ে দাঁড়িয়েছিল। উনবিংশ শতাব্দীতে আধুনিক বাংলা সাহিত্যের প্রারম্ভ হলে রাম কথা আর রামায়ণের

প্রচলন তথা ব্যবহার তিনটি রূপে দেখা যায়। একটি ধারা ছিল বিশুদ্ধ অনুবাদের ধারা যার মধ্যে প্রাচীন কথাকে তার মূল রূপে প্রকাশ করা হয়েছে। দ্বিতীয় ধারায় রামকথাকে যুগোপযোগী বানিয়ে তার মাধ্যমে নিজের বিচারধারাকে প্রতিপাদিত করা হত। তৃতীয় ধারাটি লোকধারা ছিল যেখানে রামকথার মধ্যে বিভিন্ন লৌকিক-অলৌকিক কথার মিশ্রণ হয়েছে। লোকসাহিত্য-কবিজ্ঞান, যাত্রা ইত্যাদিতে রামকথার এই রূপই প্রচলিত ছিল।

আধুনিক যুগে রামকথার প্রথম প্রকাশন কৃত্তিবাসী রামায়ণের পুনর্মুদ্রণ রূপে হয়েছে। এটি শ্রীরামপুর মিশন প্রেস দ্বারা ১৯০২ সালে প্রকাশিত হয়। বাংলায় রামায়ণ তথা রামকথাকে পুনরুজ্জীবিত করার দিশায় মিশন প্রেসের এই রামায়ণের একটি গুরুত্বপূর্ণ স্থান আছে। কৃত্তিবাসী রামায়ণের অতিরিক্ত বাল্মীকি রামায়ণকেও ইংরাজী অনুবাদ সহিত প্রকাশ করা হয়েছে। কেরী আর মার্শমেন এর সম্পাদনায় বাল্মীকি রামায়ণ চারখণ্ডে (১৯০৬-১৯১০) প্রকাশিত হয়। ভারতপ্রেমী পাশ্চাত্য পণ্ডিতদের কাছে লবুক, উইলসন প্রভৃতি রামায়ণের গুরুত্ব প্রতিপাদিত করেন। ইংরাজী অনুবাদ তথা পাশ্চাত্য পণ্ডিতদের বিচারের দ্বারা প্রভাবিত হয়ে শিক্ষিত বাঙ্গলী সমাজও রামায়ণের দিকে আকর্ষিত হয়েছে এবং তাঁরা এর গুরুত্বকে নতুন রূপে অনুভব করেছেন। আধুনিক বাংলায় একদিকে যেমন রামকথা এবং তার বিভিন্ন অংশের রচনা হয়েছে তেমনই অন্যদিকে এর উপর ভিত্তি করে কাব্য এবং নাটকও রচিত হয়েছে।

কাব্য

বিংশ শতাব্দীতে রামকথা বিষয়ক প্রথম গুরুত্বপূর্ণ রচনা হল রঘুনন্দন গোস্বামীর 'রাম-রসায়ণ' (আনুমানিক ১৯৩১ খ্রীষ্টাব্দ)। আধুনিক কালে রামকথার এটিই সর্ববৃহৎ রচনা। এই রচনার মধ্যে কবি বাল্মীকি রামায়ণ এবং তুলসী রামায়ণের অতিরিক্ত অন্য রামায়ণ কথাকেও বিষয়বস্তুর ভিত্তি হিসাবে গ্রহণ করেছেন। রামমোহন বন্দ্যোপাধ্যায় রচিত এক রামায়ণ (১৯৩৮ খ্রীষ্টাব্দ)-এর উল্লেখও পাওয়া যায়। এখানে কবি কৃত্তিবাসের সঙ্গে তুলসীদাসেরও বন্দনা করেছেন। বর্ধমানের মহারাজা মহতাবচন্দ (১৯২০-৬৫ খ্রীষ্টাব্দ)-র তত্ত্বাবধানে রামায়ণের পদ্যানুবাদ এবং গদ্যানুবাদ হয়।

আধুনিক বঙ্গদেশে ব্রহ্মসমাজের গভীর প্রভাব থাকা সত্ত্বেও রামকথা ও রামায়ণের গুরুত্ব কোন অংশে খর্ব হয়নি। আধুনিক চেতনার প্রসারের ফলস্বরূপ শিক্ষিত বাঙালি সমাজে ভারতীয় ঐতিহ্যের প্রতি প্রেম জেগে উঠেছে। এই ক্রমে মূল্যায়ন ও নতুন দৃষ্টিভঙ্গিতে হয়েছে।

মাইকেল মধুসূদন দত্ত আধুনিক বাংলা কাব্য জগতে নবীন ভাবভূমি নিয়ে অবতরিত হয়েছিলেন। মধুসূদনই সর্বপ্রথম বাংলা কাব্যকে পাশ্চাত্য রীতির মহাকাব্য, আখ্যানকাব্য, পত্রকাব্য, গীতিকাব্য প্রভৃতি প্রদান করেন। অমিত্রাক্ষর ছন্দে 'তিলোত্তমাসম্ভব' কাব্য লেখার পর উনি রামকথার লঙ্কাকাণ্ড পর্বের

মেঘনাদবধ ঘটনার পরিপ্রেক্ষিতে 'মেঘনাদ বধ' (১৯৬২) কাব্য লেখেন। আধুনিক বঙ্গসমাজ নিজস্ব রুচি অনুসারে পৌরাণিক কথাগুলিকে গ্রহণ করার ক্ষেত্রে তৎপর হয়েছিল। মধুসূদন 'ইয়ং বেঙ্গলের' প্রতিনিধি ছিলেন, পাশ্চাত্য বিচারধারার দ্বারা সম্পূর্ণ ভাবে প্রভাবিত ছিলেন সেই সঙ্গে নিজের সমাজের পচা পুরনো ব্যবস্থার প্রতি বিদ্রোহী তো ছিলেনই এবং হিন্দুত্বের প্রতি বিন্দুমাত্র শ্রদ্ধা তার মনে ছিল না। কিন্তু বাল্মীকি রামায়ণের মহৎ কল্পনা এবং মহৎ সৌন্দর্যের প্রতি প্রথম থেকেই তাঁর আকর্ষণ ছিল। 'মেঘনাদ বধ' কাব্যের চতুর্থ সর্গে তিনি বাল্মীকির প্রতি তাঁর বিনম্র প্রণাম নিবেদন করেছেন।

কৃত্তিবাসের প্রতিও তাঁর মনে শ্রদ্ধা ছিল। সত্যি কথা বলতে বাল্মীকি এবং কৃত্তিবাসের প্রতি পূর্ণ শ্রদ্ধা ভাব থাকা সত্ত্বেও মধুসূদন তাঁদের অনুকরণ করেননি। তিনি এক নতুন রামায়ণের রচনা করেছেন। বঙ্গসমাজ কৃত্তিবাসী রামায়ণ এবং ওই ধারায় লিখিত রামকথাতেই অভ্যস্ত ছিল। তাই 'মেঘনাদ বধ' কাব্যের নূতনত্বকে তারা প্রথম দিকে খুব সহজভাবে স্বীকার করতে পারেননি, কিন্তু ধীরে ধীরে যখন এই মহৎ কাব্যের মহাকাব্যত্ব সকলের সামনে প্রকট হতে শুরু করলো, এই কাব্য যেন শিক্ষিত বাঙালী সমাজের কণ্ঠহার হয়ে উঠল। জাহ্নবী কুমার চক্রবর্তী লিখেছেন - 'শক্তি আর সমৃদ্ধির প্রতীক পাশ্চাত্য জাতি, তৎকালীন ইয়ং বেঙ্গলের চেতনায় যে বিস্ময় ও শ্রদ্ধাবোধকে জাগ্রত করেছিল, মেঘনাদ বধ কাব্য সেই যুগচেতনারই সার্থক রূপায়ন। বস্তুতঃ বিংশ শতাব্দীর যুগ ভাবনার পরিপ্রেক্ষিতে মেঘনাদ বধ কাব্য যেন এক নব রামায়ণ। এই কাব্যের রাবণ আর মেঘনাদ অমেয় ঐশ্বর্য, অপরিমিত শক্তি আর বলিষ্ঠ মানবের প্রতীক। এই শক্তি প্রাচীন ভারতে স্পষ্টই দেখা যেত। রাম-লক্ষ্মণকে মধুসূদন উপযুক্ত মর্যাদা দিয়েছেন, তাঁদের বিজয়ী রূপে চিত্রিতও করেছেন, কিন্তু তাঁরা পুরুষাকার এর জীবন্ত প্রতিমূর্তি দেবাহত রাবণ ও মেঘনাদের সমকক্ষতা লাভ করতে পারে নি। রাম-লক্ষ্মণের মধ্যে দুর্বলতা এবং পরাজিত মানবসুলভ মনোবৃত্তি প্রকাশিত হয়েছে। এত কিছু হওয়া সত্ত্বেও মধুসূদন বাল্মীকি প্রতিভাকে বিস্মৃত হতে পারেননি। মেঘনাদ বধ কাব্যের জায়গায়-জায়গায় বাল্মীকি রামায়ণের প্রভাব সুস্পষ্ট। এই কাব্যের রাবণ আর মেঘনাদের শক্তিমত্তা ও সমৃদ্ধি মূল রামায়ণের কথাই স্মরণ করিয়ে দেয়। নবীন ভাবনার দ্বারা ওতপ্রোত ভাবে প্রভাবিত হওয়া সত্ত্বেও মেঘনাদ বধ কাব্যে মূল রামায়ণের প্রতি যে নিষ্ঠা দেখা যায় তা সমসাময়িক বাংলা রামায়ণে দূর্লভ ছিল। শিবপ্রসাদ হালদার এই কাব্যের সম্বন্ধে লিখেছেন - 'মেঘনাদবধ কাব্যে মধুসূদন রামায়ণীর কথাকে নতুন রূপে সাজিয়েছেন। ঘটনায় নতুন ভাব, চরিত্রের রূপান্তর এবং অন্তর্নিহিত ধ্বনির পরিবর্তন করে মধুসূদন রামায়ণের পরিবর্তে নবমানবের রচনা করেছেন। এটি নিঃসন্দেহে একটি স্বাস্থ্যকর পরিবর্তন।'

'মেঘনাদ বধ' কাব্য ছাড়াও রামকথার উপর ভিত্তি করে মধুসূদন আরও কয়েকটি কাব্যের রচনা করেছেন। যেমন বীরাঙ্গনা কাব্যের অন্তর্গত 'দশরথের প্রতি কৈকেয়ী' তথা 'লক্ষ্মণের প্রতি শূর্পণখা' নামে

দুটি চরিত্রের কাব্য রামায়ণের ঘটনাকে অবলম্বন করেই রচিত হয়েছে। রামায়ণের ঘটনাকে আধার রূপে গ্রহণ করলেও দুটি চরিত্রে নবীন ভাবভূমির প্রতিপাদন হয়েছে। জাহ্নবী কুমার চক্রবর্তী লিখছেন - 'কৈকেয়ীর অভিযোগ নবীন তর্কবাদের উপর নির্মিত এবং শূর্পণখার প্রেমাসক্তি ভোগসুখবঞ্চিতা, কামলোলুপা, বিধবা প্রতিমার দর্পণ স্বরূপ। কৈকেয়ী নিজের অধিকারের প্রয়োগ দৃঢ়তার সাথে করে এবং শূর্পণখা লক্ষ্মণের প্রতি প্রেমাসক্ত এবং নিজের আরাধ্যের প্রতি তার সম্পূর্ণ সমর্পণ ভাব ছিল। সে সামাজিক বিবাহের জন্য তো প্রস্তুত ছিলই, সম্পূর্ণ ঐশ্বর্যের ত্যাগের জন্যও প্রস্তুত।'

রামায়ণ ও মহাভারতের দুই মহান রচয়িতা বাল্মীকি ও ব্যাসদেবকে নিয়ে তথা দুটি মহাকাব্যের অন্যান্য ঘটনার ওপর ভিত্তি করে মধুসূদন বিভিন্ন কবিতা রচনা করেছেন। 'রামায়ণ' কবিতায় কবি দিব্যচক্ষুর দ্বারা শ্রীরামের বিজয় কাহিনীর প্রত্যক্ষ দর্শন করেন এবং করান। 'বাল্মীকি' কবিতায় তিনি আদি কবি বাল্মীকির জন্মান্তরের কথার বর্ণনা করেছেন। 'কীর্তবাস' কবিতায় তিনি কীর্তিবাসের গুরুত্বের কথা প্রতিপাদন করেছেন। 'সীতার বনবাস'-এ বন্দিনী সীতার করুণ ক্রন্দনের হৃদয়স্পর্শী বর্ণনা আছে। 'মেঘনাদ বধ'-এ রাক্ষসকুলের ভজন আছে তো 'সীতার বনবাসে' সীতার করুণা, বেদনা এবং মাধুর্যের চিত্রণ আছে। এখানে রাবণের প্রতি কোন প্রকারের শ্রদ্ধা অভিব্যক্ত হয়নি, সতী নারীর অপহরণ করাকে এখানে রাবণের মূর্খতা বলা হয়েছে। কবি স্পষ্ট ভাবে বলেছেন যে ভূমিকম্পের সময় যেমন দ্বীপ অতল সাগরে ডুবে যায় ঠিক সেই ভাবে সীতাহরণের ফলে রাক্ষস বংশ বিলুপ্ত হয়ে যাবে।

মধুসূদন নিজের যুগের ব্যতিক্রম ছিলেন। রামায়ণ অথবা রামকথার উপর ভিত্তির করে যে সব অন্যান্য কবিরা কাব্য রচনা করেছিলেন তারা বেশীর ভাগই প্রাচীন ধারাকে যথাসম্ভব অনুসরণ করেছিলেন। অন্যান্য কবিদের মধ্যে হরিশচন্দ্র মিত্রের রচিত খণ্ডকাব্য 'নির্বাসিত সীতা' (১৮৬৪ খ্রীষ্টাব্দ) বিশেষ ভাবে উল্লেখযোগ্য। সম্পূর্ণ কাব্যে করুণ রসের সঞ্চার হয়েছে। এই যুগের অন্যান্য উল্লেখযোগ্য রচনাগুলি হল-

দ্বারকানাথ রায় - সীতার বনবাস (১৮৬৮), রাসবিহারী মুখোপাধ্যায় - সীতার নির্বাসন (১৮৬০), যাদবানন্দ রায় - রাম বনবাস কাব্য (১৮৬২), উপেন্দ্রনাথ রায়চৌধুরী - বালিবধকাব্য (১৮৭৬), গিরিশচন্দ্র বসু - ভার্গববিজয়কাব্য (১৮৭৭), গোপাল চন্দ্র চক্রবর্তী - মুকুটোদ্ধার কাব্য (১৮৮১), হরিমোহন মুখোপাধ্যায় - রামবিলাপ কাব্য (১৮৭৫), নগেন্দ্রনাথ অধিকারী - উর্মিলা কাব্য (১৮৮০), দেবেন্দ্রনাথ সেন - রাবণ বধ কাব্য (১৮৯৩), হরগোবিন্দ লস্কর - দশাস্যসংহার কাব্য (১৮৮৩), শশিভূষণ মজুমদার - সীতাচরিত কাব্য (১৮৮৪), কৃষ্ণচন্দ্র রায়।

মাইকেল মধুসূদনকে বাদ দিলে এই যুগের অধিকাংশ কবিই বীর প্রধান চরিত্র ধারাকেই অনুসরণ করেছেন। ভাবার্থের দিক দিয়ে এঁরা বিশেষ কিছু প্রদান করেননি, কিন্তু কাব্যরূপের দিক দিয়ে বিচার করলে মধুসূদনের অনুকরণ করা সত্ত্বেও বেশীর ভাগ কবিই সফল হননি। এই কবিদের কাব্যে রামকথার

প্রতি আকর্ষণ তথা রামায়ণের মহৎ আদর্শের প্রতি শ্রদ্ধাশীলতাই প্রকট হয়েছে। কোনো কোনো রচনার পরিকল্পনায় নতুনত্বও নজরে পড়ে যেমন 'মুকুটোদ্ধার' কাব্য। লেখক এখানে প্রচলিত রামায়ণ কথাকে গ্রহণ করেননি। এখানেও সীতাহরণ কেন্দ্রীয় বিষয়, কিন্তু সীতা এখানে রঘুকূল বধূ না হয়ে ভারতলক্ষ্মী।

নাটক

আধুনিক বাংলা নাটকের পূর্বে বাংলায় লোকনাট্য, কবিগান, পাঁচালী, যাত্রা ইত্যাদির ব্যাপক প্রচার ছিল। উনবিংশ শতাব্দীর মধ্য পর্যন্ত এর ব্যাপক প্রসার ছিল। ইংরাজী সাহিত্যের প্রভাবে আধুনিক বাংলা নাটকের আবির্ভাবের পর ধীরে ধীরে লোকনাট্যের বিভিন্ন রূপে সীমিত হতে থাকে। পাঁচালীর প্রতিষ্ঠিত কবি ছিলেন দাশরথি রায়। তিনি, তাঁর পাঁচালীতে রামকথার রসপূর্ণ বিবরণ প্রস্তুত করেন।

উনবিংশ শতাব্দীর দ্বিতীয়ার্দ্ধ থেকে বাংলা নাটকের রচনা শুরু হয়েছিল। প্রারম্ভিক রচনায় ইংরেজী অথবা সংস্কৃতের প্রভাব ছিল। প্রারম্ভিক বাংলা নাটকে পৌরাণিকতাকে মূল উপজীব্য করা হয়েছিল এবং রামকথাকে বিষয় করেও অনেক নাটক লেখা হয়েছিল। এই নাটকগুলিতে প্রাচীন পরম্পরিক ধারাগুলি নির্বহণ করা হয়েছিল তথা শক্তিবাদেরই প্রবলতা অধিক ছিল। যেমন হরিশ্চন্দ্র মিত্রের 'জানকী নাটক' (১৯৬৩) রামায়ণের সীতার বনবাস অংশকে অবলম্বন করে তৈরী হয়েছে কিন্তু নাটকটি সুখান্ত। মধুসূদন দত্তের 'মেঘনাদবধ' কাব্য (১৯৬১) এর পরে ত্রৈলোক্যনাথ মুখোপাধ্যায়ের মেঘনাদবধ নাটক (১৯৬৬ খ্রীঃ) প্রকাশিত হয়। কথা বিন্যাসের দিক দিয়ে নাট্যকার মধুসূদন দত্তেরই অনুসরণ করেছেন। কিন্তু চরিত্রাঙ্কণের দিক দিয়ে মধুসূদন যে অভিনব প্রয়োগ করেছেন তা এই নাটকে দেখা যায় না। আসলে নাট্যকারের সমস্ত চিন্তাভাবনা ঘটনাকে কেন্দ্র করেই ছিল। তিনি মধুসূদনের মতো রামকথার উপর ভিত্তি করে কোন নতুন জীবনাদর্শ প্রস্তুত করতে চাননি।

প্রাচীন যাত্রা নাটকে যে ভক্তি-বিশ্বাস তথা অলৌকিকতা থাকে তাকে উপজীব্য করে মনমোহন বসু বাংলা নাটকে নিজের একটি বিশেষ স্থান তৈরী করেছিলেন। তাঁর পদ্ধতি অনুসরণ করে বাংলায় সর্বনাটক লেখা হয়েছিল। দর্শকের রুচি এবং প্রকৃতির প্রতি উনি বিশেষ সচেতন ছিলেন। মনমোহন বসুর 'রামাভিষেক' নাটকটি (১৯৬৬) খুব প্রসিদ্ধ হয়েছিল। অযোধ্যাকাণ্ডের ঘটনাটিকে এর মধ্যে নাটকীয় ভাবে প্রস্তুত করা হয়েছিল।

মনমোহন বসুর রাম সত্যবাদী, জিতেন্দ্রিয়, শান্ত, ধীর, নির্মল চরিত্র সম্পন্ন বীর পুরুষ ছিলেন। কিছু আলোচকের মতে 'রামাভিষেক' কৃত্তিবাসী রামায়ণের অংশ বিশেষের নাট্যরূপ মাত্র। এই যুগের অন্য নাটকগুলি হল - উমেশচন্দ্র মিত্র দ্বারা রচিত 'সীতার বনবাস' (১৯৬৬), হরিমোহন কর্মকার রচিত 'জানকী বিলাপ' (১৯৬৯), শ্রীরামচন্দ্র রায়চৌধুরী বিরচিত 'লক্ষ্মণ বর্জন' (১৯৬০)।

এই যুগে পৌরাণিক নাটকের তুলনায় সামাজিক নাটকই বেশী পরিমাণে লেখা হচ্ছিল। সামাজিক নাটকে তৎকালীন বিভিন্ন সমস্যার চিত্রণ সম্ভব ছিল, কিন্তু পৌরাণিক নাটকে তা সম্ভব ছিল না। প্রাচীন পারিপাট্যের উপর ভিত্তি করে পৌরাণিক নাটকগুলির সৃজন হচ্ছিল। এগুলির মাধ্যমে কোন নতুন জীবনাদর্শও প্রস্তুত হয়নি।

রামকৃষ্ণ রায়, রামকথার উপর ভিত্তি করে অনেক নাটক লিখেছেন। উনি সংস্কৃত রামায়ণের গুরুত্বপূর্ণ কাব্যানুবাদ প্রস্তুত করেছিলেন। এই প্রেরণা থেকেই তিনি নাটকও রচনা করেছেন। এই বিষয়ে তিনি লিখেছেন - 'আমার মতে দেবোপম বাল্মীকির অমৃত-সমুদ্র রূপী রামায়ণের কেবল পঠন তথা শ্রবণ করে প্রাণানন্দ এবং জ্ঞানানন্দের পূর্ণ অনুভূতি সম্ভব নয়, এর সাথে দর্শনানন্দও আবশ্যক। কিন্তু অভিনয় ছাড়া দর্শনানন্দের প্রাপ্তি সম্ভব নয়। এই কারণেই আমি বাল্মীকি রামায়ণের বালকাণ্ড থেকে শেষ উত্তরাকাণ্ড পর্যন্ত সাতটি কাণ্ডের নির্বাচিত ও সুন্দর অংশগুলির ক্রমশঃ নাট্যরূপ প্রস্তুত করেছি।' এর উপর ভিত্তি করেই রাজকৃষ্ণ রায়, তাঁর রচনা 'রামচরিত নাটকাবলি'র অন্তর্গত, 'দশরথের মৃগয়া', 'হরধনুভঙ্গ' এবং 'রামের বনবাস' রচনা করেছেন। রামকথার উপর ভিত্তি করে তিনি আরও অনেক নাটক রচনা করেছেন - যেমন 'অনলে বিজলী', 'তরণীসেন বধ', 'ঋষ্যভৃঙ্গ' ইত্যাদি।

এই নাটকগুলিতে রাম চরিত্রের মহিমা এবং অন্য চরিত্রগুলির বর্ণনা প্রস্তুত করা হয়েছে। রামায়ণের পর ভিত্তি করে রামকৃষ্ণ রায়ের সবথেকে প্রসিদ্ধ নাটক হল 'অনলে বিজলী' (১৮৮৮)। রামায়ণের যুদ্ধকাণ্ডের অন্তর্গত সীতার অগ্নিপরীক্ষা-এর বিষয়বস্তু। শিল্পকলার দিক দিয়ে বাল্মীকি রামায়ণের অনুসরণ করা হলেও এর মধ্যে রামের মাবনতা বিরোধী আচরণের দিকটিই তুলে ধরা হয়েছে। কৃত্তিবাসী রামায়ণের উপর ভিত্তি করে 'তরণীসেন বধ' রচনা করা হয়েছে।

ধর্ম ও সংস্কৃতির লোকাশ্রিত রূপকে আধার করে গিরিশচন্দ্র ঘোষ পৌরাণিক নাটকের রচনা করেছেন। সেই কারণেই তিনি বাল্মীকি রামায়ণের স্থানে কৃত্তিবাসী রামায়ণকেই তাঁর নাটকের মূল ভিত্তি বানিয়েছেন। রামকথার উপর ভিত্তি করে তিনি নিম্নলিখিত নাটকগুলি রচনা করেছেন - রাবণবধ, সীতার বনবাস, লক্ষ্মণ বর্ণন, সীতার বিবাহ, রামের বনবাস এবং সীতা হরণ।

এই যুগের অন্যান্য নাটকগুলি হল - বিহারীলাল চট্টোপাধ্যায়ের 'রাবণবধ' এবং 'সীতা স্বয়ম্বর', রামচন্দ্র ভট্টাচার্যের 'ভরত মিলাপ', ব্রজমোহন রায়ের 'রামাভিষেক' এবং রাবণবধ ইত্যাদি। এই নাটকগুলিতে যাত্রা-নাটকের মত রামের দেবত্ব এবং ভক্তির উচ্ছ্বাস নজরে পড়ে। গিরিশচন্দ্র ঘোষের মত নবীন চিন্তাবিদও অলৌকিকতার এই বন্ধনকে উপেক্ষা করতে পারেননি। নাটকের ক্ষেত্রে রামকথার নতুন ব্যাখ্যা সর্বপ্রথম দ্বিজেন্দ্রলাল রায়ের নাটক পাষাণী (১৯০০) এবং সীতা (১৯০৮) থেকে পাওয়া যায়। যদিও এই নতুন ব্যাখ্যার প্রয়াসে পৌরাণিক আদর্শ খণ্ডিত হয়েছে। দ্বিজেন্দ্রলাল 'পাষাণী' নাটকে ইন্দ্র আর অহল্যার

চরিত্রটিকে নতুন রূপ প্রস্তুত করেছেন। উনি ইন্দ্রকে লম্পট এবং কামুক আর অহল্যাকে ব্যাভিচারিণী রূপে প্রস্তুত করেছেন। বঙ্গসমাজ পৌরাণিকতার এই আদর্শ খণ্ডনের তীব্র নিন্দা করে। দ্বিজেন্দ্রলাল 'পাষাণী' নাটকের সমস্ত দোষের পরিহার 'সীতা' নাটকে করেন। এখানে ঘটনার দিক থেকে পরম্পরার অনুসরণ করা হয়ে থাকলেও চরিত্রের ব্যাখ্যা নতুন যুগ অনুসারেই করা হয়েছে।

গদ্য

উনবিংশ শতাব্দীতে বাংলা ভাষায় গদ্য রচনা আরম্ভ হয়। বিভিন্ন রূপে লেখকেরা বাংলা গদ্যকে পুষ্ট করেছেন। অক্ষয় কুমার দত্তের 'ভারতবর্ষীয় উপাসক সম্প্রদায়' (প্রথম খণ্ড, ১৮৬০, দ্বিতীয় খণ্ড ১৮৮৩) একটি গুরুত্বপূর্ণ রচনা। তাঁর পূর্বে রামমোহন রায় বেদান্তকেই অধিক গুরুত্ব দিয়েছিলেন। অক্ষয়কুমার দত্ত পুরাণ, রামায়ণ, মহাভারতের গুরুত্ব সম্পর্কে বাংলা গদ্যে বিস্তৃত আলোচনা করেছেন। রামায়ণ, মহাভারত এবং পুরাণের মধ্যে তিনি রামায়ণকেই সবচেয়ে প্রাচীন মনে করেছেন। রামমোহন রায়ের পরে ঈশ্বরচন্দ্র বিদ্যাসাগর বাংলার সবথেকে গুরুত্বপূর্ণ ব্যক্তি ছিলেন। তাঁর সাহিত্য সাধনায় ব্যবহারিক উপযোগিতার সূত্র বিদ্যমান। জনশিক্ষাকে লক্ষ্য রেখেই তিনি তাঁর সাধনাকে এগিয়ে নিয়ে গেছেন। ভারতের গুরুত্বপূর্ণ প্রাচীন সাহিত্যকে তিনি বাংলায় প্রস্তুত করেছেন। রামকথার উপর ভিত্তি করে তিনি 'সীতার বনবাস' নামক গদ্য রচনা করেছেন। এখানে ভবভূতির উত্তররামচরিত তথা রামায়ণের উত্তরকাণ্ডকে ভিত্তি হিসাবে গ্রহণ করা হয়েছে। সমাজ সংস্কারের দ্বারা যেভাবে তিনি লোকমনকে প্রবুদ্ধ করতে চেয়েছিলেন ঠিক সেই ভাবেই 'সীতার বনবাস' এর মত সাহিত্যের মাধ্যমেও তিনি লোকমানসকে সঞ্জীবিত করতে চেয়েছিলেন। বিদ্যাসাগর অলৌকিকতাকে স্বীকার না করে রামকথাকে জীবনানুরূপে প্রস্তুত করেছেন।

'রামের রাজ্যাভিষেক' (১৮৬৯) তাঁর একটি সম্পূর্ণ রচনা। বিদ্যাসাগরের সমকালীন লেখকদের মধ্যে রাখালদাস সরকার রামচরিত (১৮৫৪), গোপালচন্দ্র চূড়ামণি - সীতাবিলাপ লহরী (১৮৫৬) এবং শ্রীমন্ত বিদ্যাভূষণ 'রামনিবাস' (১৮৬০) ও গদ্য রচনার মাধ্যমে রামকথা প্রস্তুত করেছেন।

বঙ্কিমচন্দ্র অবশ্য গীতা ও মহাভারতের গুরুত্বের বর্ণনাই করেছেন কিন্তু তাঁর গোষ্ঠীর কিছু লেখকেরা রামকথার উপর ভিত্তি করেই সাহিত্য রচনা করেছেন। এদের মধ্যে রমেশচন্দ্র দত্তের নাম উল্লেখযোগ্য। তিনি মহাভারতের সাথে রামায়ণেরও ইংরেজী অনুবাদ প্রস্তুত করেছেন। রামায়ণ বিষয়ক অনুবাদের পরিপ্রেক্ষিতে তিনি ভারতীয় জীবনে রামায়ণের অতুলনীয় প্রভাবের বর্ণনা করেছেন।

হরপ্রসাদ শাস্ত্রী গদ্যকাব্য (বাল্মীকির জয়) প্রস্তুত করেছেন। এখানে বশিষ্ঠের ইচ্ছা যে রাম পরম ধার্মিক হোক, বিশ্বামিত্রের ইচ্ছা যে রাম বীর এবং রাজনীতিজ্ঞ হোক কিন্তু বাল্মীকি দুজনের ইচ্ছাকে শিরোধার্য করার সাথে সাথে চান যে রাম একজন আদর্শ মানুষ হোক। বাংলা সাহিত্যে এটি একটি গুরুত্বপূর্ণ

রচনা। অভিনব কল্পনা এবং অদ্ভুত অভিব্যঞ্জনার দিক দিয়ে এটি একটি মৌলিক রচনা। বঙ্কিমচন্দ্রও এর প্রশংসা করেছেন।

রবীন্দ্রনাথ - ব্রাহ্ম সমাজের পরিবেশ বিকসিত হবার ফলে উপনিষদের প্রতি রবীন্দ্রনাথের বিশেষ আকর্ষণ ছিল কিন্তু রামায়ণ, মহাভারতের সাহিত্যিক গৌরব, জীবন আদর্শ এবং মানবীয় বার্তার গুরুত্বের বর্ণনাও তিনি করেছেন। বাল্যকাল থেকেই রামায়ণের প্রতি তাঁর কৌতূহল ছিল, এর প্রমাণ তাঁর বিভিন্ন প্রবন্ধ এবং সাহিত্যিক রচনা থেকে পাওয়া যায়।

রামায়ণের কথার মধ্যে রবীন্দ্রনাথ ভারতীয় ইতিহাসের সামাজিক বিকাশ দেখতে পান। এই ঐতিহাসিক বিকাশের তিনটি স্তরের তিনি নির্দেশ দিয়েছেন। প্রথম, আর্য - অনার্যদের সংঘর্ষ ও আর্যদের বিজয়। দ্বিতীয়, আর্যদের মনে রাক্ষস এবং অনার্য দ্বারা বাধার সৃষ্টি এবং শেষ পর্যন্ত বাধার সমাপ্তি ও কৃষির উন্মুক্ত বিস্তার, তৃতীয়, আর্যশক্তির মধ্যেই ক্ষত্রিয় এবং ব্রাহ্মণের সংঘর্ষ ও সমন্বয়। ভারতীয় ইতিহাসে প্রথমে ব্রাহ্মণদের প্রভুত্ব ছিল। ক্ষত্রিয়রা মাঝে-মাঝে তাদের আচার অনুষ্ঠান প্রধান সাধনার বিরোধিতা করেছে। রামায়ণে এই ঘটনারই প্রতিপাদন হয়েছে। রামায়ণের রাম এই ক্ষত্রিয় শক্তিরই পুরোধা। বিশ্বামিত্রের সান্নিধ্য থেকে রামচন্দ্র বিশিষ্ট আদি ব্রাহ্মণদের প্রভুত্বের বিরোধিতা করেন এবং বিজয় প্রাপ্ত করেছেন। এই বিজয়ের মূল মন্ত্র ছিল প্রেম ও ভক্তি। রবীন্দ্রনাথের মতে প্রেম আর ভক্তির ঘোষণা এবং স্থাপনা ক্ষত্রিয়দের দ্বারাই হয়েছিল। বিষ্ণুকে অবতার হিসাবে স্বীকার করা হয়। এই দুটিই ক্ষত্রিয়দের দ্বারাই হয়েছিল। এই সম্বন্ধে তিনি লিখছেন - 'প্রাচীন ভারতের পুরাণে যে দুই মানবকে বিষ্ণুর অবতার বলে স্বীকার করা হয়েছে, তারা দুজনেই ক্ষত্রিয়- শ্রীকৃষ্ণ ও রামচন্দ্র। এর থেকে এটা স্পষ্ট ভাবে বোঝা যায় যে ক্ষত্রিয়দের এই ভক্তি ধর্ম একদিকে শ্রীকৃষ্ণের উপদেশের দ্বারা এবং অন্যদিকে শ্রীরামচন্দ্রের জীবনের দ্বারা বিশেষ ভাবে প্রভাবিত হয়েছিল। কিন্তু ভারতীয় ইতিহাসে ব্রাহ্মণদের ব্রাহ্মণ্য ধর্ম এবং ক্ষত্রিয়দের ভাগবত ধর্ম-র মধ্যে দুপক্ষই কখনো নিরঙ্কুশ থাকতে পারেনি। দুজনকেই বোঝা-পড়া করতে হয়েছে।

রবীন্দ্রনাথের অনুমান ছিল বৌদ্ধ ধর্মের প্রভাব এই বোঝাপড়ার অন্যতম কারণ। ব্রাহ্মণরা ক্ষত্রিয়দের দেবতাদের স্বীকার করেছেন এবং ক্ষত্রিয়রা ব্রাহ্মণদের। রামায়ণে এর স্পষ্ট সঙ্কেত পাওয়া যায়। একদিকে রামচন্দ্র বর্ণভেদের উপরে বিরাজ করেন, গুহক তাঁর বন্ধু ও অন্যদিকে ব্রাহ্মণ ধর্মের প্রভাবের ফলস্বরূপ তিনি শূদ্র শম্বুককে হত্যা করেন। এই বোঝাপড়ার সময়কালেই ব্রাহ্মণদের দেবতা ব্রহ্মার গুরুত্ব ক্ষীণ হয় এবং ক্ষত্রিয়দের দেবতা বিষ্ণুর গুরুত্ব বৃদ্ধি পায়।

আধুনিক দৃষ্টিতে রবীন্দ্রনাথ রামায়ণকে একটি রূপক হিসাবেও দেখেছেন। এই রূপক রহস্যে সীতা হলেন হলরেখা, লক্ষ্মণ কৃষি সম্পদ, রাম নবদূর্বাদল সম্পন্ন শ্যামবর্ণ, অন্যদিকে রাবণ অমিত স্বর্ণ সম্পদা ও আসুরী বলের অধিকারী। ঐশ্বর্য্য থাকার কারণে রাবণ স্বর্ণমৃগ'র মায়া দেখিয়ে নিরীহ কৃষিজীবী

লোকেদের প্রলোভিত করে। রূপক হিসাবে রামায়ণকে বিচার করলেও রবীন্দ্রনাথ স্বয়ং এই কল্পনা প্রসূত রূপককে খুব বেশী গুরুত্ব দেন নি। তাঁর মতে রামায়ণের গুরুত্ব এই রূপকের জন্য নয় বরং এর মধ্যে যে মানবমহিমা বর্ণিত আছে তার জন্য - রামায়ণে প্রধানতঃ মানুষের সুখ-দুঃখ, বিরহ-মিলন, ভালো-মন্দের বর্ণনা করা হয়েছে। মানব মহিমাকে উজ্জ্বল রূপে প্রস্তুত করার জন্যই দানবেরও বর্ণনা করা হয়েছে (রক্ত করবী)। রামকথার উপর আধারিত রবীন্দ্রনাথের রচনায় মানবমহিমারই প্রকাশ দেখা যায়। রামায়ণের কথার উপর ভিত্তি করে রবীন্দ্রনাথ দুটি গীতিনাট্য 'বাল্মীকি প্রতিভা' ও 'কাল মৃগয়া' এবং কথাকাব্যর অন্তর্গত 'ভাষা ও ছন্দ' তথা 'পতিতা'র রচনা করেছেন।

'বাল্মীকি প্রতিভা'র অন্তর্গত রবীন্দ্রনাথের মানব ধর্মই দৃষ্টিগত হয়। এর বিষয়বস্তু আদি রামায়ণের উপর ভিত্তি না করে আধ্যাত্ম রামায়ণের উপর ভিত্তি করে তৈরী হয়েছে। এখানে দস্যু রত্নাকরের কাহিনীকে ভিত্তি করা হয়েছে কিন্তু নাম বাল্মীকিই রাখা হয়েছে। দস্যুনেতা বাল্মীকি নরবলির জন্য আনা এক বালিকাকে দেখে করুণা বিগলিত হয়ে ওঠে তাকে বন্ধনমুক্ত করে এবং তার মুখ থেকে 'মা নিষাদ' শ্লোক নির্গত হয়। 'কালমৃগয়া'র ঘটনা রামায়ণের অযোধ্যাকাণ্ড থেকে নেওয়া হয়েছে। আদিকাণ্ডর ঋষ্যশৃঙ্গ উপাখ্যানের উপর ভিত্তি করে 'পতিতা' কবিতার রচনা হয়েছে। 'ভাষা ও ছন্দ' কবিতা বাল্মীকির কবিত্ব লাভ প্রসঙ্গের উপর আধারিত। কিন্তু এর মধ্যে রামায়ণের মানব মহিমা আধুনিক রূপে অভিব্যক্ত হয়েছে। বাল্মীকি দেবতাদের বন্দনা করতে চান না, তিনি আদর্শ মানবের বন্দনা করতে চান।

এইভাবে সাহিত্যে রামায়ণের প্রেরণাও দেখা যায়। এই প্রেরণাকে রবীন্দ্রনাথ নিজের মানব প্রীতির সঙ্গে যুক্ত করে প্রস্তুত করেছেন। (তাঁর মতে 'রামায়ণে' এর নরচন্দ্রমা রাম এর কথা কোন দেবতার কথা নয়।) রামায়ণে কোন দেবতা নিজেকে হারিয়ে মানুষে পরিণত হয়নি বরং মানুষই তার নিজের গুণাবলীর জন্য দেবতা হয়ে উঠেছেন। (প্রাচীন সাহিত্য)

বাংলায় রামাবত ধর্মের বিশেষ প্রচার হতে পারেনি। এখানে রামকথার তুলনায় রাধাকৃষ্ণ তথা হরগৌরীর কথাই বিশেষভাবে প্রচলিত আছে। এই বিষয়ে রবীন্দ্রনাথের দুঃখ ছিল কারণ রামাবত ধর্মকেই তিনি পূর্ণ মানব ধর্ম বলে মনে করতেন। এই সম্পর্কে এক বিস্তৃত উদাহরণের দ্বারা রামায়ণ ও রামকথার প্রতি রবীন্দ্রনাথের বিচার ধারাকে বোঝা যেতে পারে। 'গ্রাম্য সাহিত্য' গ্রন্থের 'লোকসাহিত্য' শীর্ষক প্রবন্ধে রবীন্দ্রনাথ লিখছেন -

এই কথাটি স্বীকার করতেই হবে - পশ্চিমে যেখানে জনমানসে রামকথা বেশী প্রচলিত সেখানে বাংলায় পৌরুষের চর্চা অধিক।

আমাদের এখানে হর-গৌরীর আখ্যানে স্ত্রী-পুরুষ এবং রাধাকৃষ্ণর আখ্যানে নায়ক-নায়িকার সম্পর্ক নানা রূপে বর্ণিত আছে। কিন্তু তার ক্ষেত্র সঙ্কীর্ণ, তার মধ্যে সর্বাঙ্গীণ মনুষ্যত্বের প্রাপ্তি হয় না।

আমাদের এখানে রাধাকৃষ্ণের আখ্যানে সৌন্দর্যবৃত্তি তথা হরগৌরীর আখ্যানে হৃদয়বৃত্তির চর্চা হয়েছে কিন্তু তার মধ্যে ধর্ম প্রবৃত্তির অবধারণা হয়নি। তার মধ্যে বীরত্ব, মহত্ব, অবিচলিত ভক্তি এবং কঠোর ত্যাগের আদর্শ নেই। রাম-সীতার দাম্পত্য আমাদের এখানে প্রচলিত হরগৌরীর দাম্পত্যের তুলনায় শ্রেষ্ঠ, উন্নত এবং বিশুদ্ধ। তিনি যেমন কঠোর-গম্ভীর ছিলেন, ঠিক তেমনই স্নিগ্ধ কোমলও ছিলেন। রামায়ণে একদিকে যেমন দুরূহ কঠিন কর্তব্যের কথা বলা আছে ঠিক তেমনিই অন্যদিকে ভাবনার অপরিসীম মাধুর্যও আছে। তার মধ্যে দাম্পত্য, মাতৃত্ব, পিতৃভক্তি, প্রভুভক্তি, প্রজাবৎসলতা ইত্যাদি মানবতার সমস্ত উচ্চ আদর্শ বিদ্যমান আছে। তার মধ্যে সমস্ত প্রকারের হৃদয়বৃত্তির মহৎ ধর্মনিয়মের দ্বারা নির্দিষ্ট পদে সংযত হবার কঠোর নির্দেশও আছে। মানুষকে ব্যবহার করার এমন শিক্ষা কোন দেশে, কোন সাহিত্যে নেই। বঙ্গভূমিতে রামায়ণ কথা, হরগৌরী তথা রাধাকৃষ্ণের কথাকে ছাপিয়ে উঠতে পারেনি, এটা আমাদের দুর্ভাগ্য। রাম, যিনি যুদ্ধক্ষেত্র এবং কর্মক্ষেত্রকে নরদেবতার আদর্শ রূপে গ্রহণ করেছেন, তাঁর পৌরুষ কর্তব্যনিষ্ঠা ও ধর্মপরায়ণতার আদর্শ আমাদের তুলনায় উচ্চতর।'

আধুনিক বাংলা সাহিত্যে রামায়ণ ও রামকথার গুরুত্ব রবীন্দ্রনাথ পর্যন্তই সীমিত রয়ে গেছে। কেবল রামায়ণ অথবা মহাভারতই নয় রবীন্দ্র পরবর্তী বাংলা সাহিত্যে পৌরাণিকতার আধার ভূমিকেই সর্বথা পরিত্যাগ করেছে। রামায়ণের বিষয়ে দু-একটি গুরুত্বপূর্ণ আলোচনা গ্রন্থ অবশ্য প্রস্তুত হয়েছে। এর মধ্যে প্রবোধচন্দ্র সেন এর 'রামায়ণ ও ভারত সংস্কৃতি' তথা কেদারনাথ মজুমদারের 'রামায়ণ সমাজ' উল্লেখযোগ্য।

আধার গ্রন্থ -

১। **প্রাচীন ভারতীয় সাহিত্য ও বাঙালির উত্তরাধিকার** - *জাহ্নবী কুমার চক্রবর্তী।*

২। **পৌরাণিক সংস্কৃতি ও বঙ্গ সাহিত্য** - *শিবপ্রসাদ হালদার*

বাঙালী মুসলিম মানসে রামায়ণ

সামসুল নিহার

মুসলীম লোকেরা ভারতবর্ষে আসার বহু পূর্বে বাল্মীকির রামায়ণ রচনা করেছিলেন এবং তা হিন্দু সমাজে ব্যাপকভাবে প্রভাব বিস্তার করে। রামায়ণের আদর্শ ও তাতে বর্ণিত নানা কাহিনী ভারতে বসবাসকারী বিভিন্ন জনগোষ্ঠীর মধ্যে খুব জনপ্রিয়তা অর্জন করে। পরবর্তী কালে রামায়ণ বিভিন্ন আঞ্চলিক ভাষাতে অনুবাদিত হওয়ায় তার জনপ্রিয়তা ও প্রভাব আরো ব্যাপকভাবে প্রসারিত ও গভীর হয়। বাংলাতে দীর্ঘদিন মুসলিম শাসক ও শাসন ব্যবস্থায় অরাজকতা থাকার জন্য বিশৃঙ্খল সমাজে কোনো সাহিত্য রচিত হয় নি। চতুর্দশ শতাব্দীর গোড়ার দিকে ইলিয়াস শাহির রাজত্বকালে শান্তি-শৃঙ্খলা কিছুটা ফিরে আসায় বাংলাদেশে পুনরায় সাহিত্য চর্চা শুরু হয়। সেই সময় থেকে মুসলিম শাসন ব্যবস্থায় হিন্দুরাও কর্মচারী হিসাবে নিযুক্ত হতে থাকে। সুলতানদের অসাম্প্রদায়িক মনোভাবের জন্য হিন্দু কবিরাও রাজসভাতে প্রশংসা ও পৃষ্ঠপোষকতা লাভ করে। কেবল রাজদরবারেই নয় উভয় সম্প্রদায়ের ধর্ম, সংস্কৃতি ও সামাজিক জীবনেও পারস্পরিক ভাব আদান প্রদানের ফলে সমাজে স্থিতাবস্থা আসে। এন.এ. সিদ্দিকী তাঁর 'মোগল রাজত্বে ভূমি-রাজস্ব পরিচালন ব্যবস্থা' গ্রন্থে জানিয়েছেন; "মাদাদ মাস নামক বৃত্তিভোগীগণ কালক্রমে স্থানীয় উৎসবাদিতে যোগদান করতে আরম্ভ করেছিলেন। কিন্তু যোগদানের অর্থ এটা নয় যে, তাঁরা ঐ সব উৎসবাদির মূল দর্শনের সাথে একমত হয়েছিলেন। প্রচলিত সামাজিক প্রথা হিসাবে এই সকল উৎসবে যোগদান করার ফলে বিধর্মী হলেও গ্রামীণ জীবনেব সার্বজনীন সমস্যাগুলি জানার জন্য গ্রামবাসীদের সাথে - যাদের সাথে একযোগে মোকাবিলা করতে হবে - যুগ্মভাবে উৎসবের আনন্দ ভোগ করতেন। এইভাবে মুসলমান সম্প্রদায়ের দৈনন্দিন জীবন থেকে গ্রামের সরল হিন্দু অধিবাসীগণ মুসলিম সংস্কৃতি ও ধর্ম সম্পর্কে অনেক কিছুই জানতে পারতেন।" ঠিক একই ভাবে মুসলিমরা ও হিন্দু সংস্কৃতি ও ধর্ম সম্পর্কে জানতে পারে। এই ভাবেই বাংলার মুসলিম শাসকরাও ধীরে ধীরে বাংলাদেশ ও বাংলা ভাষাকে ভালোবেসে ফেলে। বাংলার সভ্যতা সংস্কৃতির পর তাঁরা বাংলা সাহিত্যের প্রতিও আকৃষ্ট হন। রাজসভাতে নিযুক্ত হিন্দু পণ্ডিতদের কাছ থেকে তাঁরা রামায়ণ, মহাভারত, ভাগবত প্রভৃতির কাহিনী শোনেন। সেই সকল পুরাণ কাহিনির প্রতি তাঁরা আকৃষ্ট হয়ে হিন্দু পণ্ডিত ও কবিদের দিয়ে রামায়ণ, মহাভারত ও ভাগবতের বঙ্গানুবাদ করান। এখানেই

থেমে থাকেন নি তাঁরা। এইজন্য তাঁরা কবিদের নানা পুরস্কার ও উপাধী দিয়ে অনুপ্রাণিত করেন। অতুল সুর তাঁর 'বাংলার সামাজিক ইতিহাস' গ্রন্থে জানিয়েছে; "বস্তুত এ যুগের অনেক মুসলমান শাসনকর্তাই উৎসাহিত করেছিলেন অনুবাদ কাব্য রচনায় বহু বাঙালী কবিকে - তাঁদের পৃষ্ঠপোষকতা, অর্থ, ভূমিদাস ও রাজকীয় উপাধী দিয়ে। বলাবাহুল্য এই সকল অনুবাদ কাব্য - সাহিত্যের মারফৎ হিন্দু সমাজের সংস্কৃতি ও আদর্শ আবার সঞ্জীবিত হয়ে উঠেছিল।"

গৌড়েশ্বর রুকনুদ্দিন বরবকশাহ ভাগবত অনুবাদের জন্য মালাধর বসুকে 'গুণরাজ খান' উপাধি প্রদান করেন। পরাগল খান ও তার পুত্র ছুটি খান হিন্দু কবিদের দিয়ে মহাভারত অনুবাদ করান। সুখময়

মুখোপাধ্যায় তাঁর 'বাংলা ইতিহাসের দুশো বছর' গ্রন্থে রুকনুদ্দিন বরবকশাহ সম্পর্কে বলেছেন, "প্রকৃত পক্ষে তাঁর মতো অসাম্প্রদায়িক মনোভাবাপন্ন নরপতি বাংলার ইতিহাসে তো বটেই ভারতবর্ষের ইতিহাসেও দুর্লভ।" তিনি নানা যুক্তি দিয়ে একথা প্রমাণ করেছেন। কবি কৃত্তিবাস তো রুকনুদ্দিনের রাজসভাতে গিয়েছিলেন। তাঁর পৃষ্ঠপোষকতাতেই তিনি রামায়ণ রচনা করেন। এই সকল হিন্দু কবি ছাড়াও বাগদাদের খলিফা হারুন-অল-রশিদ বিভিন্ন ভারতীয় শাস্ত্রগ্রন্থের সঙ্গে রামায়ণ ও মহাভারতের পারসী ভাষাতে অনুবাদ করেন। ষোড়শ শতকের সম্রাট আকবর ভারতীয় বিভিন্ন সাহিত্য যেমন রামায়ণ এবং মহাভারত অনুবাদ করান। ৯৯৯ হিজরি অব্দে জমাদি উল অব্বল মাসে রামায়ণ অনুবাদ শেষ করেন। রামায়ণের কাহিনী ভারতবর্ষ ছাড়াও ইরান, পারস্য, তুর্কিস্থান প্রভৃতি দেশে ছড়িয়ে পড়ে। সেই সঙ্গে রামায়ণের কাহিনী ভারতবর্ষের সর্বত্র ও সর্বশ্রেণীর মানুষের মধ্যে মুখে-মুখে ছড়িয়ে পড়েছিল। উক্ত সকল হিন্দু কবি ও অন্য ভাষা-ভাষির কবি ছাড়াও মধ্য যুগে ছাদেক আলী নামক একজন রামায়ণ রচয়িতার নাম পাওয়া যায়। অমিয়শঙ্কর চৌধুরী তাঁর 'বাংলা রামায়ণের কবি' গ্রন্থে বাংলার রামায়ণ রচয়িতাদের যে তালিকা দিয়েছেন সেখানে ছাদেক আলীর নামটি পাওয়া যায়। তিনি 'রাম বনবাস' নামে একটি অধ্যায় রচনা করেন।

দীর্ঘকাল ধরে বাঙালি হিন্দু সমাজের পাশাপাশি বাঙালি মুসলিমরা বসবাসের ফলে উভয় সম্প্রদায়ের সাধারণ মানুষের মধ্যে একটা আত্মিক সম্পর্ক গড়ে ওঠে। তারা নিজেদের ধর্মীয় বিশ্বাস ও সংস্কারকে বাঁচিয়ে সসম্মানে সেই সম্পর্ককে রক্ষা করেছে। তা সত্বেও হিন্দু সমাজের লোকজীবন থেকে মুসলিম লোকজীবন সম্পূর্ণ স্বতন্ত্র ছিল। তাদের লোকজীবনের একটা নিজস্ব রীতির মধ্যে দিয়েই ধর্ম প্রচারক পির-গাজিরা তাদের দেবতায় পরিণত হয়েছে। আবার কোথাও কোথাও হিন্দু দেবতারাও তাদের কাছেও দেবতার আসন পেয়েছে। সুকুমার সেন তাঁর 'মুসলিম কবিদের অবদান' গ্রন্থে বলেছেন "ইসলাম ধর্মের পুরাণ পাঁচালী পেয়েও মুসলমান জনসাধারণ বাংলা সাহিত্যের সাধারণ ধারাকে বর্জন করে নি। পঞ্চদশ - ষোড়শ শতকে যেমন অষ্টাদশ শতকেও তেমনি সব মুসলমান লোকেদের কাছে রামায়ণ মহাভারতের কাহিনী অত্যন্ত রুচিকর ছিল।"

কৃত্তিবাস রচিত রামায়ণে যে যাদু ছিল তা থেকে বাঙালী মুসলিম জনজীবনও দূরে থাকতে পারে নি। এর একটা বড় কারণ হল বাঙালি মুসলিমদের নিজস্বতা। বাংলা মুসলিম সমাজ ভারতবর্ষের অন্যান্য প্রান্তের মুসলিমদের চেয়ে সম্পূর্ণ স্বতন্ত্র ছিল। তাদের জীবনাচরণ ও জীবনদর্শনে একটা নিজস্ব ধরণ আছে যার সঙ্গে পশ্চিমবঙ্গে বসবাসকারী উর্দুভাষী মুসলিমদের একসাথে মেলানো কঠিন। বাঙালী মুসলিম লোকাচার হিন্দু-মুসলিম দুই সম্প্রদায়ের লোকাচারের সমন্বয়। তবে একথাও সত্য যে সাধারণ বাঙালি মুসলমান বিশেষভাবে রামায়ণ পড়ে না। শিক্ষিত মানুষদের মধ্যে যদি সমীক্ষা করা হয় তাহলে দেখা যাবে অধিকাংশ শিক্ষিত মানুষ বিশেষ ভাবে রামায়ণ জানেন না। তা বলে তাঁরা রামায়ণের নাম শোনেন নি বা

রামায়ণের কোনো কাহিনী বা গল্পকথা কেউ কখনো শোনেন নি বা জানেন না এমন কথা কেউ বলবেন না। যেখানে সাধারণ হিন্দু জনসমাজে ও জনমানসে রামায়ণকথা ছড়িয়ে আছে মুসলিম সমাজেও সেইভাবেই ছড়িয়ে আছে। রামায়ণের প্রত্যক্ষ প্রভাব মুসলিম সমাজে না পড়লেও এর পরোক্ষ প্রভাব মুসলিম সমাজে যথেষ্টই আছে। কেমন ভাবে? দেখা যাক - বলা হয় "প্রবাদ গোষ্ঠী জীবনের অভিজ্ঞতার সংক্ষিপ্ততম সরস অভিব্যক্তি।" কোনো জাতি বা সম্প্রদায়ের মানুষের সমাজ জীবনকে জানতে হলে প্রবাদ সবচেয়ে গুরুত্বপূর্ণ মাধ্যম। এর মধ্যে দিয়েই অভিব্যক্ত হয় সমাজ জীবনের বাস্তব অভিজ্ঞতা। থাকে শুধুমাত্র সমাজ জীবনের আলোচনা। মুসলিম জনজীবন খুব সূক্ষ্ম পর্যবেক্ষণ করলে দেখা যাবে তাদের জীবনাচরণে রামায়ণ কিভাবে সম্পৃক্ত তা নানা প্রবাদের মধ্যে দিয়ে বোঝা যায় যে তারা রামায়ণের দ্বারা কতটা প্রভাবিত। বাঙ্গালী মুসলিম জীবনের সঙ্গে ওতপ্রোত ভাবে জড়িয়ে আছে এবং উঠতে বসতে যে প্রবাদগুলি তারা বংশপরম্পরায় ব্যবহার করে আসছে তেমনি কিছু প্রবাদের উল্লেখ করছি।

যেমন- ১) যে যায় লঙ্কায় সে হয় রাবণ।

২) একা রামে রক্ষা নেই সুগ্রীব দোসর।

৩) ঘর শত্রু বিভীষণ।

৪) সে রামও নেই সে অযোধ্যাও নেই।

৫) রাবণের লঙ্কা পুরে ছারখার।

৬) এই যদি ছিল তোর মনে তবে সাগর বাঁধলি কেনে।

৭) সাতকাণ্ডের রামায়ণ পড়ে জিজ্ঞাসা করে সীতা রামের কে।

৮) যখন রাম বনে যাবে তখন ভরত রাজা হবে।

৯) নিজের পায়ে নিজে কুড়ুল মারা।

১০) বামন হয়ে চাঁদে হাত।

১১) পিপিলিকার পাখা গজায় মরিবার তরে।

রামায়ণ সংক্রান্ত উক্ত সকল প্রবাদগুলিতে ব্যবহৃত শব্দ এবং বাচনভঙ্গিতে কিছুটা পরিবর্তন করে মুসলিম সমাজে লোকেরা ব্যবহার করে থাকে। এই সকল প্রবাদগুলি ছাড়াও কিছু শব্দ ও জোড়াশব্দ আছে যেগুলি প্রবাদের মতই এই সমাজের লোকভাষার সঙ্গে মিশে আছে। যেমন- স্বর্ণমৃগ, সতীত্ব, অগ্নিপরীক্ষা, লঙ্কাকাণ্ড, লক্ষণরেখা, হলকর্ষণ, ধনুকভাঙ্গ পণ, কুটিল মন্থরা, গন্ধমাদন, রাবণের গুষ্ঠি, রাবণের মত চেহারা, রাবণের চিতা, ভূতের মুখে রামনাম, কুম্ভকর্ণের ঘুম, মরণকালে রাম নাম ইত্যাদি। রামায়ণ সম্বন্ধিত এই সকল শব্দ ও বাক্যগুলি রামায়ণের এক একটা কাহিনীর প্রতিনিধিত্ব করে। মুসলিম সমাজের মানুষ সেই কাহিনীগুলিকে জানে বলেই কোন ঘটনার পরিপ্রেক্ষিতে কোন শব্দটা প্রযোজ্য সেটাও

বোঝে। এজন্য বাস্তব জীবনে ঘটা কোনো ঘটনা বা সমালোচনার জন্য যেটা উপযুক্ত বা যে শব্দ-প্রবাদ বা বাক্য দ্বারা সেই বক্তব্য বা ভাবকে যথার্থ ভাবে প্রকাশ করা যায় সেটাকেই তারা ব্যহার করে। আর সেইগুলি ঘটনার পরিপ্রেক্ষিতে সেই মুহূর্তেই খুব স্বাভাবিক ও স্বতস্ফূর্ত ভাবেই ভিতর থেকে বেড়িয়ে আসে। আসলে রামায়ণের কাহিনি পাঁচালির গান, পুতুল নাচ, পটচিত্র, পরী সম্বন্ধিত গান, ঝুমুর, ছৌনাচ ও লৌকিক ধাঁধাঁ প্রভৃতির মধ্যে দিয়ে জাতি ধর্ম নির্বিশেষে রাজার অট্টালিকা থেকে দরিদ্রের পর্ণকুটিরে সমান ভাবেই প্রচারিত হয়েছে ও জনপ্রিয়তা পেয়েছে। এভাবেই অবালবৃদ্ধ-বণিতার মধ্যে রামায়ণ কাহিনী ছড়িয়ে পড়েছে এবং পরিচিতি ও জনপ্রিয়তা পেয়েছে।

রামায়ণ থেকে উপাদান নিয়ে গীতিকার হাতে কল্পনার রস সিঞ্চিত করে, আপন মনের মাধুরি মিশিয়ে গান রচনা করতেন। এমনই একজন পল্লী সঙ্গীতের রচয়িতা জোকর আলির নাম পাওয়া যায়। যিনি কৈকেয়ীর নিষ্ঠুরতা বিষয়কে কেন্দ্র করে গান রচনা করেন। এই রকম কোনো কোনো পালাতে মুসলিম কুশীলবদের অভিনয় করতে দেখা যায়। দীর্ঘদিন পাশাপাশি বসবাসের ফলে এই সকল প্রভাবকে অস্বীকার করা যায় না। শুধু রামায়ণ কেন বিভিন্ন পুরাণ কাহিনীর কিছু না কিছু প্রভাব প্রতিবেশী জনগোষ্ঠীর মধ্যে থেকেই গেছে। যা তারা বংশ পরম্পরায় ঐতিহ্যের মত বহন করে চলেছে।

সহায়ক গ্রন্থ ও প্রবন্ধ -

১. অতুল সুর, **বাংলার সামাজিক ইতিহাস**।

২. **অসিত**।

৩. এন.এ. সিদিকী, **মোগল রাজত্বে ভূমি-রাজস্ব পরিচালন ব্যবস্থা**।

৪. ডা. বাণী দাশ, **বাংলা সাহিত্য ও বাঙালীর জাতীয় জীবনে রামায়ণ**।

৫. সুখময় মুখোপাধ্যায়, **বাংলার ইতিহাসের দুশো বছর**।

৬. সুকুমার সেন, **মুসলিম কবিদের অবদান**।

৭. আমিনুল ইসলাম, **ভারতে ধর্মনিরপেক্ষতার ঐতিহাসিক পটভূমিকা (প্রবন্ধ)**, মূল পত্রিকা - বর্ণপরিচয়, সপ্তম সংখ্যা।

বাঙালী মানস এবং রামায়ণ কথা

রামবহাল তেওয়ারী

বেদ-উপনিষদে ধ্বনিত ভারতাত্মার মঙ্গলবাণী রামায়ণ-মহাভারত এবং অন্যান্য মহাগ্রন্থ এবং মধ্যযুগের সন্ত সম্প্রদায় প্রভৃতির কৃপায় প্রবাহিত হয়ে জনগণের মধ্যে প্রবেশ করেছে। এই প্রবেশের পিছনে ভারতীয় সাধক রবীন্দ্রনাথ ঠাকুরের (১৮৬৯-১৯৪৯)-এর অবদান বিশেষভাবে উল্লেখ্য। তাঁর মঙ্গলচিন্তা ভারতীয় বার্তাকে আমাদের মধ্যে পৌঁছেই তৃপ্ত হয় নি, মৈত্রী মিলন উন্নয়ন এবং অন্যবিধ বিশিষ্টাতার সঙ্গে তাকে বিশ্বের দরবারে পৌঁছে দিয়েছে। আধ্যাত্মিক এবং মানবিক দৃষ্টিতে ভারত আজ বিশ্বের অনন্য গর্বোন্নত দেশের শিরোপা লাভ করেছে। এই পবিত্র দেশের সন্তান হয়ে আমাদেরও গর্ব এবং আনন্দের সীমা নেই।

ভারতীয় জীবনকে গড়ে তোলা এবং অগ্রসর করার ক্ষেত্রে রামায়ণ ও মহাভারতের শিক্ষা ও সহযোগের সীমা পরিসীমা নেই। তারই ফলস্বরূপ ভারত আজ তার ভৌগোলিক সীমার বাইরে মহাভারত রূপে সুদূর বিস্তার লাভ করেছে। এই প্রসঙ্গে সহজেই স্মরণে আসে গোস্বামী তুলসীদাসের রামচরিত মানসের প্রসঙ্গ। এই রামায়ণ কৃতিটি বহির্ভারতের নানা দেশে পরমশ্রদ্ধার সঙ্গে পরমসম্পদ হিসাবে সংগৃহীত, সংরক্ষিত পঠিত ও জীবনে অনুসৃত হয়ে ভারতীয় জীবনের নির্যাস ও সৌরভ সম্প্রসারিত করছে।

আমাদের তো জানাই আছে যে, রামায়ণে প্রদর্শিত সহজ-সরল-সাদা-সিধে পারিবারিক জীবনের আদর্শ যুগ পরম্পরায় মানব সমাজকে সমৃদ্ধ এবং গৌরবশালী করে চলেছে। রামায়ণ কাহিনীর রামচরিত্রের মহত্ত্ব, লক্ষ্মণ ও ভরতের কর্তব্যনিষ্ঠা ও মাতৃভক্তি, সীতা চরিত্রের অনন্ত মহিমা ও মাধুরী ঊর্মিলার আত্মবিলোপ, হনুমানের অনন্য ভক্তি ও কর্তব্যপরায়নতা - এ-সবকিছুই তো আমাদের হৃদয়ের পরমসম্পদ। ভারতে এবং ভারতের বাইরে বিভিন্ন ক্ষেত্রে বসবাসকারী ভারত সন্তানেরা এ-সবই তাঁদের আঞ্চলিক জীবন-যাপনের মধ্যে বরণ করে নিয়ে গভীর ভাবে আপন করে নিয়েছেন। বাল্মীকি রামায়ণের সীতা ক্ষত্রিয়ানী-বীরাঙ্গনা। কিন্তু বাঙালি কবি কৃত্তিবাসের এবং অপরাপর বাঙালি কবি দ্বারা অংকিত সীতা চরিত্রটি বাংলার গৃহস্থ পরিবারের গৃহ বধুতে রূপান্তরিত হয়েছে। বাঙালি-মন 'জনমদুঃখিনী' সংকোচশীলা, লাজুক গৃহবধূ সীতার পুণ্য-পবিত্র চরিত্রটিকে পরমশ্রদ্ধার সঙ্গে ব্যাকুল হৃদয়ে পূজা করে। এই 'জনমদুঃখিনী' কিন্তু পতিপ্রেমে অনন্যা স্বামীর জীবনাদর্শে ধন্য 'রামের ঘরণী'ই পরবর্তী কালে চৈতন্য ঘরণী বিষ্ণুপ্রিয়া এবং

আরো পরে রামকৃষ্ণ পরমহংস পত্নী সারদা দেবী রূপে আবির্ভূত হয়ে ধন্য করেছেন - বাঙালি জীবনকে। খেয়াল করলে বুঝতে অসুবিধা হয় না যে, মধ্যযুগের রাজস্থানের রাজপুতানী চরিত্রের উৎস তো সীতাই। আবার উত্তর ভারতে তুলসীদাস প্রমুখ সন্তকবিদের কলমে সীতার লজ্জাশীলা কিন্তু তেজদৃপ্ত গৃহবধূর রূপ সশ্রদ্ধচিত্তে অংকিত হয়েছে।

সব মিলিয়ে কৃত্তিবাসী রামায়ণে আমরা সহজ-সরল অনাড়ম্বর ভাষায় রামায়ণ কাহিনীকে 'স্বেমহিন্নী' পাই। তাতে সংক্রমিত উপাখ্যান সমূহে আমরা ধরাধামে অবতীর্ণ দেবতা রামচন্দ্রকে ললিত-কোমল, স্নেহপ্রবণ এবং ভক্তবৎসল দেব প্রকৃতিরূপে পেয়ে ধন্য হই। আর পাই রামায়ণে নিহিত কাব্য-প্রাণতা যার সাহায্যে মানুষের মনে কাব্যামৃত-রসাস্বাদের অনুভূতি নবীন চেতনা, নূতন উমঙ্গ নবজীবন তথা নবমূল্যায়ণ প্রবণতা জেগে ওঠে। যার ফলে সামগ্রিকভাবে কেবল পারিবারিক, সামাজিক বা রাষ্ট্রীয় (জাতীয়) জীব রূপেই নয়, উপরন্তু সাধারণভাবে মানুষকে সংযত-পবিত্র ও উন্নত করে পরিপূর্ণ বানানোর প্রক্রিয়া শুরু হয়ে যায়। এই প্রসঙ্গে আচার্য সুনীতি কুমার চট্টোপাধ্যায়ের একটি উক্তি মনে পড়ে যায়। তিনি লিখেছেন, "এই জন্য রামায়ণ-মহাভারত, ইহুদী পুরাণ, কালিদাসের নাটক ও কাব্য, ইরানী ইতিহাস-কথা শাহনামা, গ্রীক মহাকাব্য ইলিয়ড ওডিসি, গ্রীক ট্রাজেডি নাট্য সম্রাট শেক্সপীয়ারের নাটক, গেটের রচনাবলী, রবীন্দ্র-রচনাবলী প্রভৃতি মহান গ্রন্থের উজ্জ্বল প্রকাশ সার্থকতা পায়।" - (কৃত্তিবাসী রামায়ণ (১৩৬৪ বঙ্গাব্দ), ভূমিকা, পৃষ্ঠা-১)

কৃত্তিবাসী রামায়ণকে বাঙালীর জাতীয় কাব্য বলা যেতে পারে। বাঙালী জীবনের গঠনে রামায়ণ-মহাভারতের অবদান অবশ্য স্বীকার্য। তাই তো বঙ্গপল্লীর কুমারী মেয়েরা বৈশাখী পুণ্য তিথিতে প্রত্যাশিত ব্রত সম্পন্ন করে অন্তরের কামনা ব্যক্ত করেন এই ভাবে -

সীতার মতন সতী হব

বামচন্দ্রের পতি পাব

লক্ষ্মণের মত দেওর হ'বে

কৌশল্যার মত শ্বাশুড়ী হ'বে

দশরথের মত শ্বশুর হ'বে।

পতির কোলে পুত্র দোলে একগলা গঙ্গাজলে

মরণ হৌক হরির চরণ তলে।

এ-থেকেই বোঝা যায় যে বাঙালির হৃদয়ে বিশেষ করে নারী সমাজে রামায়ণকথা এবং তার পাত্র-পাত্রীদের চারিত্র্য-মাহাত্ম্য কত গভীর ভাবে সক্রিয় ছিল। আর 'হরিচরণে মরণের কামনা'র ইচ্ছাটি বিশেষ করে লক্ষ করার মতো। খ্রীষ্টিয় নবম-দশক বা তারো আগে থেকেই বাংলায় বৌদ্ধসহজিয়া সাধনার ধারা

সুপ্রতিষ্ঠিত হয়ে যায়। পরবর্তীকালে এখানে রাধাকৃষ্ণলীলা, গৌড়ীয় বৈষ্ণব সাধনা, শাক্ত ও শৈব সাধনাও প্রতিষ্ঠা লাভ করে। সুতরাং একদিকে যেমন আমরা বাঙালীর হৃদয়-মন বিভিন্ন ধর্মসম্প্রদায়ে বিভক্ত পাই, তেমনি অন্যদিকে নানা ধর্মসম্প্রদায়ের মূলনীতিসমূহের সারকে একত্রিত করে যেন পরোক্ষভাবেই সবাইকে সমন্বিত করার সাধনায় নিরত দেখতে পাই বাঙালি চিত্তকে। মধ্যযুগের বাংলা সাহিত্য এবং বিশেষ করে আধুনিকযুগের রবীন্দ্র সাহিত্য তার উৎকৃষ্ট এবং বলিষ্ঠ নিদর্শন।

এই সমন্বয় ভাবনাটি আমরা কৃত্তিবাস ওঝার (১৪৪৩-১৪৯০) রচনাতেও প্রত্যক্ষ করি। তাতে বৈষ্ণব ধর্ম ও শাক্ত ধর্মের গুরুত্ব লক্ষ করার মতো। লক্ষ করার মতো হলো - বাংলায় বৈষ্ণব ধর্ম ও শাক্ত ধর্মের গতি-প্রকৃতি, উদ্ভব এবং ক্রম বিকাশ যা চৈতন্যদেব এবং কৃষ্ণানন্দ আগামবাগীশের ধর্ম ভাবনায় পরিপুষ্ট হয়েছে। কিন্তু এক্ষেত্রে বিশেষ দ্রষ্টব্য হল চৈতন্যদেব - আগম বাগীশ প্রমুখের আবির্ভাবের পঞ্চাশ বছর আগেই কৃত্তিবাসের রামায়ণে বৈষ্ণব ও শাক্ত ধারার ছায়াপাত সংঘটিত হয়েছে, যাকে সহজেই সমসাময়িক বাঙালি-সমাজের ধর্মচেতনা ও চিন্তা ধারার প্রতিফলন হিসাবে গ্রহণ করা যায়। কারণ কৃত্তিবাস ছিলেন বিশেষভাবে একজন সমাজসচেতন কবি, বাঙালির সমাজ-ভাবনার দ্বারা প্ররোচিত হয়ে, প্রভাবিত হয়ে তিনি বাল্মীকির কাব্যকাহিনী কে মাঝে-মাঝে গৌণতা প্রদান করেছেন। কৃত্তিবাস বলেছেন - "শমন-ভবন না হয় গমন/যে লয় রামের নাম।" অর্থাৎ রামের স্মরণ করলে মৃত্যুকে এড়ানো যায়। রামনামের এই মহিমাই পরবর্তীকালে মহাপ্রভু চৈতন্য দেবের মুখে যেন মহামন্ত্র হয়ে আত্মপ্রকাশ করেছে - 'হরেনমি, হরেনমি, হরেনামৈব কেবলম্।" অন্যদিকে সামাজিক চিন্তা-ভাবনার দিক দিয়ে কৃত্তিবাস রাবণবধের পূর্বে যেভাবে আদ্যাশক্তির আরাধনার সফল প্রতিষ্ঠা করেছেন, তা আজও শ্রদ্ধা এবং পূর্ণ আস্থার সঙ্গে শারদীয়া 'দুর্গাপূজা' রূপে অনুষ্ঠিত হয়ে আসছে। ভাবতে ভালো লাগে এই দুর্গাপূজার উৎসব ও আনন্দ প্রতিটি বাঙালি গৃহে এমন কি ভারতের সর্বত্র এবং পৃথিবীর বিভিন্ন অংশেও অনুষ্ঠিত হচ্ছে। সে সব ক্ষেত্রে বাঙালি অবাঙালি, ভারতীয়-অভারতীয় ভেদ কোথায় উবে যাচ্ছে। রামায়ণ কথাকে কেন্দ্র করে বিশ্বকে বাঙালি চিত্তের এ-এক অতুলনীয় দান।

বাল্মীকির কাহিনী থেকে পৃথক কৃত্তিবাসের নিজস্ব সংযোজন গুলির মধ্যে আমরা তরণী সেন ও বীরবাহু নামের দুটি চরিত্রের উল্লেখ করতে পারি। এঁদের সৃজনে কৃত্তিবাস তাঁর হৃদয়ের বৈষ্ণবী সত্তাকে পুরোপুরি টেনে দিয়েছেন। বিভীষণের সন্তান তরণী সেন অনন্য রামভক্ত। তিনি রামের বাণে মৃত্যুলাভ করে স্বর্গে যেতে ইচ্ছুক। ঠিক এই কথাই রাবণপুত্র বীরবাহু সম্পর্কেও প্রযোজ্য। যুদ্ধক্ষেত্রে উভয়েই দুর্জয় হয়ে উঠেছেন। হনুমান, অঙ্গদ, সুগ্রীব, লক্ষ্মণ প্রভৃতি বীরেরা তাঁদের প্রহারে অজ্ঞান হয়ে পড়েছেন। এই দুই বীরেরই অভিপ্রায় রামের হাতে মৃত্যুবরণ। কারণ তাহলেই পরমগতি লাভ করে বৈকুণ্ঠে চলে যাবেন। রামকে প্রণাম করেই তারা লড়াই শুরু করে। তেমনি বীরবাহুর মৃত্যুও পরমকরুণার উদ্রেক করে।

তাঁদের স্তব-স্তুতিতে রামচন্দ্র এতদূর প্রভাবিত হয়েছে যে, তাঁর মুখে উচ্চারিত হল -

কার্য নাই সীতা পায়, না যাইব এই রাজ্যেতে।

কেমনে মারিব বা ভক্তের দেহতে আজ॥

লক্ষণীয় - তরণী সেন তথা বীরবাহুর মৃত্যু প্রসঙ্গে উৎসারিত করুণ রস অনন্যতা লাভ করেছে। এই স্তরের আরো অনেক প্রসঙ্গ এবং ঘটনা আছে, যা করুণ রসের খনি স্বরূপ। সেইজন্য গ্রাম-বাংলার বাঙ্গলী মনে আজও উচ্চারিত হয় -

কির্তিবাস পণ্ডিতের সকরুণ বাণী,

হিয়া তোলপাড় করে চক্ষে পড়ে পানী॥

সুতরাং বঙ্গীয় পন্ডিত কৃত্তিবাসের সকরুণ বাণী মনকে নাড়িয়ে দেয়, চোখে জল এনে দেয়। রামায়ণ বাঙ্গলীর চিন্তা-ভাবনা তথা রামায়ণকে জাতীয় পরমসম্পদ রূপে গ্রহণ এবং জীবন-যাত্রায় সশ্রদ্ধ চিত্তে অনুসরণের বিশেষত্বগুলি লক্ষ করে আমাদের বিস্ময়ে অভিভূত হতে হয়। এই সব বিশিষ্টতা তুলসী-রামায়ণেও আছে কিন্তু তার প্রক্রিয়া এবং প্রতিক্রিয়া ভক্তিভাবের সাথে জড়িত হওয়ায় কিছুটা আলাদা। এই পার্থক্য স্বাভাবিক এবং প্রত্যাশিত।

২

সাধারণভাবে রবীন্দ্রনাথকে সমাজের উচ্চবর্গীয় শিক্ষিত বুদ্ধিজীবী সম্পদশালী রুচিবান এবং উচ্চ ভাবনাচিন্তার নাগরিকদের কবি বলে মনে করা হয়। কিন্তু তাঁর ভাবনা ও ভাবুকতা স্বদেশের তথা বিশ্বের আপামর জনগণের সহকারিতায় একটি কল্যাণময় বিশ্বের সৃষ্টিতে সফলতার প্রত্যাশী ছিল। ছেলেবেলা থেকেই কৃত্তিবাসী এবং তুলসীদাসী রামায়ণের পঠন ও গায়নের শ্রবণ মাধুরীতে আকৃষ্ট হয়ে রামায়ণের প্রতি তার মনে যে আকর্ষণ জন্মায়, আনুকূল্য পেয়ে ধীরে ধীরে তা ক্রমে গভীর, গম্ভীর ও ব্যাপক হয়ে উঠতে থাকে। যার ফলস্বরূপ সংস্কৃত, বাংলা এবং হিন্দী রামায়ণের পঠন-পাঠন, বিচার-বিশ্লেষণ এবং ভারতীয় জীবনে তার প্রভাব ও প্রতিপত্তি প্রভৃতি বিষয়ে রবীন্দ্রনাথের ব্যক্তিগত ধ্যান-ধারণার স্বরূপ যেমন বিচিত্র তেমনি অনন্য রূপ নেয়। কৃত্তিবাসী রামায়ণের পাঠবিষয়ে একদিনের স্মৃতি চর্চা করে তিনি জীবনস্মৃতিতে লিখেছেন।

"সেদিন মেঘলা করিয়াছে ... দিদিমা, আমার মাতার কোনো এক সম্পর্কে খুড়ী, যে কৃত্তিবাসের রামায়ণ পড়িতেন, সেই মারবেন কাগজ মণ্ডিত কোণ-ছেঁড়া-মলাট-ওয়াল মলিন বইখানি কলে লইয়া মায়ের ঘরের কাছে পড়িতে বসিয়া গেলাম। সম্মুখে অন্তঃপুরের আঙিনা ঘেরিয়া চৌকোণ বারান্দা। সেই বারান্দায় মেঘাচ্ছন্ন আকাশ হইতে অপরাহ্নের ম্লান আলো আসিয়া পড়িয়াছে। রামায়ণের কোলে একটা করুণ বর্ণনায় আমার চোখ দিয়া জল পড়িতেছে দেখিয়া দিদিমা জোর করিয়া আমার হাত হইতে বইটা কাড়িয়া

লইয়া গেলেন। - 'জীবনস্মৃতি : শিক্ষারম্ভ'

কৃত্তিবাসী রামায়ণ পড়তে পড়তে বালক রবীন্দ্রনাথকে শোক-বিহ্বল হয়ে কাঁদতে দেখে তাঁর দিদিমা তাঁর কাছ থেকে রামায়ণ কেড়ে নিয়েছিল। কৃত্তিবাসী রামায়ণের এই করুণ রস কেবল এই বালককেই নয়, পুরো বাঙালি-সমাজকে কাঁদিয়েছে। বাংলা রামায়ণের এই বৈশিষ্ট্য বাল্মীকি রামায়ণের পূর্ণতার পরিচায়ক গুণাবলী থেকে ভিন্ন এবং এতকর। যুদ্ধ অথবা বাহুবল নয়, ক্ষমা এবং ত্যাগই, সেবা ধর্মই তো ভারতীয় জীবনের চিরন্তন মূল মন্ত্র আর এখানেই তা বাল্মীকি রামায়ণ থেকে আলাদা। বাহুবল তো পাশবিক বল, তার সাহায্যে প্রতিপক্ষকে পরাজিত করা যায়, জেতা যায় না, হৃদয়ের সঙ্গে হৃদয়ের সুসম্পর্ক গড়ে তোলা যায় না। যে মহান আদর্শকে ভারত চিরকাল ধরে শ্রদ্ধা করে আসছে, আনুগত্য প্রদর্শন করে চলেছে, বাল্মীকি রামায়ণে তো তারি জয়ঘোষ তারই মঙ্গল শিক্ষা ধ্বনিত-প্রতিধ্বনিত। যার কিছুটা অনুসরণ তুলসীদাসের রামায়ণেও দেখতে পাওয়া যায়।

রবীন্দ্রনাথের রামায়ণ ভাবনা সুস্পষ্ট হয়ে উঠেছে। চিঠিপত্র (১৮৮৮)-এর এক পত্রকার নিবন্ধে তিনি বলেছেন - "বৃহৎ ভাবের নিকট আত্মবিসর্জন করা ... ইহাই প্রকৃত বীরত্ব। কর্তব্যের অনুরোধে রাম যে রাজ্য ছাড়িয়া বনে গেলেন, তাহাই বীরত্ব এবং সীতা ও লক্ষ্মণ যে তাঁহাকে অনুসরণ করিলেন তাহাও বীরত্ব। ভরত যে রামকে ফিরাইয়া আনিতে গেলেন তাহা বীরত্ব এবং হনুমান যে প্রাণপনে রামের সেবা করিয়া ছিলেন তাহাও বীরত্ব। হিংসা অপেক্ষা ক্ষমায় যে অধিক বীরত্ব গ্রহণের অপেক্ষা ত্যাগে অধিক বীরত্ব - এই কথাই আমাদের কাব্যে ও শাস্ত্রে বলিতেছে । পালোয়ানিকে আমাদের দেশে সর্বাপেক্ষা বড়ো জ্ঞান করিত না। এই জন্য বাল্মীকি রাম রাবণকে পরাজিত করিয়াই ক্ষান্ত হন নাই, রাবণকে ক্ষমা করিয়াছেন। রাম রাবণকে দুই বার জয় করিয়াছেন। একবার বাণ মারিয়া, একবার ক্ষমা করিয়া। কবি বলেন তন্মধ্যে শেষের জয়ই শ্রেষ্ঠ'। - চিঠিপত্র খণ্ড-১২

রবীন্দ্রনাথের এই ব্যাখ্যাটি যেমন অভিনব তেমনি শাশ্বত।

রামায়ণ কথায় আবশ্যক সমস্ত রসের সমাবেশ থাকলেও রবীন্দ্রনাথ যে ভাবে বীররসের ব্যাখ্যা বিশ্লেষণ করেছেন এবং আমাদের বোঝাবার প্রয়াস করেছেন তা কেবল তাঁর পক্ষেই সম্ভব। তাঁর বিচারে ভারতাত্মার বাণী বিশ্ব জুড়ে অনন্য এবং দুর্লভ। এই বাণী-ই তো নানাভাবে ধ্বনিত প্রতিধ্বনিত হয়েছে আপনভঙ্গিতে রামায়ণ কাহিনীতে। যে-কোনো যুদ্ধের বাহ্যিক জয় তো ক্ষণিকের সান্ত্বনা মাত্র, প্রকৃত জয় তো হৃদয় জয় করা, যা সর্বৈব ভাবে শ্রদ্ধা, প্রেম, অনুরাগ এবং মানবীয় মহত্বকে পুরোপুরি অম্লান রাখতে পরম সহায়ক। আমাদের পরম সৌভাগ্য এই যে রামায়ণ-মহাভারতের মতো দুই মহাকাব্য আমাদের সভ্যতার আঁধার এবং প্রকাশভূমি রূপে বিদ্যমান। মহাকবি এবং সাধকচিত্তের বাণীতে আমাদের প্রাণের ভাষা লাভ করে আমরা ধন্য হয়ে উঠি। 'সোনার তরী' (১৮৯৪) কাব্যের 'পুরস্কার' কবিতায় মানবমনের প্রতি

রামায়ণের আবেদন সুস্পষ্ট করতে গিয়ে রবীন্দ্রনাথ লিখেছেন -

"শুধু সে দিনের একখানি সুর
চিরদিন ধরে বহু বহু দূর
কাঁদিয়া হৃদয় করিছে বিধুর,
মধুর-করুণ তানে;
সে মহা প্রাণের মাঝখানটিতে
সে মহারাগিণী আছিল ধ্বনিতে
আজিও সে গীত মহাসঙ্গীতে
বাজে মানবের কানে॥

- সোনার তরী, পুরস্কার'।

রবীন্দ্রনাথের এই রামায়ণ মূল্যায়ন যেমন সূক্ষ্ম তেমনি প্রভাবশালী। ভারতীয় সাহিত্যের যে দুই নর-নায়ক চরিত্র আমাদের জাতীয় জীবনে সর্বাধিক প্রভাব বিস্তার করেছেন - তাঁরা হলেন - রামচন্দ্র এবং কৃষ্ণ। এই দুই চরিত্রের প্রভাব পুরোপুরি দুই বিপরীত দিকে অগ্রসর হয়েছে। বিশেষ করে বাংলায় দেখা যায় যে রামায়ণ এবং কৃষ্ণ রীতি যত ধর্মের সহঅবস্থান সত্ত্বেও পূর্বাগত বৈষ্ণব ধারা এবং চৈতন্য গৌরাঙ্গ প্রবর্তিত কৃষ্ণভক্তি ধারার প্রভাবে বাঙালি জনমানস মুখ্যত কৃষ্ণভক্তিকেই আপন করে নিয়েছেন। বাংলার লোকজীবন,পূজা-অর্চনা এবং বারোমাসে তেরো পার্বন প্রভৃতির দিকে মনোযোগ দিলেই বিষয়টি স্পষ্ট হয়ে যায়। এই প্রসঙ্গটি রবীন্দ্রনাথ তাঁর 'লোকসাহিত্য' (১৯০৮) গ্রন্থের গ্রাম্য সাহিত্য (১৮৯৮) প্রবন্ধে আরও সুস্পষ্ট ভাবে বলেছেন -

"একথা স্বীকার করিতেই হইবে, পশ্চিমে (পশ্চিম ভারতে) যেখানে রামায়ণ-কথাই সাধারণের মধ্যে বহুল পরিমাণে প্রচলিত সেখানে বাংলা অপেক্ষা পৌরুষচর্চা অধিক। আমাদের দেশে হরগৌরী-কথায় স্ত্রী-পুরুষ এবং রাধাকৃষ্ণ-কথায় নায়ক-নায়িকার সম্বন্ধ নানা রূপে বর্ণিত হইয়াছে; কিন্তু তাহার প্রসার সংকীর্ণ; তাহাতে সর্বাঙ্গীণ মনুষ্যত্বের খাদ্য পাওয়া যায় না। আমাদের দেশে রাধাকৃষ্ণের কথায় সৌন্দর্যবৃত্তি এবং হরগৌরীর কথায় হৃদয়বৃত্তির চর্চা হইয়াছে, কিন্তু তাহাতে ধর্মপ্রবৃত্তির অবতারণা হয় নাই। তাহাতে বীরত্ব, মহত্ত্ব, অবিচলিত ভক্তি ও কঠোর ত্যাগ-স্বীকারের আদর্শ নাই। রামসীতার দাম্পত্য আমাদের দেশ-প্রচলিত হরগৌরীর দাম্পত্য অপেক্ষা বহুতর গুণে শ্রেষ্ঠ, উন্নত এবং বিশুদ্ধ; তাহা যেমন কঠোর গম্ভীর তেমনি স্নিগ্ধ কোমল। রামায়ণ কথায় একদিকে কর্তব্যের দুরূহ কাঠিন্য, অপর দিকে ভাবের অপরিসীম মাধুর্য একত্র সম্মিলিত। তাহাতে দাম্পত্য, সৌভ্রাতৃত্ব, পিতৃভক্তি, প্রভুভক্তি, প্রজাবাৎসল্য, প্রভৃতি মনুষ্যের যত প্রকার উচ্চ অঙ্গের হৃদয়বন্ধন আছে তাহার শ্রেষ্ঠ আদর্শ পরিস্ফুট হইয়াছে। তাহাতে সর্বপ্রকার

হৃদয়বৃত্তিকে মহৎ ধর্ম নিয়েমের দ্বারা পদে পদে সংযত করিবার কঠোর শাসন প্রচারিত। সর্বতোভাবে মানুষকে মনুষ্য করিবার উপযোগী এমন শিক্ষা আর কোনো দেশে কোনো সাহিত্যে পাওয়া যায় নি। বাংলা দেশের মাটিতে সেই রামায়ণ-কথা হরগৌরী ও রাধাকৃষ্ণের কথার উপরে যে মাথা তুলিয়া উঠিতে পারে নাই তাহা আমাদের দেশের দুর্ভাগ্য। রামকে যাহারা যুদ্ধক্ষেত্রে এবং কর্মক্ষেত্রে নরদেবতার আদর্শ বলিয়া গ্রহণ করিয়াছে তাহাদের পৌরুষ কর্তব্যনিষ্ঠা ও ধর্মপরায়ণতার আদর্শ আমাদের অপেক্ষা উচ্চতর।" - লোকসাহিত্য (১৯০৮) 'গ্রাম্য সাহিত্য'

রবীন্দ্রনাথ ভারতের মহান গ্রন্থ হিসেবে রামায়ণের প্রতি গভীর শ্রদ্ধার্ঘ্য নিবেদন করেছেন। তার প্রতি বাঙালি সমাজের অনিহা এবং প্রত্যাশিত নির্ভরতার অভাব দেখে তাঁর হৃদয় ক্ষোভে ভরে গিয়েছিল। তারই ফলস্বরূপ তিনি লিখলেন - 'কাব্যের উপেক্ষিতা, প্রবন্ধ (১৯০০), যা তাঁর 'প্রাচীন সাহিত্য' (১৯০৫) গ্রন্থে সংকলিত হয়েছে। এই আলোচনায় তিনি লক্ষণ-জায়া উর্মিলাকে নতুন করে আবিষ্কার করেছেন। তাতে তিনি বলতে চেয়েছেন - রামায়ণ কাহিনীতে উর্মিলার ত্যাগের সঙ্গে সম্ভবত সীতা ও লক্ষ্মণের ত্যাগের তুলনা করা যায় না। সীতা স্বামীর সঙ্গে বনবাসে গেছেন, লক্ষ্মণও সর্বস্ব ত্যাগ করে রাম-সীতার সঙ্গে বনবাসী হয়েছেন - এই কথা পড়ে আমরা অভিভূত হয়ে পড়ি। কিন্তু এই মহান এবং বৃহৎ মহাকাব্যে উর্মিল উপেক্ষিতাই রয়ে গেছেন। কবির সঙ্গে সঙ্গে আমরা পাঠকরাও তাঁকে হারিয়ে ফেলেছি। কিন্তু এই উপেক্ষার অবহেলা রবীন্দ্র-হৃদয়কে নাড়িয়ে দিয়েছে। তাঁর মনে প্রশ্নে জেগেছে কবি বাল্মীকির উর্মিলার প্রতি এই অবজ্ঞা কেন করেছেন? এ-যুগের মহাকবি রবীন্দ্রনাথের ভাষায় -

লক্ষ্মণ রামের জন্য সর্বপ্রকারে আত্মবিলোপ সাধন করিয়াছিলেন, যে গৌরব ভারতবর্ষের গৃহে গৃহে আজও ঘোষিত হইতেছে, কিন্তু সীতার জন্য উর্মিলার আত্মবিলোপ কেবল সংসারে নহে, কাব্যেও। লক্ষ্মণ তাঁহার দেবতা যুগলের জন্য কেবল নিজেকে উৎসর্গ করিয়াছিলেন। উর্মিলা নিজের থেকে অধিক নিজের স্বামীকে দান করিয়াছিলেন, সে কথা কাব্যে লেখা হইল না। সীতার অশ্রুজলে উর্মিলা একেবারে মুছিয়া গেল।

লক্ষ্মণ তো বারো বৎসর ধরিয়া তাঁহার উপাস্য প্রিয়জনের প্রিয় কার্যে নিযুক্ত ছিলেন, নারী জীবনের সেই বারোটি শ্রেষ্ঠ বৎসর উর্মিলার কেমন করিয়া কাটিয়া ছিল ! সলজ্জ নব প্রেমে আমোদিত বিকাশোন্মুখ হৃদয় মুকুলটি লইয়া স্বামীর সহিত যখন প্রথমতম মধুরতম পরিচয়ের আরম্ভ সময় সেই মুহূর্তে লক্ষ্মণ সীতাদেবীর রক্তচরণ ক্ষেপের প্রতি নতদৃষ্টি রাখিয়া বনে গমন করিলেন; যখন ফিরিলেন তখন নববধূর সূচির প্রণয়ালোক বঞ্চিত হৃদয়ে আর কি সেই নবীনতা ছিল। পাছে সীতার সহিত উর্মিলার পরম দুঃখ কেহ তুলনা করে, তাই কি কবি সীতার স্বর্ণমন্দির হইতে এই শোকোজ্জ্বল মহাদুঃখিনীকে একেবারে বাহির করিয়া দিয়াছেন - জানকীর পাদপীঠ-পার্শ্বেও বসাইতে সাহস করেন নাই ?" - প্রাচীন সাহিত্য :

'কাব্যের উপেক্ষিতা'

সুবৃহৎ রামায়ণ কাব্যে উর্মিলার উল্লেখ আছে মাত্র তিনবার, রবীন্দ্রনাথের ভাষায় -

"ঊর্মিলাকে কেবল আমরা দেখিলাম বধূবেশে, বিদেহনগরীর বিবাহসভায়। তারপর সে রঘুরাজকুলের সুবিপুল অন্তঃপুরের মধ্যে প্রবেশ করার সময়। তারপর কখনও কিছুক্ষণের জন্যও তাঁকে দেখা গেল না। তাহার বিবাহসভায় বধূবেশের ছবিটিই আমাদের মনে রহিয়া গেল।

ঊর্মিলা চিরবধূ-নির্বাক-কুণ্ঠিতা, নিঃশব্দচারিণী। ভবভূতির কাব্যেও তাহার সেই ছবিটুকুই মুহূর্তের জন্য প্রকাশিত হইয়াছিল। তরুণ শুভ্র কপালে যেদিন প্রথম সিঁদুর পড়িয়াছিল, ঊর্মিলা সবসময় সেই নববধূ হয়েই থাকিয়া গেল।"

হিন্দী সাহিত্যের যশস্বী বিদ্বান মহাবীর প্রসাদ দ্বিবেদী (১৮৭০-১৯৩৮) কবিদের ঊর্মিলা বিষয়ক উদাসীনতা নামক নিবন্ধ লিখেছেন, যা পড়ে উৎসাহিত হয়ে কবি মৈথিলীশরণ গুপ্ত (১৮৮৬ - ১৮৯৬) লিখলেন 'সঙ্কেত' (১৯৩১) নামক মহাকাব্য। কর্ণাটকের মে. রাজেশ্বরাইয়া গবেষণাপত্র প্রকাশ করলেন ঊর্মিলোত্তর বিরহিণী দাক্ষিণাত্য তপস্বিণী' (১৯৬৪) নামে। যাকে এক কথায় আমরা 'ঊর্মিলা সাহিত্য' বলতে পারি। সব মিলিয়ে রামায়ণ কাহিনীকে মূল উৎস হিসাবে গ্রহণ করে রচিত ভারতীয় সাহিত্যের পরিমাণ যেমন বিপুল ও বিশাল তেমনি বিচিত্রও। কবি, কথাকার, নাট্যকার, এবং নিবন্ধকার সমাজ আপন-আপন মনোভাব, অভিরুচি এবং কৌশলে কাহিনী, ঘটনা তথা চরিত্র - সমস্ত দিকের সহজ-সুন্দর ব্যাখ্যা-বিশ্লেষণ করেছেন, দেশ-কাল এবং আধার উপযোগী অর্থ প্রদান করেছেন। যার ফল স্বরূপ অতি প্রাচীন হওয়া সত্ত্বেও রামকাহিনী অতি আধুনিকতা মণ্ডিত হয়ে উঠেছে। এই প্রসঙ্গে সম্ভবতঃ রবীন্দ্রনাথই সর্বাগ্রগণ্য এবং সর্বশ্রেষ্ঠ। তাঁর রামায়ণ বিষয়ক চিন্তা-মননের পরাকাষ্ঠা পাওয়া যায়। 'ভাষা ও ছন্দ' নামক এক অনবদ্য কবিতায়। বাল্মীকি রামায়ণের বালকাণ্ডের সূচনা পর্বের অনুরূপ মহর্ষি বাল্মীকি দেবর্ষী নারদকে জিজ্ঞাসা করছেন - 'হে দেবর্ষি! এই সময় এই পৃথিবীতে কে এমন গুণবান্, বিদ্বান, মহাবল-পরাক্রান্ত মহাত্মা, ধর্ম-পরায়ণ, সত্যবাদী কৃতজ্ঞচিত্ত, দৃঢ়ব্রত তথা সচ্চরিত্র ব্যক্তি রয়েছেন। যিনি সকল প্রাণীর হিতসাধক। লোকব্যবহারে কুশল, অদ্বিতীয় সুচতুর এবং প্রিয়দর্শন। কে এমন আছে যে রোষ এবং অসূয়া মুক্ত। রণস্থলে ক্রুদ্ধ হলে যাকে দেখে দেবতাগণ ও ভয়ভীত হয়ে ওঠেন! এই সমস্ত গুণের অধিকারী কোন ব্যক্তি তাকে আপনি বিলক্ষণ জানেন। সুতরাং এবার বলুন - সেই ব্যক্তির নাম শোনার জন্য আমার মন ব্যাকুল হয়ে উঠেছে কৌতূহলের শেষ নেই। -

"কহ মোরে সর্বদর্শী হে দেবর্ষি তাঁর পুণ্য নাম।" নারদ কহিলা ধীরে ধীরে বলিলেন "অযোধ্যার রঘুপতি রাম।" - ভাষা ও ছন্দ

তা শুনে মহর্ষি বাল্মীকি জানালেন - আমি তাঁকে জানি, তাঁর কীর্তিকলাপও আমি শুনেছি, তা সত্ত্বেও মনে

একটি গভীর আশংকা রয়েছে।

কহিলা বাল্মীকি, ''তবু নাহি জানি সমগ্র বারতা,

সকল ঘটনা তাঁর - ইতিবৃত্ত রচিব কেমনে।

পাছে সত্য ভ্রষ্ট হই, এই ভয় জাগে মোর মনে।''

নারদ কহিলা হাসি, 'সেই সত্য যা রচিবে তুমি,

ঘটে যা তা সব সত্য নহে। কবি, তব মনোভূমি

রামের জনমস্থান, অযোধ্যার চেয়ে সত্য জেনো।''

- পূর্ব্ববৎ,

বাল্মীকি বললেন, পুরো খবর আমি জানি না আর সম্পূর্ণ ঘটনাও জানি না - কি করে ইতিহাস রচনা করব? এর উত্তরে নারদ মুনি যা বললো তাতে বাস্তবিক অথবা ঐতিহাসিক এবং কাব্যিক অথবা সাহিত্যিক সত্যমূলক চিন্তনের উপর প্রকাশ পড়ে। সাহিত্যিক সত্যের চিরন্তনতা উজাগর হয়ে ওঠে। এখন নারদ মুনির প্রত্যুত্তরে রবীন্দ্রনাথের ভাবনা দেখা যেতে পারে।

এই বিষয়ে আর কিছু বলা বাহুল্য মাত্র। রামায়ণের মাধ্যমে রবীন্দ্রনাথ শাশ্বত ভারতবর্ষকে খুঁজে পাওয়ার চেষ্টা করেছেন। তাঁর মতে রামায়ণ তো নরচন্দ্রমা কথা, দেবতাদের নয়। উল্লেখ্য বিষয় হল রামায়ণে দেবতা স্বয়ং নিজেকে খর্ব করে মানুষ হন নি, বরং মানুষেই নিজ গুণে দেবতা হতে পেরেছেন। অতএব বলা যেতে পারে যে ভারতবর্ষের জন্য কৃত্তিবাসী রামায়ণ এবং বাল্মীকি রামায়ণ একে অন্যের পরিপূরক।

তুলসীদাস, রবীন্দ্রনাথ, সতীনাথ

ড. মানবেন্দ্র মুখোপাধ্যায়

'বর্তমানে বাংলা এবং হিন্দী সাহিত্যে নতুন কাল এসেছে। সমস্ত পরিবর্তিত হতে চলেছে - আমাদের চিত্তের গতি বদলে গিয়েছে কালের প্রভাবে - মানুষের কাব্যরুচিকেও সেই গতি দিয়েছে বদলে। ইউরোপের সাহিত্য আমাদের দেশের সাহিত্যকে এক নতুন পন্থায় নিয়ে গেছে। নতুন বিকাশের পথ খুঁজে দিয়েছে। তা সত্বেও একথা আমাদের ভোলা উচিৎ হবে না - যাঁদের শিক্ষিত বলা হয়, জনগণের ওপর তাঁদের প্রভাব অতি সামান্য। জনসাধারণের চিত্ত হচ্ছে দেশের যথার্থ ভূমি; যেখানে স্বভাবত প্রকৃতির প্রেরণায় ফসল ফলে সে হচ্ছে সর্বজনের চিত্তক্ষেত্র। সেই ক্ষেত্রে যথার্থ সৃষ্টির অধিকারের পথে ইউরোপীয় সাহিত্যের ব্যাঘাত জন্মাতে পারবে না। দেশের সেই সর্বজনের চিত্তক্ষেত্রে তুলসীদাসের অধিকার সবসময় থাকবে। তাঁর দান স্থায়ী মহান প্রতিভার বিকাশ নিয়ে কালের প্রভাবকে অতিক্রম করে চিরকাল দেশকে সমৃদ্ধ করবে।"[১]

১৩৪৭ বঙ্গাব্দ অর্থাৎ ১৯৪০ সালে শান্তিনিকেতনে হিন্দি সাহিত্য-সম্মেলনে অনুষ্ঠিত তুলসী জয়ন্তীর সভাপতি হিসাবে স্বয়ং রবীন্দ্রনাথ নিজের বক্তব্য পেশ করেছিলেন। 'জনসাধারণের চিত্ত'-এ কবি তুলসীদাস অবিসংবাদিত ভাবে প্রতিষ্ঠিত - বাল্যকাল থেকেই এই অভিজ্ঞতা হয়েছিল রবীন্দ্রনাথের। ঐ ভাষণেই রবীন্দ্রনাথ বলেছিলেন, 'বাল্যকালে প্রতি সন্ধ্যায় আমাদের বাড়ির দারোয়ানরা তুলসীদাসের রামায়ণ পাঠ করত। তারা সেই গান থেকে যেন অমৃতলাভ করে সমস্ত দিনের ক্লান্তি দূর করত - তাদের অবসর সময়কে রসময় করে তুলত।'

১৩৪৭ বঙ্গাব্দ অর্থাৎ ১৯৪০ সালের ঐ রবীন্দ্র-ভাষণের সঙ্গে বিহার-প্রবাসী এক উত্তরসূরী বঙ্গীয় লেখকের চিন্তাভাবনা মিলে গিয়েছিল, এটা একটা আশ্চর্য বিষয়। পূর্ণিয়াবাসী সেই উত্তরসূরি লেখক সতীনাথ ভাদুড়ী তাঁর ডায়েরিতে তাঁরই লেখা এপিক উপন্যাস 'ঢোঁড়াইচরিত মানস'-এর প্রেক্ষাপট ও তার রচনা-আয়োজন সম্পর্কে যে-সব কথা বলেছেন তার সঙ্গে রবীন্দ্রনাথের বক্তব্যের এক আন্তরিক সংযোগ ছিল। সতীনাথের জীবনের যতটুকু তথ্য আমাদের গোচরে এসেছে তার থেকেও এ সিদ্ধান্তে পৌঁছবার কোনও অবকাশ নেই যে তিনি উপন্যাস রচনায় কোনওভাবে রবীন্দ্রনাথ দ্বারা প্রভাবিত ছিলেন। বস্তুত রবীন্দ্রনাথের উপন্যাসের সঙ্গে সতীনাথের উপন্যাসের এক্ষেত্রে প্রায় কোনও যোগই নেই। সতীনাথের

দীপ্তকলমের প্রতিটি উপন্যাসই বস্তুত বিষয় ও আঙ্গিকে অনন্যপর। তবু যে প্রসঙ্গটি উত্থাপন করতে চাওয়া হল তার কারণ এটা বোঝবার চেষ্টা করা যে বিশ শতকের এবং চল্লিশের দশকের বাংলা সাহিত্যের সৃজন-মননে আধুনিকতার ক্ষেত্রে দেশজ মান-প্রতিমানের অভিমুখে একরকম নতুনতরো জিজ্ঞাসা গড়ে উঠেছিল

সেইসময়। রবীন্দ্রনাথের ভাষণে সতীনাথের মত প্রমুখ সাহিত্যিকদের কোনও কোনও লেখায় নবীনত্বের সাক্ষ্য পাওয়া গিয়েছিল। বিভূতিভূষণ-তারাশঙ্করের অনেক উপন্যাসও এই দেশীয় রূপকল্পের অন্বেষণ হয়েছিল যা এখনও অব্যাহত। 'কল্লোল-কালিকলম পর্ব' থেকেই 'উপন্যাস' নামক পশ্চিমি রূপকল্পটির বিপরীতে এই দেশোয়ালি আঙ্গিকের খোঁজ চিহ্নিত করে দিতে চাইছিল পশ্চিমী সভ্যতার সীমাবদ্ধতা ও অপর্যাপ্ততা।

১৯৪৯ সালে অর্থাৎ রবীন্দ্রনাথের প্রাগুক্ত ভাষণের নয় বছর বাদে সতীনাথ ভাদুড়ীর 'ঢোঁড়াইচরিতমানস'-এর প্রথম চরণ প্রকাশিত হয়। 'ঢোঁড়াইচরিতমানস'-এর পরিকল্পনা ও রচনাকাল আরও আগের; কেননা গ্রন্থাকারে প্রকাশের অনতিকাল আগে 'সঠীক ঢোঁড়াইচরিত মানস' নামে উপন্যাসটি 'দেশ' পত্রিকায় ধারাবাহিকভাবে প্রকাশিত হয়েছিল।

ঠিক কোন্ ক্ষেত্রে রবীন্দ্রনাথের উল্লিখিত ভাষণের সঙ্গে ঢোঁড়াইচরিতকার সতীনাথের চিন্তার সামীপ্য তা বুঝতে হলে রবীন্দ্র-বক্তব্যের মূল প্রত্যয়গুলিকে একটু সাজিয়ে নেওয়া যায়।

রবীন্দ্রনাথ বলতে চেয়েছিলেন বিশ শতকের ঐ সময়ের মধ্যেই বাংলা তথা হিন্দি সাহিত্যে 'নতুন কাল' এসেছে। 'নতুন কাল' বলার অর্থ হল এমন এক মোড়-ফেরা সময়ের গতিমুখের কথা বলতে চান রবীন্দ্রনাথ যাতে মানুষের কাব্যরুচিকেও দিয়েছে বদলে। ইউরোপীয় সাহিত্যের হাত ধরেই যে আমাদের ভারতীয় প্রাদেশিক সাহিত্যে আধুনিকতার সূচনা হয়েছিল একথা স্বীকার করে নিয়েও রবীন্দ্রনাথের অতঃপর মনে হচ্ছে, উপনিবেশের শিক্ষা-দীক্ষায় লালিত মনের যে আধুনিকতার ধারণা; জনরুচির ক্ষেত্রে সেই তাঁদের, অর্থাৎ 'যাঁদের শিক্ষিত বলি তাঁদের প্রভাব অতি সামান্য', - কেননা 'জনসাধারণের চিত্ত হচ্ছে দেশের যথার্থ ভূমি; যেখানে স্বভাবত প্রকৃতির প্রেরণায় ফসল ফলে সে হচ্ছে সর্বজনের চিত্তক্ষেত্র।' রবীন্দ্রনাথের বিশ্বাস, 'সে-ক্ষেত্রে যথার্থ সৃষ্টির অধিকারের পথে য়ুরোপীয় সাহিত্যের প্রভাব ব্যাঘাত জন্মাতে পারবে না।'

স্পষ্টতই, ঔপনিবেশিক আধুনিকতার সমান্তরাল তথা বিকল্প এক 'আধুনিকতা' যে উপনিবেশিত ভারতীয় আধুনিক সাহিত্যের এক গূঢ় বাস্তবতা একথাই - একটি সদর্থ ধারণা হিসাবে রবীন্দ্রনাথ ঐ বক্তৃতায় প্রতিষ্ঠা করতে চেয়েছিলেন। ঔপনিবেশিক শিক্ষার পরিমণ্ডলের বাইরের বিপুল ভারতবর্ষের যে জনদেশ; তার 'চিত্তক্ষেত্র'-এর সর্বকালের অবিসংবাদী অধিকারী যে কবি তুলসীদাস - এ ব্যাপারে অন্তত রবীন্দ্রনাথের কোনও সংশয় ছিল না। একদিকে যেমন বিপুল 'জনদেশ'-এ তুলসীদাসের সর্বাত্মক প্রভাব তেমনি তাঁর মতো 'সমস্ত কালকে অধিকার' করে থাকার সৌভাগ্যও 'অল্পলোকেরই হয়'। অর্থাৎ একদিকে 'দেশ' আর অন্যদিকে 'কাল' - এই দুই মাত্রাতেই যে তুলসীদাসের প্রশ্নাতীত আধিপত্য তা স্বীকার করে নেন রবীন্দ্রনাথ। স্বীকার করে নেন, কেননা খানিকটা প্রত্যক্ষ অভিজ্ঞতা এবং অসাধারণ সাহিত্য-প্রতীতি থেকে তাঁর মনে

হয়েছিল তুলসীদাস বাল্মীকি থেকে রচনার উপকরণ গ্রহণ করে 'নতুন দৃষ্টি নিয়ে সেই পুরাতন উপকরণকে নতুন রূপ দান করে পরিবেশন করেছেন সমস্ত দেশকে।' আর, তুলসীদাস তা করতে পেরেছেন কেননা 'বড়ো কবিরা যখন তাঁদের অপূর্ব শক্তি নিয়ে অসাধারণত্ব নিয়ে জন্মগ্রহণ করেন মহীরুহ বনস্পতির মতো তখন তাঁদের কাব্যের মূল পৌঁছায় দেশের অন্তঃস্থলে।' তাতে সমগ্র দেশকে তাঁরা রস পরিবেশন করে থাকেন; তাঁদের কর্মকুশলতা ভাষাকে নতুন করে গড়ে তোলে, চিন্তা করবার প্রণালীকে রূপ দেয়, মানুষের চিত্তকে উদ্‌বোধিত করে নতুন প্রেরণায়।

রবীন্দ্রনাথ তুলসীদাসের মতো কবিদের সম্পর্কে এই যে আকল্প (Paradigm) এখানে গড়ে তুলেছেন; কয়েক বছরের মধ্যে সতীনাথ ভাদুড়ী বস্তুত সেইরকম একটা আকল্প থেকেই রচনা করলেন 'ঢোঁড়াইচরিত মানস' উপন্যাস। রবীন্দ্রনাথ যাকে বলেছেন 'দেশের অন্তঃস্থল' - তাকে স্পর্শ করবার জন্য, সর্বাধিক পরিমাণে তাকে আয়ত্ত করবার জন্য 'রামচরিতমানস'-এর আঙ্গিককেই এই উপন্যাসের জন্য বেছে নিয়েছিলেন সতীনাথ। কিন্তু ঠিক কী অর্থে এবং কতখানি তাঁর সেই পরিগ্রহণ তা অবশ্য তলিয়ে দেখার দাবি রাখে। সেই আলোচনায় যাওয়ার আগে সতীনাথ তুলসীদাস এবং তাঁর 'রামচরিতমানস'-এর দ্বারা কীভাবে ও কতটা প্রভাবিত তা একবার তাঁর ডায়েরির সাক্ষ্যসূত্রে ফিরে দেখা যাক।

সত্যি বলতে চেতনাসম্পন্ন লেখক সতীনাথ যে সচেতনভাবেই তুলসীদাসের 'রামচরিতমানস'-এর ছাঁচে 'ঢোঁড়াইচরিত মানস' লিখেছিলেন। তাঁর জীবনযাপন, দৈনন্দিন বাস্তবিকতা প্রতি মূহুর্তে তুলসীদাসের শ্লোকের সাথে মিলে যায়। তুলসীদাসের রামচরিত মানস সর্বতোভাবে জনগণের আচার, ব্যবহার এবং জীবনযাত্রার ওপর প্রভাব বিস্তার করেছিল। রবীন্দ্রনাথও লোকমানসে তুলসীদাসের এই সর্বাত্মক প্রভাবের কথা স্মরণে রেখেছিলেন এবং বাল্মীকি-রামায়ণ থেকে তুলসীদাস যে এই লোকমাত্রার অভিমুখেই সরে এসেছিলেন তার ইঙ্গিতও করেছিলেন আমাদের পূর্বোদ্ধৃত ভাষণে। সতীনাথের আলোচ্য উপন্যাসে 'রামচরিত মানস' থেকে পৌনঃপুনিক উদ্ধৃতি-উদ্ধার এবং উল্লেখ (allusion)-এর ব্যবহারে সেই লোকপ্রতীতির বিশ্বাসযোগ্য রূপায়ণ হয়েছে একথা স্বীকার করতেই হবে। তাৎমাটুলির কোনও নিরক্ষর মানুষও যখন, সতীনাথের উপন্যাসে রামচরিত মানসের উপস্থিতি খুঁজে পায়, তখন বোঝা যায় তাদের মগ্নচৈতন্যের মধ্যে ওতপ্রোত হয়ে রয়েছে এক বিশেষ রকম সংস্কৃতি। রবীন্দ্রনাথ 'জনসাধারণের চিত্ত'-কে যে 'দেশের যথার্থ ভূমি' বলেছিলেন, তাতে নিশ্চিতভাবে সতীনাথের সহমতি থাকবে। 'দেশের যথার্থ ভূমি'-র বাস্তবতা যাতে অকৃত্রিমভাবে উন্মোচিত হতে পারে তার জন্যই তো সতীনাথের এই প্রকরণ-নিরীক্ষা আর ঠিক এইখানেই বিষয় আর বিষয়ী সংক্রান্ত একটি কূটাভাসও তৈরি হয় সতীনাথের বক্তব্যে। সতীনাথ বলেন, তিনি যে রামচরিতের আদলে ঢোঁড়াই চরিত রচনা করতে চেয়েছেন তার কারণ : 'শ্রীরামচন্দ্রের চেয়ে ছোটো আদর্শে উত্তর ভারতের সাধারণ লোকের মন ভরে না।' প্রশ্ন হল, সতীনাথের পাঠক তো মূলত বাঙালি, তাহলে

উত্তর-ভারতের সাধারণ সাধারণ লোকের মন ভরানোর দায় তাঁকে নিতে হচ্ছেই বা কেন ? যদি তিনি এটুকু বলেই ক্ষান্ত থাকতেন যে 'আদি কবির আশ্রয় নিলে হয়তো পাঠকরা বইয়ের পরিবেশের প্রধানতা ক্ষমা করতে পারেন;' - তাহলে সেই যুক্তি অবশ্য মেনে নেওয়া যায়, কেননা কাহিনীর পটভূমির বাস্তবতা বিশ্বস্তভাবে রূপায়ণ করা লেখকের দায়িত্বের মধ্যেই পড়ে। উত্তর ভারতের বাস্তবতাকে নৈর্ব্যক্তিকভাবে বাঙালি পাঠকের কাছে পৌঁছে দেওয়ার জন্য বা তাঁর কাহিনীর চরিত্রায়ণ, ভাষাবিন্যাস, পটভূমি রচনার জন্য যতটুকু রামচরিত-উপাদান বা আনুষঙ্গিক ব্যবহার করা যায় ততটুকুই যদি সতীনাথ নিতান্ত উপকরণ হিসাবে ব্যবহার করতেন তাহলে সে প্রশ্নের বিচার হত অন্যরকম। কিন্তু সতীনাথ যখন সেখানকার জনমানসে রামকথার ব্যাপ্তি, গভীরতা এবং সেখানকার জনমানসের কাছে বিশ্বাসযোগ্য করে তোলার জন্য প্রভূত রামকথা ব্যবহারের সার্থকতার যুক্তি খাড়া করেন তখন মনে হয় তাঁর Implied Readership এবং আখ্যানের Background Reality-র মেলবন্ধনের যুক্তির মধ্যে কোথাও যেন একরকমের বৈপরীত্য (Inverse) ঘটে যাচ্ছে। এই বৈপরীত্য ঘটার কারণে উত্তরভারতে রামকথার সার্বজনীক বিস্তার ক্রমে লেখকের চেতনার বাস্তব উদ্দেশ্য হয়ে দাঁড়িয়েছে। সেজন্যই, ঐ একই ডায়েরিতে তিনি একদিকে লেখেন : 'এ যুগে শ্রীরামচন্দ্র নিজেকে ছড়িয়ে দিয়েছেন সাধারণ মানুষের মধ্যে'; - অন্যদিকে ইংরেজি বুলিতে আরও একটু আত্মগত উচ্চারণের মতো বলেন, 'Ramayan, Mahabhrat and Puranas present the psychology and characters of our nation as also its aspirations, blemishes and follies'।

আসলে এ এক চেতনাময় উচ্চারণ যা ততদিনে বদ্ধমূল হয়ে গিয়েছে লেখকের সৃজনীসত্তায়। ফলস্বরূপ 'রামায়ণের রচনা নিজের জায়গায় কৃত্রিম হলেও তার পরম্পরা ভারতের লোকের মজ্জায় মজ্জায় ছড়িয়ে গেছে'। এই উপলব্ধির কারণেই ঢোঁড়াইয়ের জীবন রামায়ণী-ছাঁদে বাঁধা যায় না জেনেও সতীনাথ সেই ছাঁদেই ঢোঁড়াইচরিত রচনার প্রাথমিক পরিকল্পনা করেছিলেন। 'প্রাথমিক' কথাটি সচেতনভাবেই ব্যবহার করছি এখানে কেননা, আমরা সহজেই লক্ষ করতে পারি, তুলসীদাসের রামায়ণের ছাঁদে ঢোঁড়াই রামকে শেষপর্যন্ত বাঁধা যায়নি, আর ঢোঁড়াই বা ঢোঁড়াইদের বাস্তবতার পক্ষে রামচরিতমানসের ছাঁদ যে অপর্যাপ্ত এই সত্যটুকুর পরিচয় পাওয়াও আমাদের কম প্রাপ্তি নয়। সুতরাং শেষপর্যন্ত যে তুলসীদাসের ছাঁদে ঢোঁড়াইরামের কাহিনিকে আঁটানো গেলনা সেটা সতীনাথের ব্যর্থতা মনে না-করে পরিণামী ব্যঞ্জনায় একরকম অপ্রত্যাশিত সার্থকতাই বলা চলে। ডায়েরি-অনুসরণ করলে মনে হয় এই সার্থকতাটা সতীনাথের হিসাবের মধ্যে ছিল না। পুরনো রামচরিতের খাপে নতুন যুগের ঢোঁড়াইরামের কথা বলবেন এমনটাই ভেবে রেখেছিলেন সতীনাথ। কিন্তু রামচরিতের খাপে যে ঢোঁড়াইচরিত আঁটে না এই সত্যটা উপলব্ধি করার মধ্যে একরকম সার্থকতা থাকে। সেইজন্যেই সতীনাথের প্রাথমিক ধারণা ভুল

প্রমাণিত হয়ে লেখক হিসাবে তাঁর সার্থকতারই কারকতা করেছে।

গান্ধীজী-পর্বের ভারতীয় স্বাধীনতা সংগ্রামের পটভূমিতে তিনি একালের এক অন্তরবাসী নায়কের চোখে কংগ্রেসি রাজনীতির একরকম আণুবীক্ষণিক প্রস্থচ্ছেদ করে তার বাস্তবতা উন্মোচিত করেন। সেদিক থেকে ঢোঁড়াই-এর কাহিনি আসলে গান্ধীপর্বের কংগ্রেস-নেতৃত্বাধীন স্বাধীনতা আন্দোলনের এমন এক counter discourse; 'subaltern' ইতিহাস বা রাজনৈতিক উপন্যাসের বয়ান হিসাবেই বিশেষ গুরুত্বপূর্ণ। উপন্যাস হিসাবে ঢোঁড়াই-এর অভিজ্ঞতার ক্রমিক বিস্তার এবং উপলব্ধির উল্লম্ব বিষণ্ণতা যথার্থ এপিক মহিমায় অভিব্যক্ত হয় ঠিকই কিন্তু তার জন্য গোড়ার ঐ ডায়েরি-কথনগুলির বিশেষ প্রাসঙ্গিকতা থাকে না। এমনকি ঢোঁড়াইচরিতের সঙ্গে রামচরিতের আঙ্গিকের বহিরঙ্গগত মিলও তেমন উল্লেখযোগ্য নয়। ঢোঁড়াইয়ের প্রথম পক্ষের স্ত্রীর নাম 'রামিয়া' এবং এন্টনীর প্রতি ঢোঁড়াইয়ের বাৎসল্যপ্রীতির মধ্যে রামের লবকুশের প্রতি বাৎসল্যের প্রতিফলন কেবলমাত্র যাঁরা খুঁজে পান, আমাদের মনে হয় তাঁরা এই উপন্যাসের content আর form-এর টানাপোড়েন ও বিদারণের একটা আশ্চর্য নাট্যদৃশ্য সেভাবে নজরই করেন না। সপ্তকাণ্ড 'রামচরিতমানস'-এর কাণ্ডক্রম (বালকাণ্ড, অযোধ্যাকাণ্ড ইত্যাদি) 'ঢোঁড়াইচরিতমানস'-এ অনুসৃত হয়েছে কার্যত তির্যক ভঙ্গিতে।[৩]

'রামচরিতমানস' শেষ হয় উত্তরকাণ্ডে আর ঢোঁড়াইচরিতের শেষ কাণ্ডের নাম 'হতাশা কাণ্ড'। এই হতাশ ব্যক্তি ঢোঁড়াইয়ের একান্ত নিজস্ব, কেননা তাৎমাটুলির গ্রামীণ জাতি এবং অতঃপর ভারতবর্ষের নাগরিক রাজনৈতিক সংগঠন থেকে সে ততদিনে বিচ্ছিন্ন হয়ে পড়েছে গভীর এক বোধের জটিলতায়। তাৎমাটুলির ঢোঁড়াই ক্রমে হয়ে উঠেছে অন্তেবাসী ভারতবর্ষের এক পরাহত ব্যাক্তি! আজাদ দস্তা পর্বে তার নাম হয়েছিল বটে 'রামায়ণজী'; একটা একান্ত নিজস্ব রামায়ণ-মালিকানা শেষপর্যন্ত তার অস্তিত্বের অভিজ্ঞান হয়ে উঠেছিল ঠিকই, কিন্তু শেষদৃশ্যে যখন সে তাৎমাটুলিতে ফিরে আসে রামিয়ার কাছে, তখনই সে বুঝতে পারে তার হারানো দেশ বা হারানো সংসারের সবটুকু আশ্রয়ই তার জীবন থেকে ততদিনে সম্পূর্ণ হারিয়ে গেছে। এরপর নিরুদ্দেশে যখন ঢোঁড়াইয়ের মহানিষ্ক্রমণ ঘটে তখন তাই তার জীবনের শেষ আশ্রয়; একান্ত আশ্রয়, তুলসীদাসী রামায়ণখানাও সে ফেলে চলে যায় নিদারুণ অন্যমনস্কতায়। আসলে একদিকে তুলসীদাসের পুরনো রামায়ণ আর অন্যদিকে তার নিজের জীবন তথা নিজের সময়ের সঙ্গে জড়ানো নতুন রামায়ণের বোঝাপড়া চলছিল তার জীবনে প্রতিনিয়ত। এই দ্বন্দ্বযুদ্ধের অসার্থকতার চূড়ান্ত পরিণামী ব্যঞ্জনাবাহী তার ঐ সত্তাস্মারক রামায়ণখানা; যা সে নিজের পুরনো সংসারে অসতর্কভাবে ফেলে চলে যায়!

তাহলে প্রশ্ন, তুলসীদাসের রামচরিতের ফ্রেমে সতীনাথের ঢোঁড়াইচরিত রচনার সমগ্র প্রকল্পটিকেই কি আমরা একটা নিদারুণ ব্যর্থতার ইতিহাস হিসাবেই চিহ্নিত করব? এর উত্তরে সম্ভাব্য একরকম ব্যাখ্যান ইতিমধ্যেই আমরা একভাবে পেশ করার চেষ্টা করেছি। তার পরেও যে কথা মনে আসে, অন্তেবাসীর

ভারতবর্ষের সমকালীন বাস্তবতার মহাকাব্য রচনার জন্য প্রখ্যাত এক মহাকাব্যের কথা মনে ভেসে ওঠার আর কি কোনও কারণ ছিল? সতীনাথের ডায়েরি থেকে তারও একরকম উত্তর মেলে। 'প্রচলিত বামপন্থী আদর্শ' ঢোঁড়াইদের জীবনের বাস্তবতা উন্মোচিত করতে পারে না - এই ছিল সতীনাথের ধারণা। চল্লিশের দশকে বাংলায় 'প্রগতি সাহিত্য' নামে যে সাহিত্যবর্গটির[৩] ধারণা গড়ে তোলা হচ্ছিল; সতীনাথ সেই বর্গটির সামর্থ্য নিয়েই সোজাসুজি এখানে প্রশ্ন তুলে দিলেন। এর মর্মার্থ সম্ভবত এই যে class কোথাও নেই; ভারতীয় অন্তেবাসীর চেতনার সঙ্গে জুড়ে আছে caste বা জাতির সহজাত ধারণা। ভারতবর্ষের শ্রেণীবৈষম্য ও জাতিবৈষম্যের সম্পর্ক বেশ জটিল এবং বহুমাত্রিক। উপন্যাসে সতীনাথ যথাসম্ভব সেই বাস্তবিকতা-র কাছাকাছি যাওয়ার চেষ্টা করেছেন। ভারতবর্ষের সংস্কৃতি মূলত কৃষিকৌমের সংস্কৃতি। ঢোঁড়াইকে তাৎমাটুলি থেকে জমি-জোতের রাজ্য বিসকান্ধায় সেইজন্যই যে সরিয়ে আনা হয়েছিল তা উল্লেখ করেছেন স্বয়ং সতীনাথ তাঁর ডায়েরিতে। মার্কস যাকে Asian mode of production বলেন[৪], তার আর্থ-সামাজিক বাস্তবিকতা যে শুধু শ্রেণী চেতনার নিরিখে সম্পূর্ণ ব্যাখ্যা করা যায় না তা বিভূতিভূষণ-তারাশঙ্করের মতো সতীনাথও যে প্রকারান্তরে বুঝতে পেরেছিলেন এইখানে তার সার্থকতা। বিশুদ্ধ বামপন্থীরা যে সেটা সেইসময় বুঝতে পারেননি বা বোঝবার চেষ্টা করেননি তা তারাশঙ্করের 'হাঁসুলীবাঁকের উপকথা' (১৯৪৭) উপন্যাসের সমালোচনা প্রসঙ্গে 'প্রগতি-পন্থী' সমালোচক হিরণকুমার সান্যালের ভাষ্য থেকেই স্পষ্ট বোঝা যায়। তারাশঙ্করের 'ভারতবর্ষ'-এর মাটি-জলে গড়ে ওঠা মনের তল পাননি হিরণকুমার। অথচ তারাশঙ্কর তাঁর প্রধান উপন্যাসগুলিতে একটি 'ভারতবর্ষ'ই খুঁজে চলেছিলেন সেইসময়। সে ভারতে অন্ত্যজ, ব্রাত্য মানুষদের হিসাব বাদ পড়ে না!

তারাশঙ্করও এমন এক মহাকাব্যের আদলে একখানা 'নব-মহাভারত'-এর 'বঙ্গপর্ব' রচনার আকাঙ্ক্ষা প্রায়শঃ ব্যক্ত করতেন।[৫] এইভাবেই তারাশঙ্কর থেকে সতীনাথ; - ঢোঁড়াইচরিতকার সতীনাথের - একরকম দেশজ আধুনিকতার পরম্পরাবাহী মননের থেকে সতীনাথ; - ঢোঁড়াইচরিতকার সতীনাথের - একরকম দেশজ আধুনিকতার পরম্পরাবাহী মননের নিদর্শন পাওয়া যায়। এই আধুনিকতা দেশজ কেননা পশ্চিমী আধুনিকতা এর বীজতলা নয়। আর এও এক আধুনিকতাই; কারণ সমসময়ের ভিতরকার একরকম সক্রিয় টানাপোড়েনের ভিতর থেকে স্বাভাবিকভাবে জেগে উঠেছে এর উৎসমুখ! অন্যতর আধুনিকতা, অন্যতর বাস্তবতার রূপায়ণের জন্য অন্যতর আঙ্গিকের খোঁজ তাই খুব স্বাভাবিক; কারণ জ্যা-বদ্ধ ধনুকের ছিলার মতো টানটান হওয়ারই কথা কোনও আখ্যানের content আর তার form-এর পারম্পর্যে। এইখানেই হয়তো তুলসীদাসী ছাঁদ গ্রহণের কৈফিয়ত হিসাবে যে objective reality-র কথা বলেছিলেন সতীনাথ তার সঙ্গে লেখক-প্রেষণার (writer's motivation) কোনওরকম সংযোগ ঘটে গেছে ঢোঁড়াইচরিতে। বলা যায়, objective reality-র যুক্তিতে যে কাঠামোর নির্মাণ; তা আসলে

এই আখ্যানের বাইরের কথা; form নির্বাচনের ক্ষেত্রে কাজ করে যাচ্ছিল লেখকের সৃজনশীল সত্তা। সেই হিসাবে এই form-এর নির্বাচন তত যুক্তি দিয়ে বলবার বিষয় নয়; যতটা শিল্প হিসাবে অনুধাবন করার বিষয়! ভিতরের প্রেরণাজাত বলেই যান্ত্রিকভাবে তুলসীদাসের ছাঁদে ঢোঁড়াইচরিত-কে বেঁধে রাখার জবরদস্তি করেননি সতীনাথ। এই form নিয়ে যে বেশিদূর অগ্রসর হওয়া যায়না এই শিল্প সত্যটুকু উপলব্ধি করতে পেরেছিলেন বলেই ঘোষণা সত্ত্বেও 'উত্তর রামচরিত'-এর আদলে 'উত্তর ঢোঁড়াইচরিত' রচনা থেকে বিরতই থাকলেন এই বিবেচক লেখক।

তুলসীদাস প্রসঙ্গে রবীন্দ্রনাথের মূল্যায়ন মোটের উপর যথার্থ হলেও উপন্যাসের শিল্পগত দাবীর যে একরকম ঔচিত্যবোধ থাকে। সতীনাথ ভাদুড়ীর 'ঢোঁড়াইচরিতমানস'-সূত্রে তা-ই যেন আরও একবার প্রতিষ্ঠিত হল।

সূত্রনির্দেশ ও টীকা :

১। *প্রভাতকুমার মুখোপাধ্যায়,* **রবীন্দ্র জীবনী, চতুর্থ খণ্ড** *বিশ্বভারতী গ্রন্থন বিভাগ, জ্যৈষ্ঠ ১৪১১ (মুদ্রণ), পৃ. ২৪৫-২৪৬। উল্লেখ্য, আমাদের এই প্রবন্ধে রবীন্দ্র-বক্তৃতার যাবতীয়* paraphrasing *এই অংশ থেকে নেওয়া হয়েছে।*

২। **সতীনাথ ভাদুড়ীর ডায়েরির** *যাবতীয় উদ্ধৃতি নেওয়া হয়েছে শঙ্খ ঘোষ ও নির্মাল্য আচার্য সম্পাদিত সতীনাথ গ্রন্থাবলী ২ (অরুণা প্রকাশনী)-এর গ্রন্থপ্রসঙ্গ অংশ থেকে।*

৩। **'রামচরিতমানস'**-*এর কাণ্ডগুলি হল :* **বালকাণ্ড, অযোধ্যাকাণ্ড, অরণ্যকাণ্ড, কিষ্কিন্ধ্যাকাণ্ড, সুন্দরকাণ্ড, লঙ্কাকাণ্ড, উত্তরকাণ্ড।** **'ঢোঁড়াইচরিতমানস'**-*এ কাণ্ডগুলির নাম :* **আদিকাণ্ড, বাল্যকাণ্ড, পঞ্চায়েতকাণ্ড, রামিয়াকাণ্ড, সাগিয়াকাণ্ড, লঙ্কাকাণ্ড, হতাশাকাণ্ড।** *এর মধ্যে প্রথম চারটি কাণ্ড প্রথম চরণের, শেষ তিনটি দ্বিতীয় চরণের অন্তর্গত।*

৪। *এই ইতিহাস বিস্তারিত জানবার জন্য দ্রষ্টব্য ধনঞ্জয় দাশ সম্পাদিত* **'মার্কসবাদী সাহিত্য বিতর্ক'** *বইটি। এখন 'করুণা প্রকাশনী' থেকে এর অখণ্ড সংস্করণ প্রকাশিত হয়েছে।*

৫। *পার্থ চট্টোপাধ্যায়ের* **'ইতিহাসের উত্তরাধিকার'** *(আনন্দ পাবলিশার্স) বইটির অন্তর্গত 'বাংলার গ্রাম-সমাজ প্রসঙ্গে প্রসঙ্গে কাল মার্কস' প্রবন্ধটি দ্র.।*

৬। *অনুরূপ আকাঙ্ক্ষার কথা পাওয়া যাবে* **'তারাশঙ্কর রচনাবলীর'**‌*র তৃতীয় খণ্ডে (মিত্র ও ঘোষ)। পৃ. ৩২৭-৩২৮ (ফাল্গুন ১৪১৩ মুদ্রণ)। তাঁর* **'সংকেত'** *উপন্যাসের প্রোটাগনিস্ট উমানাথও অনুরূপ আকাঙ্ক্ষা ব্যক্ত করেছিল।*

লোকমাঙ্গল্যের কষ্টিপাথরে কৃত্তিবাস ও তুলসীদাসের রামায়ণ

মঞ্জুরানী সিংহ

রামকথাকে নিঃসন্দেহে সত্যার্থে রাষ্ট্রকথা/বিশ্বকথা বলে মনে করা হয়। এর নানা লোকরূপ আছে, নানা সাহিত্যরূপ আছে। মহান বিদ্বান কামিল বুলকে ভারতের সর্বত্র রামের কাহিনীর চর্চার দায়িত্ব নিয়েছিলেন এবং সে-কাজ অনেক দূর এগিয়েছিল। এর পর শ্রীরামনাথ ত্রিপাঠী তুলনাত্মক কার্যসূচী গ্রহণ করে গবেষণার কার্যকে একটি নতুন মাত্রা প্রদাণ করেন।

সংস্কৃত, প্রাকৃত ও নানা প্রাদেশিক ভাষার রামায়ণের যে-সব সংস্করণ আছে, সে-সকলের প্রামাণ্যরূপ ও সমালোচনা ও চর্চার এ যুগেও যথেষ্ট প্রয়োজন আছে। এই ধরণের চর্চার নানান দিক আখ্যা যেমন, রামকাহিনীর বিভিন্ন রূপ, বাল্মিকীর সঙ্গে মিল ও প্রভেদ স্থানীয় প্রকারভেদ, ভাষা এবং ছন্দ, সংস্কৃতি ও জীবনের পরিপ্রেক্ষিত, তার প্রাচীন ও সমকালীন বর্ণনা, ঐতিহাসিক তথ্য ইত্যাদি। লোকগীতি, লোকমুখে প্রচলিত কাহিনী ও জনশ্রুতির সংগ্রহ ও তুলনামূলক চর্চাও এ-বিষয়ে অধ্যয়নের আবশ্যক অঙ্গ

হতে পারে। বাল্মীকি তাঁর রামায়ণে নিজ রচনা সম্বন্ধে একটি কথা স্পষ্ট করে বলেছেন যে তাঁর রচনা ধর্মভাবকে পুষ্ট করবে। তিনি নিজ রচিত রামকথা সর্ববিদিত করে বলেছেন -

শ্রুত্বা বস্তু সমগ্রং তদ্ধর্মার্ধা ধর্মসংহিতম।

ব্যক্তমন্বেষতে ভূয়ো তদ্বৃন্তং তস্য ধীমতঃ[1]

বাংলায় কৃত্তিবাস রামায়ণ খুব শ্রদ্ধার স্থান লাভ করেছে।

কৃত্তিবাস একজন আত্মাভিমানী ব্রাহ্মণ ছিলেন। গৌড়েশ্বর ও তাঁর সভাসদ্গণের দ্বারা সম্মানিত হন এবং রাজার ইচ্ছামত যা-কিছু চেয়ে নেওয়ার প্রসঙ্গে কবিবর একটি উচিত কথা বলেন - আমি কারও কাছে কিছু চাই না, যেখানে যাবো, গৌরবমাত্রই যেন পাই।

কারো কিছু নাহি লই করি পরিহার

যথা যাই তথায় গৌরবমাত্র সার।[2]

কৃত্তিবাসের পূর্বপুরুষেরা ভিন্নভিন্ন রাজাদের দ্বারা সম্মানিত হয়েছিলেন। কবির পূর্বপুরুষেরা গুণ, শীল, প্রভুত্ব এবং ব্রহ্মচর্য ইত্যাদির কারণে বারাণসী অবধি বিখ্যাত ছিলেন। ব্রাহ্মণ, সজ্জনেরা তাঁদের কাছ থেকে আচার শিক্ষা করতেন। কৃত্তিবাসের নিজ কুলীনত্বের অভিমান ছিল যা তিনি তার নিজ কাজের মধ্যে ব্যক্ত করেছেন। এর বিপরীতে তুলসীদাসের মধ্যে এধরণের ভাব কখনও প্রকাশ পায়নি।

তুলসীদাস সন্ত ছিলেন, এবং তদনুরূপ বিনয়ও তাঁর ছিল, যার ফলে

নিজ বুদ্ধি বল ভরোস মোহি নাহি।

তাতেং বিনয় করউং সব পাহীং[3]

আবার

কবি না হোউং নাহি বচন প্রবীণু

সকল কলা সব বিদ্যা হীণু[4]

আবার

কবিত্ব বিবেক একনঁহী মোরে।[5]

- ইত্যাদি বলা যায়।

কৃত্তিবাসের মধ্যে এরকম বিনয় একেবারেই নেই। জায়গায় জায়গায় অবশ্য নিজ বিচক্ষণতা ব্যক্ত করেছেন।

কৃত্তিবাস পন্ডিত কবিত্ব বিচক্ষণ (আদিকান্ড, পৃ. ১৮)

কৃত্তিবাস পন্ডিত বিদিত সর্ব্বলোকে (অরণ্যকান্ড, পৃ. ১৪২)

কৃত্তিবাস পন্ডিত চমৎকার

সর্ব্বলোকে রামায়ণ হইল প্রচার-॥ (উত্তরকান্ড, পৃ. ৫০১)

কৃত্তিবাস পন্ডিত কবিত্বে বিচক্ষণ। (লঙ্কাকান্ড, পৃ. ৪০৮)

কৃত্তিবাস নিজ বিচক্ষণতা সম্বন্ধে সচেতন থাকলেও তাঁর অর্থলোভ ছিল না। অর্থলোভহীন হওয়ার কারণে তাঁর প্রবল আত্মবিশ্বাস জন্মেছিল যার ফলে বিদ্বান্ ব্যক্তিদের মধ্যে তখনকার দিনে সংস্কৃত ভাষা প্রচলিত থাকলেও তিনি বাংলাভাষায় রামায়ণ লেখার দুঃসাহস দেখান।[6]

গুপ্তযুগের আগে পর্যন্ত বাংলায় পালী ও প্রাকৃত ভাষাই চলিত ছিল। গুপ্ত, পাল ও সেন রাজাদের যুগে সংস্কৃত ভাষা রাজকীয় পৃষ্ঠপোষকতা পেত। ঐ সময়ে সংস্কৃত সাহিত্যের বিকাশ ঘটে। অষ্টম থেকে দশম শতাব্দী পর্যন্ত রাজপুতদের পৃষ্ঠপোষকতায় শৌরসেনী অপভ্রংশ সারা উত্তর ভারতের রাষ্ট্রভাষায় পরিণত হয়। বাংলায় সিদ্ধাচার্যগণ ছাড়াও একশ জন ব্রাহ্মণ এটা মেনে নেন।

ব্রাহ্মণদের মধ্যে সংস্কৃত চর্চা থাকলেও দ্বাদশ শতাব্দীতে মুসলমান আক্রমণে ক্ষত্রিয় শক্তি ক্রমশঃ ক্ষীণ হতে থাকে, ফলে সংস্কৃত ভাষাও লুপ্ত হতে থাকে। ১২০০ থেকে ১৩০০ খৃষ্টাব্দ পর্যন্ত এক যুগ সন্ধিকাল। ঐ সময়ের উথাল-পাথালের জন্য একে তো সাহিত্য প্রায় রচিতই হয়নি, উপরন্তু যা রচিত হয়েছিল তাও দুষ্প্রাপ্য। বৌদ্ধ চর্যাপদ দেখে মনে হয়, কৃত্তিবাসের আগে কিছু বৈষ্ণব কিছু শৈব সম্প্রদায় পদ রচনা করে প্রচার করেন। কিছু লোকগীত এবং মঙ্গলগীত ও পাওয়া যায় এবং গোছানো ও অর্থবহ গ্রন্থের কৃতিত্ব কৃত্তিবাসেরই প্রাপ্য। অবশ্য ঐ সময় চণ্ডীদাসের পদগুলিও লোকপ্রিয় হয়, সেগুলিতে কৃষ্ণের গুণগান ওতপ্রোতভাবে মিশে আছে।

কৃত্তিবাস বাল্মীকি রামায়ণের ধারা আপন করেছিলেন, সেই কারণে সংস্কৃত সাহিত্য ও বাংলার যোগসূত্রের কর্তা কৃত্তিবাসই। শ্রী জি.সি. ঘোষ কৃত্তিবাসকে বাংলা কবিতার জনক (Father of Bengali Literature) বলে[7] অভিহিত করেছেন। উনি কৃত্তিবাসী রামায়ণকে বাংলা সাহিত্যের ভিত্তিপ্রস্তর হিসেবে স্বীকার করেন।

কৃত্তিবাস আত্মবিবরণীতে লিখেছেন -

(ক) **সন্তুষ্ট হইয়া রাজা দিলেন সম্বোধ**
রামায়ণ রচিতে করিলা অনুরোধ।

(খ) **বাপ মায়ের আশীর্বাদে গুরু আজ্ঞা দান।**
রাজাজ্ঞায় রচে গীত সপ্ত কাণ্ড গান।

সুকুমার সেন প্রথম ছন্দটিকে প্রক্ষিপ্ত মনে করেন।[8] উনি মনে করেন অন্যস্থলে 'রাজাজ্ঞার' জায়গায় 'বাল্মীকি প্রসাদ' কথাটি আছে।[9]

তুলসীদাস যেরকম 'শান্ত সুধায়' আখ্যা দিয়েছেন। রামচরিতমানসকে উল্লেখ করেছেন, তেমনি

অরণ্যকাণ্ডে কৃত্তিবাসও এক জায়গায় অনুরূপ ভাব প্রকাশ করে বলেছেন, 'কৃত্তিবাস রামায়ণ রচে মনোসুখে'।

কৃত্তিবাসের রচনা বিচার করতে গেলে, পরিস্থিতি ও মহৎ ভূমিকা নেয়। ইতিহাসের বিচারে জানা যায় যে ইসলাম দ্বারা হিন্দুদের বলপূর্বক ধর্মান্তরই এই মহৎ গ্রন্থের রচনার কারণ। ইসলামের এই জোরজবরদস্তির প্রবৃত্তি দ্বারা হিন্দু সমাজ ছিন্নভিন্ন হতে থাকে। এই সময় ব্রাহ্মণদের মধ্যে দুটি প্রবৃত্তি দেখা যায়। এক, তাঁরা সমাজের বাঁধনকে খুব কঠিন করে দেন। ভাষা-সাহিত্যের ক্ষেত্রে তাঁরা সংস্কৃতকে সম্মান দেন। দ্বিতীয়তঃ, তাঁরা নিজেদের উচ্চাসন ছেড়ে সাধারণ হিন্দু জনগণকে সংগঠিত করতে চান। কৃত্তিবাস এই দ্বিতীয় প্রচেষ্টায় সামিল হন। পঞ্চদশ ও ষোড়শ শতাব্দীর জন্য লেখকের এই প্রথম তূর্যনাদ।

কৃত্তিবাসের পূর্বক্ত নরসিংহ ওঝা মুসলমানদের ভয়ে রাজ্যাশ্রয় ছেড়ে ফুলিয়া গ্রামে আশ্রয় নেন। কবি হিন্দুদের দুর্দশা ও মুসলমানদের 'নৃশংসতা' অনুভব করেই মুসলমানদের রাক্ষসরূপে ভেবেছেন। রাক্ষস সংহারের জন্য ভগবান্ অবতাররূপ গ্রহণ করেন। কবির এই বিশ্বাস রামায়ণে মহৎ রূপ পেয়েছে। তার ফলে বাল্মীকির মহামানবই কৃত্তিবাসের ধর্মগ্লানি হরণকারী রাম হয়েছেন। কৃত্তিবাস নিজ পাণ্ডিত্য ও কৌলীন্য একেবারেই ভোলেননি, বরং নিজে ব্রাহ্মণত্বকে সঙ্গে নিয়ে শ্রেষ্ঠ স্থানে নিজে বিরাজ করেছেন।

তুলসীদাসের কোনও সামাজিক বিন্দুতে অবস্থান খোঁজা যেতে পারে। কিন্তু এটা পরিষ্কার যে তুলসীদাসের আধ্যাত্ম রামায়ণ এবং রামানন্দের সিদ্ধান্ত আগেই তার পথ প্রশস্ত করে দিয়েছিল। কৃত্তিবাসের আগে বাংলায় যে রাম পরিচিত ছিলেন না, তা নয়, তবে অধ্যাত্ম ও সাধনার ক্ষেত্রে তেমন গুরুত্ব পাননি। চণ্ডীদাস খুবই জনপ্রিয় ছিলেন। নিজ কাব্যে কৃষ্ণলীলার ব্যাখ্যান করে। সংযম-শিথিল ও তন্ত্রপ্রভাবিত সমাজের জন্য রাধাকৃষ্ণের উপাসনাই বেশী মনোমত ছিল।

কখনও কখনও ব্রাহ্মণদের মুখে রামের পৌরাণিক কথা শুনে জনতার মনও উল্লসিত হত। কৃত্তিবাসের আগে থেকেই পাঁচালী, ছড়া প্রভৃতি লোক কথাত্মক গানের প্রচার ছিল। পরবর্তীকালে ধর্মমঙ্গলের লাউসেন, চণ্ডীমঙ্গলের কালকেতু এবং মনসামঙ্গলের লখিন্দর-বেহুলার কাহিনীও লোকসংস্কৃতির মাধ্যমে প্রচার পেয়েছিল। পাঁচালী গানের মাধ্যমে এ-সব লোকগীত শোনা যেত।

লোকসংস্কৃতির প্রচলিত ধারা মনে রেখে কৃত্তিবাস পাঁচালীর ছাঁচে রামের কথা লিখেছেন।

এই কাব্য বাল্মীকি রামায়ণের উপর প্রতিষ্ঠিত ছিল। নবীনতার কারণে এই কাব্য শীঘ্রই লেখকদের প্রেরণার উৎস হয়ে ওঠে আরও জনপ্রিয়তা অর্জন করে। লোকগীতিকারগণের কাছে কথ্য ভাষায় রামায়ণ বড় সম্বল হয়ে ওঠে।

রামায়ণের বিষয়বস্তুতেও কিছু দিনের মধ্যে বাংলাদেশে ভিন্ন ভিন্ন রূপ দেখা যায়। ফুল আখড়াই, হাফ আখড়াই, ওস্তাদ, কবি পাঁচালী, তর্জা ও ঝুমুরের শৈলীতে রামকাহিনী গৃহীত হতে থাকে।

শুধু তাই নয়, কৃত্তিবাসের রামায়ণ বাংলাদেশে রামলীলার গুরুত্ব বাড়ায়। পঞ্চদশ শতকের শেষে এবং ষোড়শ শতকের প্রথমে রামলীলার প্রচার পাই চৈতন্য ভাগবতে। শ্রীচৈতন্যের প্রিয় শিষ্য ছিলেন নিত্যানন্দ। তিনি বাল্যকাল থেকেই রামলীলা এবং কৃষ্ণলীলায় অংশগ্রহণ করতেন। শ্রীচৈতন্যের আগেই বাংলায় রাজলীলার অভ্যুদয় হয়েছিল। এই রামলীলায় উত্তর ভারতীয় রামলীলার প্রভাব ছিল না।

কথিত আছে যে, চৈতন্য ভাগবতের ধাঁচে তৈরী দশরথের ভূমিকায় অভিনয়কারী এক ব্রাহ্মণ আপন প্রাণই ত্যাগ করেন।[10]

শ্রীচৈতন্যের ভক্ত মুরারি গুপ্ত সংস্কৃতে বিদ্বান্ ছিলেন। তিনি একাধারে কৃষ্ণোপাসক ও রামোপাসক দুটোই ছিলেন। রামের উপর লিখিত তাঁর কাব্যে তাঁর গভীর বিশ্বাস ও ভক্তি দেখে শ্রীচৈতন্য তাঁকে পরজন্মে রামদাস হওয়ার আশীর্বাদ করেন।[11]

ষোড়শ শতাব্দীতে বাংলায় পাঁচালী শৈলীতেই রামায়ণের গান হ'ত। সপ্তদশ শতকে তাতে কৃষ্ণভক্তির প্রভাব দেখা যায়। কবিরা ব্রজবুলি মিশ্রিত ভাষায় পদ লিখতে থাকেন। লেখকদের উপর কৃত্তিবাসের প্রভাব সহজেই দেখা যেতে পারে।

রামদাস নামে এক কবি নিজে কবিতা লিখে কৃত্তিবাসের ভনিতা দিয়ে শুরু করেন -

ভনতহি কবি কৃত্তিবাস।

জানকী রমণ চরণে আশ।[12]

জানা যায় না, কত রামদাস, কবিচন্দ্র আদি লেখক স্বীয় রচনা নিয়ে রামায়ণে বিলীন হয়ে আছেন। কৃত্তিবাসী রামায়ণে বর্ণিত তরণীসেনের মহীরাবণবধ এবং লক্ষণ ভোজন সম্বন্ধে শ্রীসুকুমার সেনের মত এই যে এই প্রসঙ্গ দুটি ভিন্ন কবির রচনা। এ-ছাড়া আরও কিছু প্রসঙ্গ কৃত্তিবাসের নামে চলে যেগুলি বিদ্বৎজ্জনের দৃষ্টিতে মৌলিক নয়। ষোড়শ শতকে মাধব কাদলী এবং শংকর দেব ছাড়া আর কোনও কবিই কৃত্তিবাসের পর্যায়ে পড়েন না। কিন্তু এঁদের বাংলার উত্তর পূর্বতেই সীমিত আর এখন এঁরা তো অসমিয়া সাহিত্যের আওতায় পড়ে না। সপ্তদশ ও অষ্টাদশ শতকে রাম বিষয়ক সাহিত্য সংকীর্ণ সীমায় আবদ্ধ হলেও কৃত্তিবাসের জনপ্রিয়তা অক্ষুন্ন থাকে। সপ্তদশ শতকে সন্ত অদ্ভুতাচার্যের রামায়ণ বিশেষ খ্যাতি লাভ করে। অষ্টাদশ শতকের প্রধান রামায়ণকার ষষ্ঠীবর সেন, তাঁর পুত্র গঙ্গাধর সেন, কবি চন্দ্র চক্রবর্তী, শিবচন্দ্র সেন ও ফকিররাম কবিভূষণ। অষ্টাদশ শতাব্দীতে শ্রীরামানন্দ ঘোষ, যিনি নিজেকে বুদ্ধের অবতার মনে করতেন। তিনিও নিজ রামায়ণ লেখেন। এই শতাব্দীতে সম্পূর্ণ রামায়ণ কাব্যের অতিরিক্ত ও অনেক পুস্তক রামকথা নিয়ে লেখা হয়। ঊনবিংশ শতকে রামমোহন এবং রঘুনন্দন গোস্বামীও রামায়ণ লেখেন। কৃত্তিবাসের রামায়ণ অনুসারে লেখা খণ্ড ও পূর্ণ রামায়ণ লেখকের সংখ্যা একশতের বেশী। কৃত্তিবাসের পরবর্তীকালে ঊনবিংশ শতক পর্যন্ত সকল কবিই নিজ রচনার সূচনায় কৃত্তিবাসের নাম সমাদরে উল্লেখ

করেছেন।[13]

যেমন- **কৃত্তিবাস পণ্ডিত কবিত্ব মনোহর**

খুদুরাম রচিল দেবের পাওয়া বর।

অষ্টাদশ শতকে আরেক কবি পণ্ডিত কৃত্তিবাসকে 'শুদ্ধ হৃদি' বিশেষণ দিয়েছেন।

ঊনবিংশ শতাব্দীতে রামমোহন বন্দ্যোপাধ্যায় তুলসী দাস ও কৃত্তিবাস উভয়কেই প্রণাম নিবেদন করেছেন।

তুলসীদাসের পর করিয়া বন্দনা

প্রণামিয়া কৃত্তিবাস পণ্ডিতের পায়

শ্রীরামমোহন বিপ রচিল ভাষায়।[14]

এই ভাবে বাংলায় সপ্তদশ থেকে ঊনবিংশ শতাব্দী পর্যন্ত রামায়ণের খুব প্রচার ছিল। সে সময় রামের লীলা, যাত্রা ইত্যাদি শ্রী প্রেমচাঁদ অধিকারী, আনন্দ অধিকারী ইত্যাদির হাতে ছিল।[15]

গোপাল হালদারও প্রমাণ করেছেন এই যে অষ্টাদশ শতাব্দীতে রামায়ণ গানের বিপুল প্রচার ছিল।

অষ্টাদশ-ঊনবিংশ শতকে বাংলাতেও তুলসীদাসী রামায়ণের প্রভাব পড়তে থাকে। কিন্তু কৃত্তিবাসের মাহাত্ম্য অক্ষুন্নই থাকে। সেই প্রেরণায় শ্রীশ্যামপ্রসাদ মুখোপাধ্যায়ের পিতামহ শ্রীগঙ্গাপ্রসাদ মুখোপাধ্যায়ও রামবিষয়ক কিছু রচনা করেন। মাইকেল মধুসূদন দত্তের 'মেঘনাদ বধ' কৃত্তিবাসের কীর্তি ঘোষণা করে। "কীর্তির বসতি সতত তোমার নামে সুবঙ্গ ভবনে।"

মধুসূদন বলতেন, লর্ড মেকলে একস্থানে বলেছেন 'প্যারাডাইস লষ্ট' ও 'প্যারাডাইস রিগেইণ্ড' যদি নষ্ট হয়ে যায় তো ক্ষতি নেই কেন না দুটো বইই তিনি (মেকলে) মুখস্থ করে নিয়েছেন। তেমনি কৃত্তিবাসী রামায়ণ ও কালীদাসী মহাভারত নষ্ট হলেও ক্ষতি নেই কারণ আমি (মধুসূদন) দুটো কাব্যই কণ্ঠস্থ করে রেখেছি।[17]

খ্রীষ্টধর্ম গ্রহণ করার কারণে হিন্দুত্বের আধ্যাত্মিকতায় হয়তো তাঁর কোনও আস্থা ছিল না, পুরোটাই কেবল বৌদ্ধিক উপলব্ধি।

এই বৌদ্ধিকতার জন্যই প্রাচীন গ্রন্থের স্থান তাঁর হৃদয়ে ছিল। কৃত্তিবাসের উপর তিনি একটি চতুর্দশপদীও লিখেছিলেন।[18]

স্যার গুরুদাস বন্দ্যোপাধ্যায় বাংলা সাহিত্যকে যদিও উপহাস করতেন কিন্তু উনিও কৃত্তিবাসী রামায়ণে মুগ্ধ ছিলেন। রাজকৃষ্ণ দাসও কৃত্তিবাসের স্তুতিতে কবিতা লিখেছিলেন।

কৃত্তিবাসের ভক্তেরা তাঁর স্মারক বানিয়েছেন। কবির জন্মস্থান ফুলিয়া গ্রাম গঙ্গার কূলে

অবস্থিত। এই গ্রামের কাছেই শ্রীচৈতন্যের ভক্ত যবন হরিদাসের সাধনাপীঠ। ফুলিয়া, বেলেগেড়ে, মালিপোতা, সিমলা আর নবলা এই পাঁচ গ্রাম নিয়ে ফুলিয়া সমাজের নির্মাণ হয়। এই গ্রাম ছাড়া কৃত্তিবাসের কোন বিশেষ নিদর্শন পাওয়া যায় না। কৃষকেরা কৃত্তিবাসের সম্মানে তাঁর ভিটার ভগ্নাবশেষের আশেপাশে চাষ করত না, ফলে সেখানে ঘোর জঙ্গল হয়ে যাওয়ায় সেখানে সাপ ও জঙ্গলী জানোয়ারের যাতায়াত লক্ষ্য করা যায়।

এটা সত্যি যে কৃত্তিবাসের রামায়ণ পাঁচালী গায়কদের প্রচারে আসাম থেকে ওড়িশা পর্যন্ত এবং চট্টগ্রাম (অধুনা বাংলাদেশ) থেকে রাজমহল (বিহার) পর্যন্ত পৌঁছেছিল। এটি বাংলার জাতীয় গ্রন্থ এবং জনতা দ্বারা সমাদৃত।

এখন, চর্চার বিষয় হল তুলসীদাসের 'রামচরিত মানস'। সংযম, শীল ও মর্যাদার গরিমামণ্ডিত ভারতীয় সংস্কৃতির স্রোত।

কৃত্তিবাসী রামায়ণ কেবল বাংলার বেদ হতে পারে, কিন্তু তুলসীর রামায়ণ ভারতের বিরাট অংশকে প্রভাবিত করেছে। অহিন্দী ভাষী জনগণের কাছে ও তুলসীদাসের বিষয়ে আস্থাপূর্ণ পরিচয় পাওয়া যায়। কেবল বাংলাতেই তুলসীর 'মানসের' কিছু কিছু অনুবাদ প্রকাশিত হয়েছে। অষ্টাদশ এমনকি ঊনবিংশ শতকের অনেক বাঙালি রামায়ণ রচয়িতার প্রেরণাতেও তুলসীদাস ছিলেন।

রামমোহন বন্দ্যোপাধ্যায়ের উদাহরণ নেওয়া যেতে পারে। তিনি তাঁর বাংলা রামায়ণে তুলসীদাসের প্রতি ভক্তি ব্যক্ত করেছেন -

নদ নদী অতি বেগে সমুদ্রে মিশায়।
যে মত রামের অঙ্গে জীব লয় পায়॥
অবিরিত বৃষ্টিতে পৃথ্বীর তাপ যায়।
যে মত তাপিত রামনামেতে জুড়ায়॥[19]

বাল্মীকি রামায়ণ বাদে আর যে রামায়ণের দেশ বিদেশে বহুল প্রচার দেখা যায়, তা হল তুলসীর 'মানস'। এর অনুবাদ ইংরাজি, রুশী ইত্যাদি কিছু কিছু পাশ্চাত্য ভাষাতেও হয়েছে। কোনও ভাষার অনুবাদক আবার তুলসীর চৌপাই দোহার ছন্দে অনুবাদ করেছেন।

ভারতের সাধারণ হিন্দু জনতা বেদ, বেদান্ত শাস্ত্র ইত্যাদির সঙ্গে খুব পরিচিত না-হলেও 'রামচরিত মানস' তাদের সেই জ্ঞানের স্রোতে সামিল করেছে। এই গ্রন্থ জ্ঞান, বিজ্ঞান, শাস্ত্র সবকিছুই তাদের জন্য। ঘরে-ঘরে এই কাব্যের চৌপাই গাওয়া হয়। পূজার ঘরে যেমন, সাধারণ বৈঠকেও তেমনি এই কাব্য সমাদৃত।

তুলসী এই কাব্যে সকল কাব্যপদ্ধতি, ছন্দ আর লোকগীতি নিহিত করেছেন। ফলে চাইলে লোকে নিজের সাধারণ জীবনকে রামময় করে তুলতে পারে। উঠতে বসতে শয়নে জাগরণে রামনাম জপ করে যেতে পারে, 'মানসের' এ-রকম প্রভাব সহজেই দেখা যায়। শিক্ষা ক্ষেত্রে স্কুল কলেজে 'মানস' আশ্রিত

কাব্য আবৃত্তি প্রতিযোগিতা, 'মানসের' প্রসঙ্গ আশ্রিত প্রশ্নোত্তর প্রতিযোগিতা ইত্যাদির আয়োজন করা হয়। 'মানস' কোনও না কোনও রূপে লোকজীবনে নিজ উপস্থিতি তৈরী করে নেয়।

'ধন ঘমণ্ড পড গরজ খোরা।

প্রিয়াহীন ডরপড় মন মোরা॥[20]

সাধারণ কৃষকের মুখে এ-বাণী শোনা কিছু আশ্চর্যের বিষয় নয়।

মুসলমান এবং ইংরাজ শাসনকালে জনভাষায় আরবী, পারসী ও ইংরাজি বলপূর্বক প্রবেশ করতে থাকে, সেসময়ও মানসের চৌপাই সাধারণ, নিম্ন এবং অশিক্ষিত লোকেদের চলতি ভাষায় সংস্কৃত শব্দের প্রচার কতে থাকে। শুধু তাই নয়, বিদ্বৎজ্জনেরও দরকার মতো এই চলতি ভাষায় ঠিক সময়ে ঠিক কথা প্রয়োজনের সুবিধা আছে। এ-রকম ব্যবহার মোটেই অসম্ভব নয়।

উত্তর ভারতে রামভক্তি প্রচারে প্রথম স্থান রামানন্দের। কিন্তু তিনি রামভক্তির মার্গ খুলে দিয়েছিলেন শুধু বর্ণ হিন্দুদের জন্য। কিন্তু মুসলমানদের অত্যাচার আর ধর্মান্তরকরণের বিকট পরিস্থিতিতে রামানন্দের বৈরাগী সম্প্রদায় সর্ব বর্গের মধ্যে রামভক্তি প্রচার করে হিন্দুজাতিকে সংগঠিত করে। যার ফলে তারা নিজ অস্তিত্ব বাঁচিয়ে রেখে সসম্মানে জীবনধারণ করতে পারে। রামভক্তির এই পথ কবীরপন্থীদের থেকে কিছুটা ভিন্ন, এখানে উচ্চবর্ণ বা অন্য ধর্মালম্বীদের প্রতি কোনও বিরূপ মনোভাব বা বিরাগের স্থান নেই। বৈরাগীদের উদ্দেশ্য ছিল, জনগণকে আত্মশক্তিতে পূর্ণ করা। বৈরাগীরা পুরুষোত্তম রামের ধৈর্য, ভরতের ভ্রাতৃত্ব প্রতীকরূপে জনগণকে বোঝাতো। রামানন্দ সম্প্রদায় থেকে 'মানস' এগিয়ে ছিল। রামানন্দ শুধু সম্প্রদায়ের প্রবর্তন করেছেন। বহু বৈরাগী রামানন্দের নামও হয়তো জানে না কিন্তু তুলসী এবং তাঁর 'মানস' তাদের কাছে অবিস্মরণীয়।

রামভক্তি প্রচারের জন্য তুলসী স্বয়ং রামলীলার প্রচার করেছিলেন। কাশীতে যেখানে রামলীলা করেছিলেন, সেখানে আজও রামলীলা চলে আসছে।

অনেক ছোট বড় শহর বা গ্রামেও আশ্বিনের প্রতিপদ থেকে বিজয়া দশমী পর্যন্ত রামলীলা চলে। এই অবসরে অযোধ্যাকাণ্ডের আগেকার অংশই সাধারণতঃ অভিনীত হয়। বসন্ত পঞ্চমীর সময় পাঁচ-ছয় দিন ধরে ধনুষ যজ্ঞ চলে। বসন্ত পঞ্চমী দিনে ধনুর্ভঙ্গ, রাম-সীতার বিয়ে এবং লক্ষ্মণ-পরশুরাম সংবাদের আনন্দ পরিবেশিত হয়।

তুলসীর প্রচলিত রামলীলা অভিনয় অক্ষুন্নরূপে চারশো বছর ধরে চলে আসছে।

কুশীলবদের কথোপকথন সাধারণত 'মানস'-এর ছন্দেই অনুসারেই গাওয়া হয় কিংবা হয়তো অংশগ্রহণকারীরা সমাজের সাধারণ লোক সুরতালসহ সাহিত্য পদের পাঠ করেন এবং কুশীলবরা তার গদ্যানুবাদ করেন। অপেক্ষাকৃত নীরস বর্ণনাত্মক অংশগুলি তাড়াতাড়ি শেষ করা হয় যাতে করে রসপূর্ণ

অংশগুলি কোনওভাবে বাধা না পায়। একজন সূত্রধরও থাকেন যিনি জটিল অংশগুলি নিজ বাক্‌চাতুরী দ্বারা জনসাধারণকে বুঝিয়ে দেন তথা অভিনয়কারীদের দুর্বলতাও কিছুটা ঢাকেন। বিজয়া দশমীর শেষে রাবণ বধের দৃশ্য অদ্ভুত রোমাঞ্চকারী হয়। সর্বসাধারণের মনোরঞ্জক ও আনন্দদায়ী রামায়ণ গানে পারদর্শিতা অর্জনের জন্য যুবকেরা বছরের পর বছর ধরে অভ্যাস করেন। অর্থাৎ 'মানস' তাদের রোজগারেরও উপায় করে দেয়।

এ-ভাবে তুলসী অতি সহজরূপে ভারতীয় ধর্মের বৈশিষ্ট্যানুরূপ ভক্তিরও পথ তৈরী দিয়েছেন। তাঁর ভক্তিতে শুদ্ধাচার, সদাচার ও সৎসঙ্গ-ই হচ্ছে উপাসকের সদ্‌গুণ অর্জনের উপায়। তুলসী কর্তৃক প্রচারিত ভক্তি ধনী নির্ধন, উচ্চ-নীচ, শিক্ষিত অশিক্ষিত সকলের জন্য লোকহিত ও আত্মশুদ্ধির দৃষ্টিকোণ তৈরী করে। ভক্তির লক্ষ্য শুদ্ধা ভক্তি। কোনও প্রকার ভয়, প্রলোভন ইত্যাদির দ্বারা সাধককে ঈশ্বরোন্মুখ করার প্রয়াস ভারতীয় ধারার বহির্ভূত, এ-কথা কবীরের মত নির্গুণবাদী অথবা তুলসীর মতো সগুণবাদী উভয়ের ক্ষেত্রেই প্রযোজ্য।

ভারতীয় ব্রহ্মবাদ সূক্ষ্ম চিন্তাধারার ফল। অন্য ধর্মের একেশ্বরবাদ যা নির্গুণবাদে স্থূলতা থেকে যেতে পারে কিন্তু তা ভারতীয় ব্রহ্মবাদের মননের ধরাতল পর্যন্ত পৌঁছতে পারে না। সাধারণ লোক শংকরাচার্যের সামনে শ্রদ্ধানত হতে পারে, কিন্তু তাঁকে বোঝা সকলের পক্ষে সুগম নয়। নানা সংস্কার ভূতপ্রেতের উপাসনায় উন্মুখ হতে পারেন এ-রকম সমাজ আবার উচ্চ সংস্কার সম্পন্ন ব্যক্তিদের সকলকেই একই আদর্শে বাঁধার লক্ষ্যে পূর্ণ মানসিক এবং দৈবী গুণ সম্পন্ন ভগবান রামের আবশ্যকতা ছিল। সেই কারণেই তুলসীর যুগে তুলসীরই প্রয়োজন ছিল।

পরম ভক্তজনেরা মনে করেন, তুলসী শুধু তৎকালীন পরিস্থিতির কারণেই 'মানস' রচনা করেননি। তিনি ভারতীয় ভাবধারারই অনুসারণ করেছেন। এ-কথা স্বীকার করতেই হয় যে তুলসী যথার্থই তৎকালীন পরিস্থিতিকে প্রভাবিত করেছেন। সে-যুগে ভগ্নপ্রায় হিন্দুসমাজের কাছে তুলসীর 'মানস' বড় সম্বল হয়ে দাঁড়ায়। সেই সঙ্গে 'মানস' মানবতার যে শুদ্ধ বার্তা এনেছিল, তা ব্যক্তি, পরিবার এবং সমাজকে সংকটকালে প্রেরণা যোগাবে।

তুলসী এবং কৃত্তিবাসের উদ্দেশ্য সমান। জন আন্দোলনের দৃষ্টিতে তুলসী হয়তো চৈতন্য মহাপ্রভুর পর্যায়ভুক্ত হতে পারেন। কৃত্তিবাসের সঙ্গে পরিস্থিতি ও প্রেরণার বিচারে উভয়ের ঐক্য থাকতে পারে, কিন্তু প্রভাব ও প্রতিভার বিচারে তুলসীকেই শ্রেয়ঃ মনে হয়।

সূত্রনির্দেশ ও টীকা :

1. **বাল্মীকি রামায়ণ,** *বড়োদা সংস্করণ,* 1/3/1

2. **আত্মবিবরণী** *(রামানন্দী সংস্করণ, কৃত্তিবাস রামায়ণ)*, *পৃ*-585
3. **আত্মবিবরণী** *(রামানন্দী সংস্করণ, কৃত্তিবাসী রামায়ণ)*, *পৃ*-584
4. **আত্মবিবরণী** *(রামানন্দী সংস্করণ, কৃত্তিবাসী রামায়ণ)*, *পৃ*-585
5. Bengali Literature, G.C. Ghosh, *পৃ*-35
6. Bengali Literature, G.C. Ghosh, *পৃ*-35
7. Bengali Literature, G.C. Ghosh, *পৃ*-35
8. **বাংলা সাহিত্যের ইতিহাস (*1*)**, *সুকুমার সেন, পৃ*-96
9. **বাংলা সাহিত্যের ইতিহাস (*1*)**, *সপ্তকাণ্ড রামায়ণ, পৃ*-96
10. **চৈতন্য ভাগবৎ**, *পৃ*-1-9-65
11. **চৈতন্য ভাগবৎ**, *পৃ*-2-4-342
12. **চৈতন্য ভাগবৎ**, *পৃ*-2-4-342
13. **বাঙালী রামায়ণ**, *দীনেশ চন্দ্র সেন, পৃ*-153
14. **বাঙালী রামায়ণ**, *দীনেশ চন্দ্র সেন, পৃ*-137
15. Bengali Literature in the Nineteenth Century, S.K. De, *পৃ*-450
16. **বাঙ্গালীর ইতিহাস**, *নীহারচন্দ্র রায়, পৃ*-279
17. **পূর্ণচন্দ্র** *(কৃত্তিবাস রামায়ণ কী ভূমিকা)*, *পৃ*-50
18. **চতুর্দশপদী কবিতাবলী**, *মাইকেল মধুসূদন দত্ত*
19. Bengali Ramayanas (English), Dinesh Chandra Sen, *পৃ*-142

সীতা : বাল্মীকি রামায়ণ ও শ্রীরাম পাঁচালিতে

সত্যবতী গিরি

রামায়ণের এই দুই কবির সীতার স্থান সময়ের বিপুল ব্যবধানে প্রভাবিত হয়েছে। বাল্মীকির সময় খ্রীষ্টপূর্ব ৪র্থ বা ৩য় শতক। সেই সময়ের সামাজিক, সাংস্কৃতিক আর ধর্মীয় প্রেক্ষাপট কৃত্তিবাসের সময়ে অনেকটাই বিবর্তিত হয়ে রূপান্তরিত। বাল্মীকির নরচন্দ্রমা রূপী রাম কৃত্তিবাসের লেখণীতে পরিণত হয়েছেন নরদেবতায় - বিষ্ণুর অবতারে। ঠিক একইভাবে বাল্মীকির তেজস্বিনী ও ব্যক্তিত্বসম্পন্না সীতা যিনি কৃত্তিবাসের কাব্যে হয়ে উঠেছেন বাঙালি গৃহবধূ। কিন্তু সেই বিবর্তন বা রূপান্তরের ধরণ যথার্থভাবে বুঝতে গেলে এই দুজন কবির সৃষ্টিকে পাশাপাশি রাখার প্রয়োজন আছে। আমাদের আলোচনায় সেই চেষ্টাই করবো।

বাল্মীকি রামায়ণের আদিকাণ্ডে রাজা জনক বিশ্বামিত্র মুনির কাছে কন্যা সীতার উৎপত্তি সম্পর্কে বলেছেন -

অথ মে কৃষতঃ ক্ষেত্রম লাঙ্গলাদুত্থিতা ততঃ।

ক্ষেত্রং শোধয়তা লব্ধা নাম্না সীতেতি বিশ্রুতা।

ভূতলাদুত্থিতাসা তু ব্যবর্দ্ধত মমাত্মজা॥

(রামায়ণম্ ; আদিকাণ্ড; ৬৬সর্গ; ধ্যানেশ নারায়ণ চক্রবর্তী সম্পাদিত; নিউ লাইট; প্রথম সংস্করণ; পৃঃ- ১৪২)

কিন্তু কৃত্তিবাস তাঁর রচনার আদিকাণ্ডে নিজেই সীতার জন্মকথা বিবৃত করলেন -

সাত বৎসরের রাম অযোধ্যা নগরে।

লক্ষ্মী হোথা জন্মিলেন জনকেরঘরে॥

চাষের ভূমিতে কন্যা পায় মহাঋষি।

মিথিলা হইল আলো পরম রূপসী॥

(যখন অযোধ্যা নগরে রামের আয়ু সাত বছর, তখন লক্ষ্মী রাজা জনকের ঘরে অবতার হয়ে আসে। কৃষিভূমিতে মহাঋষি কন্যাকে পেয়েছিলেন আর পরম রূপসীর রূপের প্রকাশে মিথিলা আলোকিত হয়েছিল।)

(রামায়ণ; কৃত্তিবাস বিরচিত; সম্পাদক- হরেকৃষ্ণ মুখোপাধ্যায়;
সাহিত্য সংসদ; তৃতীয় মুদ্রণ; ১৯৮৯; আদি কাণ্ড; পৃঃ - ৫৯)

এটা যেমন একেবারে বাঙালি পরিবারের এক কন্যার জন্মকথা - যে শুধু ঘর নয়, দেশকে আলোকিত করে। বাল্মীকি রামায়ণে রাজর্ষি জনক কন্যার অদ্ভূত জন্মকথার বিবৃতিতে তাঁর রূপের কথা

বলেন নি, তাঁকে লক্ষ্মীর অবতারও বলেন নি। কিন্তু কৃত্তিবাস তাঁর রামায়ণী কথায় প্রথমেই সীতাকে বলেছেন লক্ষ্মী। তাঁকে দেখে রাজা জনকের মনে হয়েছে তাঁর কন্যা একই সঙ্গে উমা কমলা ও বাণী। সীতা সর্বগুণধারিনী, তাই কৃত্তিবাস তাঁর দেবীত্বকেই প্রতিষ্ঠিত করছেন। মহাকাব্যের ব্যক্তিত্বময়ী অলোকসামান্যার দেবী মহিমাই মধ্যযুগের সাধারণ বাঙালি পাঠক অথবা অনক্ষর শ্রোতার কাছে গৃহীত হবে বেশি। বাঙালির পরিচিতা কন্যারূপিনী উমা আর নিত্যপূজিতা লক্ষ্মী-সরস্বতীর সঙ্গে তাই তাঁর সীতাকে তিনি মিলিয়ে দিয়েছেন। এই সীতা কৃত্তিবাসেরই মানসকন্যা।

রামায়ণের নানা জায়গায় সীতার সৌন্দর্যের প্রসঙ্গ রয়েছে। তিনি "বিশালাক্ষী পূর্ণেন্দসদৃশাননা"। তাঁর রূপের অনুপুঙ্খ বর্ণনা রয়েছে রামায়ণে -

সা সুকেশী সুনাসেরুঃ সুরূপা চ যশস্বিনী।

তপ্তকাঞ্চন রক্ততুঙ্গনখীশুভা।

তাং বিস্তীর্ণজঘনাং পীনোত্তুঙ্গ পয়োধরাম্

তুল্য সীমন্তিনী তস্যা মানুষী তু কুতো ভবেৎ।

(অরণ্যকাণ্ডম্; ৩১/৩০)

সা হি চম্পকবর্ণাভাগ্রীবা গ্রৈবেয়শোচিতা। (অরণ্য কাণ্ডম্; ৬০/৩২)

শৈপ্যকাঞ্চন বর্ণাভা ইত্যাদি।

বাল্মীকি রামায়ণে এই ভাবে বিভিন্ন জায়গায় ছড়িয়ে আছে সীতার রূপের বর্ণনা। বর্ণনাগুলিকে একত্রিত করলে দেখা যাচ্ছে - বিশালাক্ষী সীতার মুখ পূর্ণচন্দ্রের মতো। তিনি সুকেশিনী সুনাসা ও উরুযুক্তা। তপ্তকাঞ্চনের মতো তাঁর গাত্রবর্ণ। আবার অন্যদিকে রূপা আর সোনাকে একসঙ্গে গলালে যেমন হয় তেমনি তাঁর গায়ের রঙ। আবার কোথাও বলা হচ্ছে চাঁপাফুলের মতো তাঁর গায়ের রঙ। তাঁর নখগুলি উন্নত ও রক্তবর্ণ কটিদেশ অত্যন্ত ক্ষীণ, জন্ঘা বিস্তৃত ও পয়োধর পীন উত্তুঙ্গ। সেই সঙ্গে বলা হয়েছে দেব, যক্ষী, কিন্নরী, গন্ধর্বী বা মানবীর মধ্যেও এমন রূপ দেখা যায় না।

সীতার ছ'বছর বয়সে ত্রয়োদশ বর্ষীয় রামের সঙ্গে তাঁর বিবাহ হয়। তাই খুব সঙ্গত ভাবেই বাল্মীকি শ্বশুর গৃহে সীতার বেড়ে ওঠার কথা বলেছেন। তাঁর রূপের প্রসঙ্গ ও এসেছে অনেক পরে। কিন্তু কৃত্তিবাস সীতার জন্মের প্রসঙ্গ বর্ণনা করার পরই তাঁর রূপের চমৎকার বর্ণনা দিয়েছেন -

হরিণী নয়নে কিবা শোভিত বাকুল।

তিলফুল জিনি তাঁর নাসিকা উজ্জ্বল।

সুললিত দুই বাহু দেখিতে সুন্দর।

সুধাংশু জিনিয়া রূপ অতি মনোহর।

মুষ্টিতে ধরিতে পারি সীতার কাঁকলি।
হিঙ্গুলে মণ্ডিত তাঁর পায়ের অঙ্গুলি॥
অরুণ বরণ তাঁর চরণ কমল।
তাহাতে নূপুর বাজে শুনিতে কোমল॥
রাজহংসী ভ্রম হয় দেখিলে গমন।
অমৃত জিনিয়া তাঁর মধুর বচন॥
দশ দিক আলো করে জানকীর রূপে।
লাবণ্য নিঃস্বরে কত প্রতি লোমকূপে॥

(তদেব; পৃঃ-৫৬)

(সীতার হরিণের মতো চোখ কাজল শোভা পায়, নাক খুব উজ্জ্বল ছিল এবং দুই বাহুর লাবণ্য অত্যন্ত সুন্দর ছিল। চাঁদের কিরণের মতো চমকানো তাঁর রূপ খুব সুন্দর ছিল। সীতার কোমর এতো পাতলা ছিল যে হাতের মুঠোয় ধরা যেত। তাঁর পায়ের আঙ্গুলগুলি ছিল খুব সুন্দর। সীতার পা ছিল পদ্মের মতো যাতে নূপুরের মৃদু শব্দ অমৃত ঝড়াতো। এইরকমভাবে জানকীর রূপ দশ দিকে প্রকাশ পেত এবং তাঁর রোমকূপ দিয়ে লাবণ্য ঝড়তো।)

শুধু রূপই নয়, কন্যার প্রসাধনেরও বর্ণনা রয়েছে এই অংশে। মহাকাব্যের সীতার বিচ্ছিন্ন সৌন্দর্যের বর্ণনাকে একসঙ্গে গেঁথে কৃত্তিবাস যেন মধ্যযুগের বাঙালি শ্রোতাদের সামনে নয়নাভিরাম নায়িকাকে তুলে ধরেছেন। এই সংহত বর্ণনা থেকেই শ্রোতা ও পাঠক নির্মাণ করে নিতে পারেন তাঁর কল্পনার সীতাকে।

বাল্মীকী রামায়ণে রামচন্দ্র হরধনু ভঙ্গ করলে তাঁর সঙ্গে সীতার, লক্ষ্মণের সঙ্গে জনকের অপর কন্যা ঊর্মিলার, ভরতের সঙ্গে মাণ্ডবীর আর শত্রুঘ্নের সঙ্গে শ্রুতকীর্তির বিবাহ হলো। তার আগে রাজা জনকের আমন্ত্রণে দশরথ মিথিলায় এসেছেন। সীতা ও তাঁর ভগ্নীদের বিবাহপূর্ব মনোবাসনার কোনো পরিচয় বাল্মীকি রামায়ণে নেই। কিন্তু কৃত্তিবাসী রামায়ণের সীতা রামের হরধনু ভঙ্গের আগেই অট্টালিকার উপরে উঠে দুর্ব্বাদলশ্যাম রামচন্দ্রকে দেখে দেবতাদের কাছে রামকে স্বামীরূপে পাওয়ার প্রার্থনা জানিয়েছেন। এমনকি মনে মনে এও ভেবেছেন -

পিতার কঠিন প্রাণ রামতনু তনু।
কি প্রকারে ভাঙ্গিবেন মহেশের ধনু॥

(তদেব; পৃঃ- ৭৩)

(পিতার প্রতিজ্ঞা অত্যন্ত কঠিন এবং রামচন্দ্র যুবক। কিভাবে তিনি শিবের ধনুক ভাঙতে পারেন?)

মধ্যযুগের বাঙালি পরিবারের এক কন্যার ভীরু পূর্বরাগ কৃত্তিবাসের স্বাতন্ত্র্যেরই পরিচয় দেয়।

অযোধ্যা কাণ্ডে রাম বনবাসে যাওয়ার আগে সীতার কাছে সমস্ত ঘটনা বিবৃত করে চোদ্দ বছর তাঁকে ব্রত, উপবাস, দেবার্চনা ইত্যাদি কাজে মনোনিবেশ করতে বলেছেন। কিন্তু এর উত্তরে সীতা রামচন্দ্রের সঙ্গে বনবাসে যাওয়ার জন্য নিজের দৃঢ় সংকল্প ঘোষণা করেছেন। বাল্মীকি রামায়ণের অযোধ্যা কাণ্ডে ২৬, ২৭, ২৮, ২৯ ও ৩০ তম অধ্যায় জুড়ে রাম-সীতার উক্তি প্রত্যুক্তি। রাম সীতাকে নানাভাবে নিবৃত্ত করতে চেয়েছেন, অরণ্যবাসের দুঃখ ক্লেশের ভয়ানক চিত্র সীতার সামনে তুলে ধরেছেন। কিন্তু কোন ভাবেই তাঁকে নিবৃত্ত করতে পারেননি। সীতা রামকে বলেছেন পিতা, মাতা, ভ্রাতা, পুত্র - এরা প্রত্যেকে নিজেদের কর্মফল ভোগ করেন। কিন্তু নারী সর্বতোভাবে স্বামীর কর্মফলই ভোগ করেন। সীতা বলেছেন -

"অথম দুর্গম গমিষ্যামি বনং পুরুষ বর্জিতং।
সুখম বনে নিবৎস্যামি যথৈব ভবনে পিতুঃ॥"

পুরুষবর্জিত, দুর্গম বনে আমি যাবো। পিতৃভবনে সুখে বাস করার মতো অরণ্যেও আমি সুখে বাস করবো।

সীতা আরও বলেছেন পথের কুশ দলন করতে করতে তিনি রামের সঙ্গে যাবেন। সীতা বলেছেন - 'হে মহাবীর, আমি পিতৃসত্যের পরিপালক তোমার পরচর্যা করিয়া ধন্যা হইব। আমি পতিব্রতা ও পতির সেবিকা। তোমার দুঃখের অংশ কেন ভোগ করিব না ?'

কিন্তু এরপরও রাম তাঁকে রেখে যেতে চাইলে ক্রুদ্ধ সীতা রামকে বলেছেন -

"কিম ত্বামন্যত বৈদেহঃ পিতা মে মিথিলাধিপঃ।
রামং জামাতরং প্রাপ্য স্ত্রিয়ং পুরুষ বিগ্রহম্॥"

(অযোধ্যাকাণ্ডম্।। ৩০৩)

হে রাম! তোমাকে পুরুষের আকৃতি বিশিষ্ট স্ত্রীলোক জেনেই কি আমার পিতা মিথিলারাজ তোমাকে জামাতা হওয়ার যোগ্য মনে করেছিলন ? সব শেষে সীতা বললেন - "আমায় যদি আপনি বনে না নিয়ে যান, তাহলে আমি আজই বিষপান করবো।" চৌদ্দবছর তো দূরের কথা এক মুহূর্তের জন্যও এই শোক সহ্য করতে পারবো না।" মহাকবি বাল্মীকি সব শেষে বলেছেন বিষাক্ত বাণবিদ্ধ হস্তিনীর মতো তাঁর অবস্থা হল।

এই দীর্ঘ অংশে সীতার পতিব্রাতা, দৃঢ় সংকল্প, অনমনীয় চারিত্রের যে প্রকাশ ঘটেছে তা মহাকাব্যের নায়িকারই উপযুক্ত। রামের প্রতি তাঁর ক্রুদ্ধ ব্যঙ্গোক্তিও সীতার চরিত্রের তেজোদীপ্ত রূপকেই প্রকাশ করেছে।

কৃত্তিবাস অযোধ্যা কাণ্ডের এই অংশকে অনেকটাই সংক্ষিপ্ত করেছেন। কিন্তু সেই কারণে তাঁর সীতার মাধুর্য ও তেজ বিন্দুমাত্র ক্ষুন্ন হয়নি। তবে বাল্মীকির সীতার মতো এই বাঙালি সীতা তাঁর স্বামীকে স্ত্রীলোকের 'আকৃতিবিশিষ্ট পুরুষ' বলেন নি। তাঁর তিরস্কারে শালীনতার অভাব ঘটে নি। তিনি রামকে বলেছেন -

"পণ্ডিত হইয়া বল অবুঝের প্রায়।
কেন হেন জনে পিতা দিলেন আমায়॥
নিজ নারী রাখিতে যে করে ভয় মনে।
বল তায় বীর বলে কোন বীরজনে॥"

(তদৈব; পৃ: ৯৮)

(আমার বাবা এত বড় পন্ডিত হয়েও মূর্খের মতো কি করে আমাকে এমন একজন মানুষের কাছে পাঠিয়েছেন, যিনি নিজের স্ত্রীকে নিজের কাছে রাখতে ভয় পান, তাঁকে অন্য বীর পুরুষেরা কি করে বীরের সংজ্ঞা দেন?)

বাল্মীকির সীতার মতো তিনিও বলেছেন - 'স্বামী বিনা স্ত্রীলোকের আর নাহি গতি।' (তদৈব; পৃ: ৯৮) ভারতীয় নারীর সতীত্বের যে আদর্শ বাল্মীকি তাঁর রামায়ণে প্রচার করেছেন, কৃত্তিবাসও সেই আদর্শকে অনুসরণ করেছেন তাঁর কাব্যে। তাঁর সীতাও শুধু বাঙালি নয়, ভারতীয় সতী নারীর আদর্শ।

বাল্মীকির রাজনন্দিনী সীতার হাতে কৈকেয়ী বনবাসের উপযুক্ত চীরবসন তুলে দিয়েছেন। আর রাজবধূ চীরবসনে অনভ্যস্ত সীতা একটি কণ্ঠী ধারণ করে, একটি হাতে লাঠি নিয়ে দাঁড়িয়ে থাকেন। এই ছবিটি বাল্মীকির আঁকা চিরকালীন এক মর্মস্পর্শী দৃশ্য। মধ্যযুগের শ্রীরাম পাঁচালীতে এই দৃশ্যটিকে গ্রহণ করা হয়নি। কিন্তু এক অবরোধবাসিনীর বহির্জগতে পদক্ষেপকে তাঁর নিজস্ব সমাজবাস্তবতা বোধের প্রেক্ষিতে রূপায়িত করেছেন -

"জানকীর পাশে যায় অযোধ্যার নারী॥
যে সীতা না দেখিতেন সূর্য্যের কিরণ।
হেন সীতা বনে যান দেখে সর্ব্বজন॥"

(তদৈব; পৃ: ১০০)

(জানকীর সাথে অযোধ্যার নারীরা চলতে থাকে। যে সীতা সূর্যের কিরণ দেখতেন না, সেই সীতা বনে যাচ্ছেন - সবাই তা দেখছেন।)

এইভাবেই কৃত্তিবাসের রামায়ণ হয়ে ওঠে বাঙালির নিজস্ব রামায়ণ। তাঁর সীতা হয়ে ওঠেন মধ্যযুগের অবরোধবাসিনী বাঙালি কুলবধূ। সীতার অসহায়তা নয়, সীতার বাকল পরার দৃশ্যে পুরবাসিনীদের

বেদনাকেই কৃত্তিবাস জীবন্ত করে তুলেছেন -

"অশ্রুজল সবাকার করে ছলছল

কেমনে পরিবে সীতা গাছের বাকল।"

(পৃ: ১০২)

(সবার চোখে জল ছলছল করতে থাকে। সবাই ভাবতে থাকেন যে সীতা বল্কল বস্ত্র কিভাবে পড়তে পারবেন।)

সীতার বনবাস যাত্রার সময় মাতা কৌশল্যা তাঁকে পাতিব্রতা ধর্ম সম্পর্কে নানা উপদেশ দিয়েছেন। সীতা উত্তরে শ্বশ্রূমাতাকে বলেছেন -

"করিষ্যে সর্বমেবাহমার্যা যদনুশাস্তি মাম্।"

"ধর্মাদি বিচলিতুম নামহলম চন্দ্রাদিব প্রভা॥"

(অযোধ্যাকাণ্ডম/৩৯/২৭/২৮)

হে আর্য! আমাকে যে সব উপদেশ দিলেন, আমি যে সব উপদেশ পালন করবো। চন্দ্র থেকে জ্যোৎস্না যেমন কখনও বিচ্যুত হয় না, আমিও তেমনি কখনও আমি আমার ধর্ম থেকে বিচ্যুত হবো না। এই ভাষা মহাকাব্যের বিশাল জীবনবোধের-মহত্তম আদর্শের সূচক। কৃত্তিবাস দায়িত্ব নিয়েছিলেন এই মহত্তর জীবনবোধের ভাষাকে মধ্যযুগীয় বাঙালির সংকীর্ণ সীমাবদ্ধ জীবনে তাদের মতো করে গ্রহণযোগ্য করে তুলবেন। তাই তাঁর সীতা শ্বশ্রূমাতাকে বলেন -

"স্বামীসেবা করি মাত্র এই আমি চাই।

তেকারণে ঠাকুরাণি বনবাসে যাই।" (পৃ: ১০২)

(আমি শুধু এটাই চাই যেন পতীর সেবা করতে পারি। এই কারণে আমি বনবাসে যাচ্ছি।)

শৃঙ্গবেরপুর থেকে নৌকায় গঙ্গা পার হওয়ার সময় বাল্মীকি রামায়ণের সীতা দেবী গঙ্গার কাছে স্বামী ও দেবরের নিরাপত্তা প্রার্থনা করেছেন। নির্বিঘ্নে অযোধ্যায় ফিরে এলে সহস্র ঘট সুরা আর পলান্ন দিয়ে গঙ্গার পূজা করবেন - এই বাসনা প্রকাশ করেছেন। কিন্তু কৃত্তিবাসের রামায়ণে সীতার এই ধরণের কোন প্রার্থনার প্রসঙ্গ নেই। কিন্তু সীতার প্রথম বনবাস যাত্রার ক্লেশকে কৃত্তিবাস যেন এক বাঙালি পিতার স্নেহ নিয়ে বর্ণনা করেছেন -

"দিবাকর কিরণ উত্তাপে উত্তাপিতা।

চলিতে কাতর অতি জনকদুহিতা

হিঙ্গুল মণ্ডিত তার পায়ের অঙ্গুলি।

আতপে মিলায় যেন ননীর পুত্তলী।" (পৃ: ১০৭)

(সূর্যের তেজে জানকী উতপ্ত হয়ে কাতর হয়ে পড়ে। তাঁর পায়ের আঙুল গরমে তপ্ত হয়ে যায়, যেন গরমে মাখনের পুতুল গলতে থাকে।)

সীতার জীবনের একটি চূড়ান্ত সংকটময় মুহূর্ত মারীচের আর্তনাদ বিচলিত হয়ে লক্ষ্মণকে রামের কাছে যাওয়ার জন্য অনুরোধ আর লক্ষ্মণ সম্মত না হলে তার প্রতি অনুচিত অশালীন কটূক্তি। এক্ষেত্রে বাল্মীকি ও কৃত্তিবাস দুজনেই সীতাকে একইভাবে চিত্রিত করেছেন। লক্ষ্মণ সীতাকে কুটিরে রেখে রামের সন্ধানে যেতে অসম্মত হলে বাল্মীকির ক্রুদ্ধ সীতা বলেছেন -

''অনার্যকরুণারম্ভ নৃশংস কুলপাংসম।
সুদুষ্টস্তং বনে রামমেকেকোদ্‌নুগচ্ছসি।
মম হেতোঃ প্রতিচ্ছন্নঃ প্রযুক্তো ভরতেন বা॥''

(অরণ্যকাণ্ডম্; ২১, ২৪/৪৫ তম সর্গ পৃ: ৫৮৩)

"তুমি অনার্য, কর্তব্যভ্রষ্ট নিষ্ঠুর কুলদূষক। তুমি অত্যন্ত দুষ্ট। আমাকে নেবার জন্যই তুমি একা বা ভরতের দ্বারা নিয়োজিত হয়ে ইচ্ছা গোপন করে রামের অনুগমন করেছো।"

অন্যদিকে, কৃত্তিবাসের সীতা একেবারে একই ভাষায় লক্ষ্মণকে তিরস্কার করেছেন -

''বৈমাত্রেয় ভাই কভু নহে ত আপন
আমা প্রতি লক্ষ্মণ তোমার বুঝি মন।
ভরত লইল রাজ্য তুমি লহ নারী।
ভরতের সনে তব আছে ভারিভুরি॥'' (পৃ: ১৪৩)

(তুমি বিমাতার পুত্র, কখনও আপন হতে পারো না। তোমার বোধহয় আমাকে পাওয়ার ইচ্ছে ছিল। ভরত রাজ্য পাবে আর তুমি পাবে নারী। ভরতের সাথে তোমার এই গাঁঠ বাঁধা হয়েছে।)

সমগ্র রামায়ণে এটিই সীতার একমাত্র অমার্জনীয় অপরাধ। রাবণের সীতাহরণ যেন সীতার অন্যায়েরই কৃতকর্মের ভয়ংকর প্রতিক্রিয়া। তাই কৃত্তিবাস এখানে কোন পরিবর্তন ঘটান নি। পরিবর্তন ঘটিয়েছেন উনিশ শতকের মধুসূদন তাঁর মেঘনাদবধকাব্যে। মেঘনাদবধকাব্যের চতুর্থ সর্গে সীতার অরণ্য জীবনের স্মৃতিচারণা লক্ষ্মণের প্রতি এই অন্যায়-অশালীন অভিযোগ উচ্চারিত হয়নি। সেই সীতা লক্ষ্মণকে তিরস্কার করে বলেছেন -

''সুমিত্রা শাশুড়ি মোর বড় দয়াবতী;
কে বলে ধরিয়াছিলা গর্ভে তিনি তোরে, নিষ্ঠুর?
পাষাণ দিয়া গড়িলা বিধাতা হিয়া তোর।
ঘোর বনে নির্দ্দয় বাঘিনী

জন্ম দিয়া পালে তোরে, বুঝিনু, দুর্ম্মতি॥"

(আমার শাশুড়ি সুমিত্রা দয়াবতী। তোমার মতো নিষ্ঠুরকে তিনি কি করে জন্ম দিয়েছেন? তোমার হৃদয়কে বিধাতা পাষাণ দিয়ে তৈরী করেছেন। মনে হয় গভীর বনে নির্দয়ী বাঘিনী তোমার মতো দুর্মতির জন্ম দিয়েছেন।)

এই তিরস্কারে মাতৃস্থানীয়া ভ্রাতৃজায়ার অনুযোগ ছাড়া আর কিছু নেই। একদা মধুসূদনকে সিদ্ধরস অতিক্রম করার জন্য কাঠগড়ায় দাঁড় করানো হয়েছে। কিন্তু উনিশ শতকের নবজাগরণ যুগের এই শিল্পী বাল্মীকি আর কৃত্তিবাসকে গ্রহণ না করে সীতা চরিত্রের এই কলঙ্কটুকু মুছে দিয়ে প্রাচীন ভারতীয় হিন্দু ঐতিহ্যের প্রতি তাঁর আন্তরিক শ্রদ্ধা জ্ঞাপন করেছেন। মহাকাব্যের নবনির্মাণ সীতাকেও তিনি যেন নির্মাণ করেছেন নূতনভাবে।

লক্ষ্মণ চলে গেলে ভিক্ষুকবেশী রাবণ সীতার কাছে উপস্থিত হলেন। সেই সময়ের সীতা বাল্মীকির ভাষায় -

"শুভাম রুচির দন্তোষ্ঠীং পূর্ণচন্দ্রনিভাননাম্।"

(অরণ্যকাণ্ডম্; ষট্‌চত্বারিবিংশঃ সর্গ, শ্লোক-১২)

তিনি শুভা, তাঁর দন্ত ও ওষ্ঠ সুন্দর। পূর্ণ চাঁদের মতো তাঁর মুখ। কিন্তু কৃত্তিবাস সীতার রূপের পৃথক বর্ণনা না দিয়ে কেবল বলেছেন -

'পরমাসুন্দরী সীতা মধুরবচন'। (পৃ: ১৪৩)

এরপর রাবণের সীতাহরণ প্রসঙ্গে সীতার তেজোদীপ্ত রূপের প্রকাশ ঘটেছে বাল্মীকি রামায়ণে। রাবণ সীতার পরিচয় জানতে চাইলে নিজের পরিচয় দেওয়ার পর সীতা রাবণের পরিচয়ও জানতে চেয়েছেন। নিজের পরিচয় দিয়ে রাবণ সীতাকে পত্নীরূপে পেতে চাইলে ক্রুদ্ধা সীতা বলেন -

"ত্বংপুনর্জম্বকঃ সিংহীং মামিহেচ্ছসি দুর্লভাম্

নাহং শক্যা ত্বয়া স্প্রষ্টুমাদিত্যস্য প্রভা যথা॥"

(অরণ্যকাণ্ডম্; সপ্তচত্বারিংশ সর্গ; শ্লোক-৩৭)

(তুমি শৃগাল আর আমি সিংহী। আদিত্য প্রভাকে যেমন কেউ ধরতে পারে না, তুমিও আমায় স্পর্শ করবে না।'

এরপরও সীতা রাবণকে তিরস্কার করে বলেছেন - তুমি ক্ষুধার্ত সিংহ আর বিষধর সর্পের দন্তোৎপাটন করতে চাইছ।

কৃত্তিবাসের সীতাও একইভাবে রাবণকে তিরস্কার করে বলেছেন - 'শ্রীরামকেশরী তুই, শৃগাল যেমন'। (শ্রীরাম সিংহ যেমন তুমি শৃগাল) (পৃ:-১৪৪) তবে কৃত্তিবাসের সীতা শ্রীরামকে বিষ্ণুর অবতার

আর রাবণকে সামান্য রাক্ষস মাত্রও বলেছেন। বাল্মীকির রাম 'নরচন্দ্রমা'। অন্যদিকে কৃত্তিবাস রামকে বিষ্ণুর অবতার রূপে প্রতিষ্ঠিত করেছেন। তাই সীতার এই উক্তিও স্বাভাবিক।

সমগ্র রামায়ণ মহাকাব্যে ছড়িয়ে আছে সীতার চূড়ান্ত দুঃখ আর মর্মান্তিক যাতনার ইতিবৃত্ত। এরমধ্যে সবচেয়ে মর্মদাহী সম্ভবত অশোকবনে নন্দিনী সীতার দুঃখ আর যন্ত্রণা। চেড়ীগণও রাবণের কাছে উৎপীড়িতা, রাবণের কুপ্রস্তাবে বিব্রতা সীতার ধৈর্য্য তেজ আর পাতিব্রত্যের নিদর্শন সুন্দরকাণ্ডের সেই অংশ। সীতার এই যন্ত্রণার সাক্ষী হয়ে আছেন হনুমান। এরপরই সীতার সঙ্গে তাঁর সাক্ষাৎ হয়েছে। সীতাকে দেখে হনুমানের মনে হয়েছে -

'বিযূথাং সিংহসংরুদ্ধাং বদ্ধাং গজবধূমিব''

(সুন্দরকাণ্ডম্। ১৪শ সর্গ; ২২ শ্লোক)

অর্থাৎ তিনি যেন দলছাড়া সিংহ সংরুদ্ধা গজবধূ।

তাঁর মধ্যে শোক যেন মূর্ত হয়ে উঠেছে। বিনা অলংকারেই তাঁকে সুন্দর দেখাচ্ছে। প্রথম দর্শনে হনুমান সীতাকে দেখেছেন অনশন কৃশা। উত্তমজীর্ণ পীতবসন পরিহিতা, ব্রতচারিণী তপস্বিনীর মতো। সীতার দুঃখ দগ্ধ রূপটি বাল্মীকির দীর্ঘ বর্ণনায় যেন মহাকাব্যের পাঠকের কাছে প্রত্যক্ষ হয়ে ওঠে।

কৃত্তিবাস চেড়ীদের ভয়ংকর চেহারার বর্ণনা করেছেন বিস্তৃতভাবেই। তাতে সীতার দুঃখ আর অসহায়তা চিত্র আরও স্পষ্ট হয়ে উঠেছে। বাল্মীকির মতো মলিনা সীতার বিস্তৃত বর্ণনা না দিলেও কৃত্তিবাসের সংক্ষিপ্ত বর্ণনায় সীতা জীবন্ত হয়ে উঠেছে -

''গায়ে মলা পড়িয়াছে মলিনা দুর্বলা।
দ্বিতীয়ার চন্দ্র যেন দেখি হীন কলা॥
দিবাভাগে যেন চন্দ্রকলার প্রকাশ।
শ্রীরাম বলিয়া সীতা ছাড়েন নিশ্বাস॥'' (পৃঃ ২১৩)

(সীতা এতটাই মলিন লাগছে যেন দ্বিতীয়ার চাঁদ। দিনের বেলায় যেমন চাঁদের প্রকাশ দুর্বল হয়ে যায়, সীতাও তেমনি দূর্বল হয়ে গেছে। সীতা শ্রীরামচন্দ্রের নাম করে দুঃখ কাতর হয়ে পড়েছেন।)

এরপর অশোকবনে রাবণের আগমণ। নানা ভাবে সে সীতাকে প্রলুব্ধ করতে চেয়েছে। এর উত্তরে ব্রতচারিণী সীতা রাবণকে শুধু তিরস্কারই করেন নি, তাকে বলেছেন সে যেন সমাজবিধি মেনে নিজের স্ত্রীদের নিয়েই সন্তুষ্ট থাকে। এরপর সীতা রাজনীতির মূল সূত্রটিও এই প্রসঙ্গে উচ্চারণ করেছেন-

''অকৃতাত্মানমাসাদ্য রাজানমনয়ে রতম্।
সমৃদ্ধানি বিনশ্যন্তি রাষ্ট্রাণি নগরাণি চ॥'

(সুন্দরকাণ্ডম্; একবিংশ সর্গ : শ্লোক-১১)

'দুর্নীতিপরায়ণ অশিক্ষিত রাজাকে পেলে রাষ্ট্র এবং নগর সমৃদ্ধ হলেও ধ্বংসে হয়ে যায়'।

প্রজ্ঞাবতী সীতার এই মন্তব্য তাঁর রাজনৈতিক জ্ঞানেরও পরিচায়ক। সংস্কৃত মহাকাব্যের এই নায়িকা সীতা সুশিক্ষিতা, রাজা জনকের হাতে গড়া। বৈদিক সাহিত্যে এই ধরণের শিক্ষিতা নারীর প্রসঙ্গ আছে। পরবর্তী কৃত্রিম মহাকাব্য কুমারসম্ভবেও কালিদাস সুপণ্ডিতা পার্বতীর কথা বলেছেন।

কৃত্তিবাস মধ্যযুগের বাংলার পাঁচালিকার। তুর্কি আক্রমণ পরবর্তী তথা চৈতন্য পূর্ববর্তী বাংলার বদ্ধ জলাশয়ের মতো সমাজে মহাকাব্যের গল্পরস পরিবেশন করতে চেয়েছেন তিনি। তাই তাঁর সীতা মধ্যযুগেরই এক বাঙালি বধূ। তাঁর মধ্যে এই রাজনৈতিক প্রজ্ঞা আশা করা যায় না।

কিন্তু তিনি পতিব্রতা সাধ্বী অবরোধবাসিনী। তাই বাল্মীকির সীতার মতো রাবণকে তিরস্কার করেন -

"নাহি হেন পণ্ডিত বুঝায় তোরে হিত।
পণ্ডিতে কি করে তোর মৃত্যু উপস্থিত॥
শৃগাল হইয়া তোর সিংহে যায় সাধ।
সবংশে মরিবি রে রামের সনে বাদ॥" (পৃ. ২১৪)

(যখন তোমার মৃত্যু সম্মুখে থাকবে তখন কোন পন্ডিতই তোমাকে তোমার ভাল বোঝাতে পারবে না। শিয়াল হয়ে সিংহীকে পাওয়ার সাধ হয়েছে তোমার। রামের দ্বারা তুমি নির্মূল হবে।)

বাল্মীকির রাবণ সীতাকে মন স্থির করার জন্য দুমাস সময় দিয়েছে। রাবণ বলেছে -

"দ্বাভ্যামূর্ধ্বং তু মাসাভ্যাং ভর্তারম মামনিচ্ছতীম্।
মম ত্বাং প্রাতরাশার্থে সূদাশ্ছেৎস্যন্তি খণ্ডশ॥"

(সুন্দরকাণ্ডম্, দ্বাবিংশ সর্গঃ নবম শ্লোক)

দুমাসের পর যদি তুমি আমায় পতিরূপে গ্রহণ করতে অনিচ্ছুক হও, তাহলে আমার পাচকেরা আমার প্রাতরাশের জন্য তোমায় টুকরো টুকরো করে ফেলবে। অন্যদিকে কৃত্তিবাসের রাবণ সীতাকে প্রাতরাশে পরিণত করার কথা না ভাবলেও -

"সীতারে কাটিতে খড়গ তুলিল রাবণ॥
এই খাণ্ডায় কাটিয়া করিব দুইখানি।
আর যেন নাহি বল দুরক্ষর বাণী॥" (পৃঃ ২১৫)

এই চূড়ান্ত ভীতি প্রদর্শনের মধ্যেও সীতাকে প্রকৃতিস্থ থাকতে হয়েছে। চেড়ীদের নিষ্ঠুর অত্যাচারেও অবিচলিতা সীতা বাল্মীকি ও কৃত্তিবাস দুজনের সৃষ্টিতেই শুধু সহিষ্ণুতা নয় প্রবল মানসিক শক্তিরও পরিচয় দিয়েছেন। বিবেকানন্দের মানসলোকে তাই ভারতীয় নারীর পাতিব্রত্যে সীতাই সর্বপ্রথম উচ্চারিত নাম।

রাবণের প্রতি সীতার উক্তিতে তাঁর তেজ আর নির্ভীকতার পরিচয় পাওয়া যায় -

"রাবণ ভাবিস এইমত দিন যাবে।

ঘাঁটাইলি কালসাপ ঘরে আসি খাবে॥"

(রাবণ তুই কালসাপকে আঘাত করেছিস। এই সাপ তোর ঘরে ঢুকে তোকে ভক্ষণ করবে।)

রামের সঙ্গে রাবণের তুলনা করে কৃত্তিবাসের সীতা বলেন -

"অনেক অন্তর দেখ কাঁজি সুধা পানে।

অনেক অন্তর দেখ লোহা ও কাঞ্চনে॥

অনেক অন্তর দেখ ব্রাহ্মণ চণ্ডালে।

অনেক অন্তর দেখ হয় বারিনিধি খালে॥"

(হে রাবণ! তোমার আর রাবণের মধ্যে ততটাই পার্থক্য আছে, যতটা পার্থক্য আছে কাঁজী আর সুধা, লোহা আর সোনা, ব্রাহ্মণ আর চন্ডাল এবং পুকুর আর সমুদ্রের মধ্যে।)

'কাঁজি' মধ্যযুগের গ্রাম বাংলার অত্যন্ত সাধারণ গৃহস্থ পরিবারের মুখরোচক ও স্বাস্থ্যকর পানীয়। এর মধ্যে স্নিগ্ধতা আছে, কিন্তু আভিজাত্য নেই। রামের সঙ্গে রাবণের তুলনা করার সময় কাঁজির মতো তুচ্ছ আর অলীক পানীয়ের সাথে দেবভোগ্য অমৃতের তুলনা প্রসঙ্গ সীতাকে একান্ত ভাবেই এক মধ্যযুগীয় গ্রামবধূ করে তুলেছে।

রাবণ চলে যাওয়ার পর হনুমান সাক্ষাৎ করেছেন সীতার সঙ্গে। এখানেও সীতা অনন্যা। তাঁর কবিত্বের দীপ্তি এখানেও বিচ্ছুরিত হয়েছে। হনুমান সীতাকে তাঁর পৃষ্ঠে আরোহণ করার অনুরোধ করলেন। হনুমান বললেন যে তাহলে তিনি আজকেই রামের হাতে সীতাকে সমর্পণ করতে পারবেন। বলা বাহুল্য সীতা এই প্রস্তাবে সম্মত হলেন না। তিনি হনুমানকে বললেন -

"ন চ শক্ষ্যে ত্বয়া সার্ধং গন্তুং শত্রু বিনাশন।/কলত্রবতি সন্দেহস্তবয়ি স্যাদপ্সংশয়ম্।। ৪৮ হ্রিয়ামাণাংতু মাং দৃষ্ট্বা রাক্ষসা ভীমবিক্রমাঃ।/অনুগচ্ছেয়ুরাদিষ্টা রাবণেন দুরাত্মানা।। ৪৯/****/সায়ুধা বহবো ব্যোম্নি রাক্ষসাস্তস্ক নিরায়ূধ।/কথং শক্ষ্যসি সংযাতুং মাং চৈব পররক্ষিতুম্। ৫১/

অনবস্থৌ হি দৃশ্যেতে যুদ্ধে জয় পরাজয়ী।।৫৫/****/ অহংবাপি বিপদ্যেয়ং রক্ষোভিরভিতর্জিতা।/ ত্বং প্রযত্নো হরিশ্রেষ্ঠ ভাবোস্নিষ্ফল এব তু।।৫৬/কামংত্বমপি পর্যাপ্তো নিহন্তুং সর্বরাক্ষসান্।/রাঘবস্য যশো হীয়েৎ ত্বয়া শস্তৈস্তু রাক্ষসৈঃ।"

বঙ্গানুবাদ - হে শত্রুনাশন, তোমার সঙ্গে আমি যেতে পারবো না। স্ত্রীলোক তোমার সঙ্গে থাকলে রাক্ষসেরা নিশ্চয়ই তোমায় সন্দেহ করবে। আমাকে হরণ করে নিয়ে যাচ্ছো দেখলে দুরাত্মা রাবণের আদেশে ভয়ংকর বিক্রমশালী রাক্ষসেরা তোমার পিছনে ছুটে আসবে। রাক্ষসেরা সশস্ত্র এবং সংখ্যায় বহু। আর তুমি

আকাশে এবং অস্ত্রহীন। তুমি কি করে যাবে এবং আমাকেই বা রক্ষা করবে কি করে?

এই যুদ্ধে জয় হবে না পরাজয় হবে, তার কোন স্থিরতা নেই। রাক্ষসদের দ্বারা নির্যাতিতা হয়ে আমি যদি বিপন্ন হই, তাহলে, হে বানরশ্রেষ্ঠ তোমার সব প্রয়াস নিষ্ফল হবে। ধরে নিচ্ছি রাক্ষস সকলকে হত্যা করতে তুমি একাই সাবলীল। কিন্তু তোমার দ্বারা রাক্ষসদের হত্যা হলে রামের যশোহানি হবে। (সুন্দরকাণ্ড; সপ্তবিংশ সর্গ)

এখানেও মহাকবি বাল্মীকি সীতার দূরদর্শিতা, প্রখরবুদ্ধি, আত্মমর্যাদাজ্ঞান আর সেই সঙ্গে রামের প্রতি তাঁর শ্রদ্ধা সম্ভ্রমকেই রূপ দিয়েছেন। বাল্মীকির সীতা হনুমানকে আরও বলেছিলেন তিনি স্বেচ্ছায় রাম ছাড়া অন্য কোন পুরুষকে স্পর্শ করবেন না। হনুমানের পিঠে চেপেও তিনি যেতে পারবেন না। কারণ সমুদ্রে পড়ে যাওয়ার সম্ভাবনা আছে।

কৃত্তিবাস বাল্মীকির সীতার দূরদর্শিতাসূচক ও যুক্তিনিষ্ঠ সংলাপগুলি গ্রহণ করেননি। কিন্তু পরবর্তী সংলাপ গ্রহণ করেছেন -

''কেমনে তোমার পৃষ্ঠে আমি হব স্থির।
সাগরে পড়িলে খাবে হাঙ্গর কুম্ভীর॥
পরপুরুষের স্পর্শে নাহি লয় মন।
কি করিব বলে ধরি আনিল রাবণ॥''

(কি করে তোমার পিঠে আমি স্থির ভাবে বসতে পারব? সাগরে পড়ে গেলে কুমীর আমাকে খেয়ে নেবে। তাছাড়া অন্য পুরুষকে স্পর্শ করতে আমার মন চায় না। কি জানি কি করে এই রাবণ আমাকে ধরে ফেলল?)

এও মধ্যযুগের এক সাধারণ বঙ্গরমণীর ভাষা। নিজের সতীত্বের সংস্কার সম্পর্কে সচেতন তিনি। কৃত্তিবাস বাল্মীকির সীতাকে অবনমিত করেন নি। মধ্যযুগের সমাজ পরিবেশকে মনে রেখে তাঁর শ্রোতা সাধারণকে মনে রেখে তাদের নিজস্ব সীতাকে নির্মাণ করেছেন। কৃত্তিবাসী রামায়ণ যেমন বাঙালির নিজস্ব রামায়ণ, কৃত্তিবাসের সীতাও তেমনি মধ্যযুগের বাঙালি পরিবারের বধূ ও কন্যা - তাদের নিজস্ব নায়িকা।

লঙ্কাবিজয়ের পর বাল্মীকির রাম ও কৃত্তিবাসের রাম একইভাবে সীতাকে প্রত্যাখান ও অপমান করেছেন। বাল্মীকির অপমানিতা সীতা রামচন্দ্রের অনুচিত বাক্যের প্রতিবাদে নিজের মহিমাময়ী ও আত্মমর্যাদা সম্পন্ন রূপকেই প্রতিষ্ঠিত করেছেন। তিনি রামচন্দ্রকে তিরস্কার করে বলেছেন - "হে বীর! প্রকৃত পুরুষেরই প্রকৃত মহিলার প্রতি এই প্রকার বাক্য প্রয়োগ করে। আপনি আমাকে তদনুরূপ শ্রুতিকটু বাক্য শোনাচ্ছেন কেন ? ...... জনকের যজ্ঞভূমি থেকে আমার উৎপত্তি, এজন্যেই আমার নাম জানকী। আপনি তো সব ঘটনাই জানেন। অথচ এই পবিত্র ঘটনাকে আপনি মর্যাদা দিলেন না।"

(যুদ্ধকাণ্ডম্; শাতোত্তার ষোড়শ সর্গ; ৫, ১৫)

কৃত্তিবাসের সীতা বলেছেন -

"ভালমতে জান প্রভু আমার প্রকৃতি।
জানিয়া শুনিয়া কেন করিছে দুর্গতি॥
বাল্যকাল খেলিতাম বালক মিশালে।
স্পর্শ নাহি করিতাম পুরুষ ছাবালে॥" (পৃ: ৪০৩)

(হে প্রভু! তুমি আমার চরিত্র খুব ভাল করে জানো। তা সত্বেও জেনে বুঝে আমার দূর্গতি কেন করছো? ছোটবেলায় যখন আমি খেলা করতাম তখনও ছোট ছেলেদের আমি স্পর্শ করতাম না, আমার চরিত্র এই রকম।)

শেষের পংক্তি দুটি বাল্মীকি রামায়ণে অনুপস্থিত। তুর্কী আক্রমণ পরবর্তী বাঙালি হিন্দু সমাজের রক্ষণশীলতাই এক্ষেত্রে কৃত্তিবাসের সীতাকে দিয়ে এই সংলাপ বলিয়েছে।

বাল্মীকি রামায়ণে অগ্নিদেব সীতার পবিত্রতা সম্পর্কে রামকে বলেছেন -

"নৈব বাচা ন মনসা নৈব বদ্ধ্যা ন চক্ষুষা।
সুবৃত্তা বৃত্তশৌটীর্যং ন ত্বামত্যচরুচ্ছাভ।"

(যুদ্ধকাণ্ডমঃ ১১৮ - সর্গ : ৬ শ্লোক)

এই সচ্চরিত্রা সীতা বাক্য, মন, বুদ্ধি ও চক্ষুর দ্বারা কখনো তোমায় অতিক্রম করে নি। কৃত্তিবাসের রামায়ণে অগ্নিদেব বলছেন -

"......... আমি পাপ পুণ্য সাক্ষী
লুকাইয়া করে পাপ তাহা আমি দেখি।
ভাণ্ডাইতে আমারে না পারে কোন জন।
না দেখি সীতার কোন পাপের কারণ॥ (পৃ: ৪০৫)

(আমি পাপ-পুণ্যের সাক্ষী। কেউ লুকিয়ে পাপ করলেও তা আমি দেখি। আমাকে কেউ ফাঁকী দিতে পারে না। আমি সীতার কোন পাপ দেখতে পাচ্ছি না।)

"উত্তরকাণ্ডে লক্ষ্মণের সীতা বিসর্জনের সময় বাল্মীকির সীতা নিজের দুর্ভাগ্যের কথা শুনে দুঃখিত হলেও স্বামীর সমালোচনা করেন নি। কারণ তাঁর মতে - "পতিই নারীর দেবতা। পতিই বন্ধু এবং পতিই গুরু। প্রাণ দিয়ে হলেও পতির প্রিয় কাজ করাই কর্তব্য।"

(উত্তরকাণ্ডম্ অষ্টচত্বারিংশ সর্গ : ১৭ শ্লোক)

কৃত্তিবাসের সীতা রামের এই আচরণের পরও বলেছেন -

রাম হেন স্বামী হক জন্ম জন্মান্তর।

আমি মৈলে কোটি নারী মিলিবে তাঁহার॥ (পৃঃ ৪৮৫)

(রামের মতো স্বামী যেন আমি জন্ম-জন্মান্তর পাই। আমি মরে গেলে কোটি কোটি নারী তিনি পেতে পারেন।)

দুই-সীতার বক্তব্য প্রায় একই রকম। কিন্তু কালিদাস তাঁর 'রঘুবংশ' কাব্যে এই সীতা বিসর্জন প্রসঙ্গে সীতার মুখে স্পষ্ট প্রতিবাদের ভাষা দিয়েছেন। তাঁর সীতা লক্ষণকে বলেছেন -

"বাচ্যস্তস্ক্বয়া মদ্বচনাৎ স রাজা / বহ্নৌ বিশুদ্ধামপি যৎ সমক্ষম্ /

মাং লোক বাদ শ্রবণাদহাসী / শ্রুতস্য কিং তৎ সদৃশং কুলস্য॥"

তোমার সেই রাজাকে গিয়ে বোলো সর্বসমক্ষে অগ্নিপরীক্ষা দেওয়ার পরও তিনি লোকাপবাদ শুনে আমায় পরিত্যাগ করলেন - এটা কি তাঁর বংশমর্যাদা অথবা বৈদগ্ধ্যের উপযুক্ত কাজ হয়েছে ?

উত্তরকাণ্ডের শেষে সীতার পাতাল প্রবেশে বাল্মীকি রামায়ণের সীতা প্রতিবাদী। তিনি জননী পৃথিবীকে বলেছেন - "কায়েন মনসা বাচা যথা রামং সর্মচয়ে।/তথা মে মাধবী দেবী বিবরং দাতুমর্হতি।" কিন্তু কৃত্তিবাসের রামায়ণে সীতা রামচন্দ্রকে জন্ম জন্ম পতিরূপে কামনা করে জননী পৃথিবীর কাছে আশ্রয় চেয়েছেন। এ যেন মধ্যযুগের বাঙালি পরিবারে এক লাঞ্ছিতা নারীর পরিণাম।

এইভাবেই বাল্মীকির সীতা মহাকাব্যের মহিমায় উদ্ভাসিতা, তাঁর দুঃখ দহন তাঁকে আরও উজ্জ্বল করে। আর কৃত্তিবাসের সীতা মধ্যযুগের বাঙালি পরিবারেরই বধূ কন্যা জননী। অপমানে লাঞ্ছনায় যাঁর জীবনের করুণ সমাপ্তি ঘটে।

কালান্তর ও 'অযোধ্যার চেয়ে সত্য'

পূর্বা মুখোপাধ্যায়

বাল্মীকির রামায়ণ সুকঠিন শ্রেয় বোধের কাব্য। আদিম লতাগুল্মময় অরণ্যের অসংখ্য বন্ধন কাটিয়ে যেমন মহাকাশকে বরণ করে দীর্ঘশাখ বনস্পতি, অন্তরে বাহিরে বাসনার বিপুল আলিঙ্গন ছিঁড়ে আত্মাকে তেমনই দেবোপম সংবরণে উদ্বুদ্ধ হতে শেখায় এ কাব্যের নরদেহধারী অ-লৌকিক চরিত্রেরা। আমাদের যা হওয়া

উচিত অথচ যা প্রায় অসম্ভব, রামায়ণ সেই অনুপম ঔচিত্যবোধের কাব্য। এমন এক বিস্তীর্ণ উর্বরতম কর্ষণভূমি, যা বহুযুগ ধরে বহু কবি-অনুবাদক-লিপিকর-কথকের মনোবীজ ধারণ করেছে, অঙ্গীকৃত করেছে এবং জাগিয়ে তুলেছে 'একটি বিরাট হিয়া' - চিরায়ত আদর্শবোধ। ভক্তপ্রাণ একে তন্নিষ্ঠ ভক্তি দিয়ে স্পর্শ করে, নাস্তিক তার যুক্তি আর জীবনবোধ দিয়ে। কিন্তু এতে পাঠানুভূতির বিশেষ তারতম্য হয় কি? কারণ রামায়ণ তো শেখায় হীনতা কতোদূর পর্যন্ত হীন হতে পারে, মহত্ব কতোদূর পর্যন্ত মহৎ!

আদর্শ পরিবার, আদর্শ সমাজ, আদর্শ শাসনব্যবস্থা, সর্বোপরি আদর্শ ব্যক্তি চরিত্রের এমন পরমতা সম্ভবত পৃথিবীর আর কোনো জাতির উত্তরাধিকারে নেই। ভারতবর্ষের এমন কোনো প্রদেশও নেই যেখানে বাল্মীকির এই মহাকীর্তি স্বরূপে ও রূপান্তরে পূর্ণ গৌরব অর্জন করেনি। রামায়ণ সমগ্র ভারতবর্ষের ঐতিহ্য ও রূপান্তরে পূর্ণ গৌরব অর্জন করেনি। রামায়ণ সমগ্র ভারতবর্ষের ঐতিহ্য ও উত্তরাধিকার। দেবতা দেবত্ববলে প্রিয় ন'ন এখানে, মানুষই শ্রেয়ত্ব অঙ্গীকার করে স্বয়ং দেবতা। বহুগুণান্বিত যে নায়কের সন্ধানে আদিকবি বাল্মীকি মহর্ষি নারদের শরণাপন্ন হয়েছিলেন, শ্রীরামচন্দ্র তার দুর্লভ আধার। মনুষ্যত্বের এই চরমোৎকর্ষকে ব্যাখ্যা করেছেন নারদ দেবদুর্লভ গুণশালী নরচন্দ্রমারূপে -

''দেবেষস্বপি ন পশ্যামি কশ্চিদেভিগুনৈর্যুতম্।

শ্রুয়তাং তু গুনৈরেভিটো যুক্তো নরচন্দ্রমাঃ॥''

আর, এহেন মহান ব্যাক্তির পূর্ণ মহিমা প্রকাশের জন্য আদিকবিকে যে রামায়ণ কাহিনী তিনি শুনিয়েছেন, তা যুগপৎ মহৎ ও হীন চরিত্রের শোভাযাত্রা। 'Necessity' (অবশ্য) আর 'Probability' (সম্ভবতঃ) -এর সেইসব অজস্রতা ধারণ করেই বাল্মীকি তাঁর কাব্যকে উত্তরকালের হাতে তুলে দিয়ে গেছেন - যার সঙ্গে সমগ্র বসুধার কুটুম্বিতা। রামায়ণ যেন এক অনিঃশেষ চেতনা-প্রবাহ, যেখানে প্রতিভার তারতম্য ভেদ তুচ্ছ করে শতাব্দীর পর শতাব্দীর ব্যবধান তুচ্ছ করে কবিদল ঘটনার পর ঘটনার তরঙ্গ বিস্তার করেছেন, ছন্দোবন্ধনে ধরে দিয়েছেন তাঁদের সমকালীন সমাজচেতনাকে।

ভক্তিবাদের সেই যুগ আজ দূর অতীত হয়ে গেছে, যখন শিশুতুল্য বিশ্বাস ও কৌতূহলে আপামর জনতা রামায়ণ গানের আসরে সমবেত হতো। রামায়ণ সেদিন তাদের বিনোদন আর কল্পনার সহচর, তাদের প্রশ্নচিহ্নহীন বিশ্বাস এবং পুজোও ছিল। আজ যখন প্রবল ভোগবাদের সূত্রে বসুধাবাসী পরস্পরের পরমাত্মীয়, যখন পদে পদেই শ্বাসের স্থান অধিকার করে অবিশ্বাস, বিশ্বাসকে বিপন্ন করে প্রশ্নকন্টকিত যুক্তি, তখন নর-বানর-রাক্ষসের সহাবস্থানের ওই জগৎটিকে বর্ণিল কল্পনাময় শিশুসেব্য রূপকথার দোসর বোধ হওয়া তো স্বাভাবিক! এমনকী শিশুও বুঝি ততো উৎসাহ পায়না আর, যতোক্ষণ দৃশ্য-শ্রাব্য মাধ্যমের মধ্যস্থতায়, কমিক্স কিংবা ডিসক্-বন্দী খেলনাসদৃশ প্রীতিকর রামায়ণটি তার অধিগত না হচ্ছে। ভোগবাদের এমনই সর্বব্যাপী মহিমা।

সময়ের এই আমূল বিবর্তনের ভাবনা ত্রিশ-চল্লিশ বছর আগেও কিন্তু আমরা ভাবিনি। প্রসঙ্গত মনে পড়ে এস. ওয়াজেদ আলির 'ভারতবর্ষ প্রবন্ধের কথা', যেখানে লেখক জানাচ্ছেন তাঁর জীবনাভিজ্ঞতা ---- দশ-এগারো বছর বয়সে একবার কলকাতায় এসেছিলেন তিনি। নিজের বসত বাড়ির কাছের মুদিখানাটিতে একজন লম্বা চুলের বৃদ্ধকে রামায়ণ শোনাতে দেখে তাঁকে ঘিরে আনন্দ, আগ্রহ আর উৎসাহে উজ্জ্বল তিনটি ছেলেমেয়েকে দেখে তিনিও রামায়ণ পাঠ শুনতে উদ্‌গ্রীব হ'ন। রামচন্দ্র কী করে বানর সেনার সাহায্যে সমুদ্রের উপর সেতু বেঁধে লঙ্কাদ্বীপে পৌঁছেছিলেন, তা-ই ছিল পাঠের বিষয়। কিন্তু শ্রীরামের সেতু-লঙ্ঘন বৃত্তান্ত শেষ হওয়ার আগেই তাঁকে দেশে ফিরতে হয়েছিল। পঁচিশ বছর পরে দ্বিতীয়বার যখন সে-অঞ্চলে এসে সমস্তই অচেনা বোধ হচ্ছে, আশ্চর্য হয়ে দেখলেন দোকানটি এবং দোকানের ভিতর ঘটে-চলা ঘটনাবলী হুবহু অপরিবর্তিত! অতঃপর দোকানি জানালেন, পঁচিশ বছর পূর্বের কথকটি তাঁরই স্বর্গত পিতা, আর সেদিনের ছেলেমেয়েগুলি বর্তমানে সমবেত ওই শিশুগুলির জনক-জননী। কেবল তাঁর হস্তধৃত বইখানি সেই আদি অকৃত্রিম কৃত্তিবাসী রামায়ণ। প্রবন্ধের একেবারে শেষে লেখক বলছেন ---- "মনে হলো, আমি দিব্যচক্ষু পেয়েছি। প্রকৃত ভারতবর্ষের নিখুঁত একটা ছবি আমার চোখের সামনে ফুটে উঠলো। সেই Tradition সমানে চলেছে, কোথাও তার পরিবর্তন ঘটেনি।"[১]

'প্রকৃত ভারতবর্ষ'? কিন্তু এই পরম্পরার প্রমাণ আজকের মেট্রোপলিটন বাঙালীর বই পাড়ায় বাল্মীকির বই দুস্প্রাপ্য নয়। চিরকাল ধরে রাজশেখর বসু, উপেন্দ্রকিশোর, যোগীন্দ্রনাথদের শিশুপাঠ্য রামায়ণগুলি বর্তমান বঙ্গ সন্তানকে সুশোভিত এবং চমৎকৃত করবে। ক'জন বঙ্গসন্তান সেগুলির প্রতি উৎসাহ বোধ করবেন, সে হিসাব মুলতবি থাক। তবু তো বলা যায়, এখনও বিলুপ্ত নয় অজানা খণির চিরনূতন ওই মণিগুলি! আহা, ভাগ্যিস আড়াই হাজার বছর পুরোন রামায়ণ আমাদের জাতীয় কাব্য!

এ'কথা একবারও আমরা ভুলছি না যে শিক্ষিত বাঙালি আজ রামায়ণের প্রতি বহু পরিমাণে উৎসাহ হারিয়েছে। সে কি এইজন্য যে ধর্মাচরণ, ভক্তিনিষ্ঠা কিংবা পাপ-পুণ্যের বস্তাপচা ধারণায় তাদের আর ঝোঁক নেই কোনো অথবা এ নেহাৎ নাগরিক ক্লান্তিজাত পাঠ-বিমুখতা, কিংবা মূল্যবোধ আর সমাজদৃষ্টির আমূল পরিবর্তনেরই ফলশ্রুতি? সম্ভবত সবগুলোই কারণ। এ তো খুব স্বাভাবিক যে, ব্যক্তিস্বাতন্ত্র্যবাদ আর নারীমুক্তি-আন্দোলনের ঢেউগুলি পুরনো হয়ে যাওয়ার পর সাড়ে তিনশো স্ত্রীর অধীশ্বর বৃদ্ধ দশরথের তরুণী কৈকেয়ীর প্রতি বিবেচনা রহিত আসক্তি, রামসীতানুগমনে উন্মুখ লক্ষ্মণের ঊর্মিলা-বিমুখতা, স্বীয় কার্যোদ্ধারের প্রেরণায় অন্তরালচারী রামের অকরুণ বালী-বধ, রাবণ-বধের পর একজন পুরুষের কথায় তাঁর সীতা-প্রত্যাখ্যান, প্রজারঞ্জনের অছিলায় সন্তানসম্ভবা স্ত্রীকে বনবাসে প্রেরণ এবং দু' দু'বার তাঁর অগ্নিপরীক্ষার বিধান আধুনিক পাঠকরুচির পক্ষে প্রবল পীড়াদায়ক। কিন্তু লক্ষ্যণীয়, এ'পীড়াও একধরনের আদর্শবাদ। আর শুধুমাত্র এই সূত্রে আড়াই হাজার বছরের পুরনো বিপুলায়তন একটি

আকর-গ্রন্থের প্রতি আগ্রহ হারানো যুক্তিসম্মত নয়। কারণ সময়ের স্রোতে ঘটনার তাৎপর্যও পরিবর্তিত হয় এবং এক্ষেত্রে সেই সময়পর্বের বিস্তার ২২৫০ বছরেরও বেশী। যেই কৌতূহলে আমরা পিরামিড দেখতে যাওয়ার সুযোগ চাইব, সেই কৌতূহলের সমাধান জীবকুলের সেই পূর্বতন প্রজাতিকে দেখে মেটাব। জানবার সেই ইচ্ছাকে কেউ আধুনিক বা প্রাচীন বলবে, কারণ ইতিহাসের সরণী বেয়ে আমরা পিছনে, অতীতের দিকে হাঁটছি? ---- "রামায়ণ-মহাভারতকে যখন সমাজের অন্য সন্দর্ভে ব্যাখ্যা করা হয়েছে, তখন তাকে ইতিহাস বলা হত।" ---- দীনেশচন্দ্র সেনের 'রামায়ণী কথা'র ভূমিকায় রবীন্দ্রনাথ এই কথা লিখেছিলেন। এর তাৎপর্য কতো গভীর, তা' আমরা সম্ভবত সচেতন হয়ে ভাবিনি। ভাবা প্রয়োজন, যেহেতু রামায়ণ আমাদের ঐতিহ্য আমাদের শতসহস্র প্রজন্মের উত্তরাধিকার। 'এপিক' অভিধায় সে-উত্তরাধিকারকে বিচার করার সময় আমরা যেন না ভুলি---- "...যাকে বলা যায় সম্পূর্ণ সত্য, মহাকাব্য তারই নির্বিকার দর্পণ মহাকাব্যে ট্র্যাজেডির মর্যাদা বা ভূমিকা নেই। কমেডির উজ্জ্বলতা নেই, তাতে গলা কখনো কাঁপে না, গলা কখনো চড়ে না। বড়ো ঘটনা আর ছোটো ঘটনায় কোন পার্থক্য নেই। সমস্তই সমান। আগাগোড়াই সমতল এবং সমস্ত শৈশব ঈষৎ ক্লান্তিকর।

মহাকাব্যের বাস্তবিকতা এমনই নির্ভীক যে সংগতি-রক্ষার দায় পর্যন্ত তার নেই। তুচ্ছ আর মহানকে সে সামনাসামনি বসায়, কিছু লুকোয় না, কিছু ঘুরিয়ে বলে না। বড়ো বড়ো ব্যাপার দু'তিন কথায় সারে, এবং সবচেয়ে বড়ো ব্যাপারে কিছুই হয়তো বলে না। এটা ভালোই, যদি আধুনিক সাহিত্যের ঐশ্বর্যজটিল বিশাল প্রাসাদ ছেড়ে আমরা কখনো কখনো বাল্মীকির তপোবনে যাই, তবে পৃথিবীর যৌবনের সুলভতা, মানবজাতির শিশুসুলভ স্ফূর্তি এবং স্বাধীনতা এখানে পাব"। বলা বাহুল্য, এ হল আধুনিক পাঠকের উপযোগী আধুনিক সমালোচকের এপিক ব্যাখ্যা, আনন্দবর্ধন কিংবা অ্যারিস্টটলের সময় থেকে সুদূর, বিপুল সুদূরবর্তী!

আসলে সচেতনভাবে আমরা খেয়াল করি না যে কোন ষড়যন্ত্র আমাদের মধ্যপর্বের রুচিবোধ এবং মধ্যযুগীয় আদর্শবোধ থেকে দূরে নিয়ে গেছে এবং চৈতন্য-রেনেসাঁর সমান্তরালে প্রবাহিত ভক্তিবাদ সযত্নে যাবতীয় ব্যসন আর আসক্তি থেকে একদা ছিনিয়ে এনেছে। মানুষকে ঘৃণা করতে শিখিয়েছে তার মোটা দাগের জৈবিক অস্তিত্বকে। চৈতন্যের অনতিপূর্ববর্তী কৃত্তিবাসের রামায়ণেও তাই ত্রেতার অবতারের দয়া দিয়ে হৃদয় ধুয়ে প্রবেশ করতে হয়, প্রশ্নাতীত সারল্যে বরণ করতে হয় যাবতীয় বিশ্বাসকে। তারপর বসে বসে অন্নপায়ী বঙ্গবাসীর ভোঁতা বীরত্ব দর্শন করাই অবধারিত ভবিতব্য হয়ে ওঠে। একালের বাঙালির পক্ষে পয়ারবন্ধন-জড়িত ওই 'Monotony' ঘন্টার পর ঘন্টা সহ্য করা যেমন অসম্ভব, তেমনই আবার ভুলতে চাইলেও পুষ্পশ্রীর কবিকে সম্পূর্ণ রূপে ভুলে যাওয়াও অসম্ভব। কেন না সেকালের ঠাকুরমা-দিদিমার মুখে তো বাল্মীকি নন, কৃত্তিবাসই বাঙালীর অব্যবহীত নস্ট্যালজিয়া। আর কে না জানে নস্ট্যালজিয়ার টানে যা-কিছু অলীক, 'সকলই নবীন, সকলই বিমল রূপে প্রতিভাত হয়, নিরুপায় নাছোড়

ভালোলাবাসার মতো, অসমর্থনেও যা অনশ্বর। — " .... আমাদের পঞ্চাশ বছর আগের ঠাকুরমা কাশী গিয়ে মণিকর্ণিকার ঘাটে চিতা জ্বলতে দেখেই নাতিকে বলেছিলেন — ওরে! এখানে অবিরাম চিতা জ্বলে। রাজা হরিশ্চন্দ্র এই শ্মশানে কাজ করতেন। প্রাদেশিক কাব্যকার কৃত্তিবাসের প্রভাব এই বাঙালী ঠাকুরমার মনে কতখানি যে, কাশীর গঙ্গায় ঘুরতে ঘুরতে তিনি সুর করে বলেছিলেন — এই মণিকর্ণিকার ঘাটেই সাপে-কাটা মৃত পুত্র কোলে নিয়ে হরিশ্চন্দ্র-পত্নী শৈব্যা কেঁদে কেঁদে আকূতি জানিয়েছিলেন– প্রভু হরিশ্চন্দ্র রাজা আপনি কোথায় চলে গেলেন, আপনার মৃত পুত্রের দেহ সামলান।।..."[৩] — অধুনাতন বিদগ্ধ বাঙালি গবেষকের অভিজ্ঞতা ঠাকুরমা-দিদিমাকুলের বিশ্বাসে পুরাণ তথা কৃত্তিবাসের অনড় আসনটিকে কী চমৎকারভাবে চিনিয়ে দিচ্ছে! আমরা সবাই সেই চিরন্তনীদের স্নেহাদরের সঙ্গে, তাঁদের মুখের পান-খাওয়া গন্ধের সঙ্গে, তাঁদের নরম সাদা থানকাপড়ের যাবতীয় অসহায় কোমলতার সঙ্গে ওই শিশুসুলভ বিশ্বাসগুলিকেও জমিয়ে রেখে তো দেখেছি, পিছু ডাক কতো মধুর হতে পারে! ভক্তিবাদের প্লাবনে বাল্মীকি-রামায়ণের বাস্তবতা আর ক্লাসিক মহিমাকে যতোই ডুবিয়ে ফেলে থাকুন, সম্ভবত এই অগাধ বিশ্বাসের দখলদারিতেই প্রাকৃতজনের পরমাত্মীয় কৃত্তিবাসের জিৎ।

তবুও কৃত্তিবাসের বিচার বাণী শুনতে শুনতে সমস্যা ক্রমশঃ হাল্কা হয়ে গেল। কারণ বাঙালী আর প্রকৃত বাঙালী নন। দুর্গোৎসব আর নববর্ষের হাতে-গোনা পাঁচদিন ছাড়া বছরের বাকি তিনশো ষাট দিন সে বাঙালিই নয় ততো, প্রাণপণ গ্লোবালাইজড্ হয়ে গেছেন। নিজের শিকড়ের টান ভুলে যাওয়া লঘুভার এই পল্লবগ্রাহিতা — কৃত্তিবাসের নয়, বরং বাঙালিরই দুর্ভাগ্য। তার মনেই রইলো না বছরের যে-চারদিনের উৎসব ঘিরে পণ্যের প্লাবন, বৈভবের বাড়বাড়ন্ত, আপামর বঙ্গবাসীর ধনে-জনে-বিনোদনে সমৃদ্ধ হওয়ার সময়, তা সর্বতোভাবে কৃত্তিবাসের রাম-পাঁচালির দান। শ্রীরামচন্দ্র লঙ্কাকাণ্ডে রাবণ-বধের জন্য অকালে দেবীর বোধন না করলে বাংলার বাণিজ্যে লক্ষ্মীর পাট অনেকখানি গুটিয়ে যেত।

ক্লাসিক প্রতিভার অধিকারী ন'ন, কিন্তু কি চমৎকার আর নিপুণভাবে সমাজ-মনস্তত্ত্ব বুঝেছিলেন এই কবি! নিজের প্রতিভার সীমা সঠিকভাবে অনুধাবন করে একদম শুরু থেকেই বিচক্ষণ তাঁর প্রতিটি পদক্ষেপ। তাই বাল্মীকির মহত্তম প্রতিভাকে মিথের সাজ পরিয়ে অলৌকিক গরিমা দিলেন, আর নিজে ততোধিক ঘেঁষে এলেন তাঁর সমকালের সমাজ-মনের নিতান্ত কাছাকাছি। কাজে লাগালেন রুকনুদ্দিন বরবক শাহের উদার পৃষ্ঠপোষণা, নিশ্চিন্তে কলম ডোবালেন ভক্তিরসে। পুরাণ-ভাগবতের ভুবন ভ্রমণ শেষে আহরিত ওই ভক্তিরস আসলে শৈব-শাক্ত-বৈষ্ণবের মাদকতাময় ককটেল ছাড়া আর কিছু নয়। কারণ বাঙালির সমাজে ভক্তির যে ত্রিধারা বিস্তার তখন! দস্যু রত্নাকরকে তাই রামনামের মাহাত্ম্যে কবিত্বে উত্তীর্ণ হতে হয়, রামকে লঙ্কাযাত্রাকালে সহস্র পদ্মের অর্ঘ্য দিয়ে শিব প্রতিষ্ঠায় নিয়োজিত হতে দেখা যায়, এমনকী সুন্দরা কাণ্ডের এই অংশে হরি-হরের আলিঙ্গনের রম্য ছবিও অনায়াস সারল্যে ফুটিয়ে তোলেন প্রাকৃতজনের সেদিনের প্রাণের কবি–

"... শিবপূজা করিতে বসিলা ভগবান।

(শিবের পূজা করার জন্য ভগবান শ্রীরাম বসলেন)

কৈলাস ছাড়িয়া শিব হৈলা অধিষ্ঠান॥

(কৈলাস ছেড়ে শিব প্রস্তুত হন)

দুই হাত ধরিল রামের ত্রিলোচন।

(ত্রিলোচন রামের দু'হাত আগে বাড়িয়ে ধরে ফেললেন)

হরষিত হয়ে করে প্রেম-আলিঙ্গন॥

(আনন্দিত হয়ে প্রেমপূর্বক তাঁকে আলিঙ্গন করলেন)

মহেশ বলেন প্রভু পূজা কর কার।

(শিব বলেন, প্রভু আপনি কার পূজো করছেন)

রাম তুমি ইষ্টদেব হও যে আমার॥

(রাম তুমি তো আমার ইষ্ট দেবতা)

শ্রীরাম বলেন তুমি মোর ইষ্ট হও।

(শ্রীরাম বলেন, তুমি আমার ইষ্ট দেবতা)

রাবণ বধিতে তুমি পুষ্প জল লও॥ ..."

(রাবণ বধের জন্য এই পুষ্প এবং জল গ্রহণ করো)

(শ্রীরামের লঙ্কায় যাত্রা ও শিবপ্রতিষ্ঠা, সুন্দর কাণ্ড)

অতঃপর লঙ্কাকাণ্ডে হনুমানের প্রতি উপদেশ দান কালে শৈব-শাক্ত-বৈষ্ণবের ত্রিবেণী-বন্ধন ঘটালেন স্বয়ং মহামায়া —

"শ্রীরাম শিবের গুরু আমি তাহা জানি।

(শ্রীরাম শিবের গুরু তা আমি জানি)

শিব রাম অভেদ কহেন শূলপাণি॥

(শিব এবং রাম যে অভিন্ন তা শূলপানি বলেছেন)

অনাথের নাথ রাম জগতের সার।

(অনাথের নাথ রাম জগতের সার)

পলকে উৎপত্তি স্থিতি জগৎ সংহার॥..."

(মুহূর্তের মধ্যে উৎপত্তি, স্থিতি এবং জগতের সংহার)

(হনুমানের প্রতি দেবীর উপদেশ, লঙ্কাকাণ্ড)

এবং অতঃপর অনিবার্যভাবেই শ্রীরামচন্দ্রের দুর্গোৎসব শুরু হয়। নতুবা বৃত্তটি যে সম্পূর্ণ হতো না!

এই তো গেল সেকালের সমাজ-মনের ভক্তির দিক। আর লক্ষ্যণীয়, এই ভক্তি কিন্তু আধ্যাত্মিক নয় একেবারেই, এ হলো উদ্দেশ্যসিদ্ধির পথনির্দেশ। এই ভক্তিই বলে 'জয়ং দেহি, যশো দেহি'। লোকাচারের কথাও কিন্তু তাঁর কাব্যে অঢেল, আর সে'সব কথা বলার সময় বাল্মীকির রামায়ণের দরবারী হাওয়া থেকে সহস্র যোজন দূরে পল্লীশ্রীর দখলে চলে গেছেন কৃত্তিবাস। বিবাহেচ্ছু যশস্বী রাজা দশরথের কাছে কৌশল্যা, কৈকয়ী, এমনকী সুদূর সিংহল থেকে পুরোহিতদের সাথে ঘট, নৃত্য-বাদ্য-সহযোগে দশরথের এবং তাঁর সন্তানদের বিয়ের শোভাযাত্রা বের হয়।

সীতার বধূ-সাজে, দশরথ এবং রামের বাসরের কৌতুকবহ ঘটনায়, কন্যা-বিদায়ের করুণ কান্নাকাটিপর্বে, অযোধ্যার রাণীদের স্নেহসজল বধূবরণে লোকাচারের এমন বিস্তর রম্য ছবি তুলে ধরেছেন তিনি, প্রায় একজন পেশাদার ফোটোগ্রাফারের দক্ষতায়। আবার যেহেতু ভক্তিমার্গে মতি, তাই ফল্গুধারা, তুলসী আর নিজে ব্রাহ্মণ হিসেবে ব্রাহ্মণের গৌরব খর্ব হতে দেখতে পারেননি। কারণ ফল্গু অন্তঃশীলা কিন্তু হিন্দু বাঙালির আদ্যশ্রাদ্ধে ফল্গুবারি অতি পবিত্র উপচার। কুকুরের উপদ্রবে তুলসী বড়োই লাঞ্ছিত কিন্তু নারায়ণ-পূজার অর্ঘ্যরূপে অপরিহার্য, আর ব্রাহ্মণের ক্ষমতালোভ যদিও সমাজে তাদের শ্রদ্ধার আসন টলিয়ে দিচ্ছিল, কিন্তু পৌরোহিত্যকর্মে তাদের একচ্ছত্র অধিকারের ট্র্যাডিশন তো আজও অনস্বীকার্য! প্রায় ডিফেন্স মেকানিজমের ভঙ্গিতে চমৎকার একটি মিথ গড়ে এদের দুর্দশার সাফাই গাইলেন কৃত্তিবাস, যা বাঙালির যুক্তিতৃষ্ণাহীন বিশ্বাসের সারল্যে অতি দ্রুত দ্রবীভূত হতে পারে। বাংলার স্মার্ত নিয়ম অনুযায়ী বনবাসী রাম-লক্ষ্মণের পিতার বাৎসরিক শ্রাদ্ধের আয়োজন করতে চাইলেন। অর্থ প্রয়োজন, তাই সীতাকে ঘরে রেখে মাণিকের আংটি ভাঙাতে গেলেন দু'জনে। ফল্গুতীরে সীতা বালি নিয়ে খেলছেন, ক্ষুধার্ত দশরথের বিদেহী আত্মা তখনই তাঁর কাছে বালির পিণ্ড চাইলেন। কীভাবে পুত্রবধূ হয়ে শ্বশুরের এ আদেশ অমান্য করবেন! অগত্যা ফল্গুধারা, তুলসী, ব্রাহ্মণ আর বটবৃক্ষকে সাক্ষী রেখে সীতা বালির পিণ্ড দানে দশরথকে তৃপ্ত করলেন। এদিকে রামচন্দ্র ফিরে এলে একমাত্র বটবৃক্ষ ছাড়া বাকি তিন সাক্ষীর কেউই তাঁর হয়ে সাক্ষ্য দিল না। ব্রাহ্মণ তো স্পষ্টই রামকে বলে দিলেন — "আমরা রাজা দশরথকে দেখিনি।" এইসব সীতার ছেলেমানুষি, তাঁর বালিকা মনের কল্পনা ভেবে শ্রীরাম সীতার দিকে তাকিয়ে হাসতে লাগলেন। ক্রোধে লজ্জায় অপমানে জ্বলে উঠে সীতা ব্রাহ্মণকে বললেন—

"......... **তোমা দিনু শাপ॥**

(তোমাকে আমি অভিশাপ দিলাম)

লক্ষ ভার দ্রব্য যদি থাকে ঘরে।

(লক্ষ্য ভার দ্রব্য ঘরে থাকলেও)

ভিক্ষার লাগিয়া যাবে দেশ দেশান্তরে॥"

(ভিক্ষার জন্য তুমি দেশ দেশান্তরে ঘুরে বেড়াবে)

তুলসীর মিথ্যাচারের জবাবে তিনি বললেন—

"অপবিত্র স্থানে তোর অবস্থিতি হবে।

(অপবিত্র স্থানে তোমার অবস্থান হবে)

শৃগাল কুকুরে তোরে অশুচি করিবে॥"

(শিয়াল এবং কুকুর তোমাকে অপবিত্র করবে)

আর ফল্গুকে শাপ দিয়ে বলে উঠলেন—

"অন্তঃশীলা হোয়ে তুমি বহ চিরকাল।

(তুমি অনেক বছর পর্যন্ত অন্তঃশীলা হয়ে থাকবে)

তোমারে ডিঙ্গিয়া যাবে কুকুর শৃগাল॥"

(তোমাকে কুকুর এবং শিয়াল ডিঙ্গিয়ে যাবে)

বাকি রইল বটবৃক্ষ। রামকেও ছাড়বার পাত্র নয়। সত্য বলার পরেও রামচন্দ্রের তিরস্কারে সে গড়গড় করে উচ্চারণ করে গেছে—

"সংসারের চিন্তা কোর নাম চিন্তাণি।

(সংসারের চিন্তা করেন বলে আপনার নাম চিন্তামণি)

সীতা পিণ্ড দিল কিনা না জান আপনি॥

(সীতা পিন্ড দান করলেন কি না তা আপনি জানেন না)

চিন্তামণি নামে তব কলঙ্ক রহিল।

(চিন্তামণি নামের ওপর এই কলঙ্ক থেকে গেল)

আজি হৈতে চিন্তামণি নামটা ডুবিল॥ ...

(আজ থেকে চিন্তামণি নাম ডুবে গেল)

বটবৃক্ষ কহে শুন কমললোচন।

(বটবৃক্ষ বলে শোন কমললোচন)

মিথ্যা সাক্ষ্য ইহারা দিলেক সর্ব্বজন॥ ..."

(এরা সবাই মিথ্যা সাক্ষী দিয়েছে)

সংসারে সীতার এমন পরম হিতৈষী দুর্লভ, যে তাঁকে কেবল অপবাদ আর মিথ্যাচার থেকে বাঁচায় না, স্বামীর অসংগত সন্দেহের আড়ালে লুকনো অপমানের কাঁটাটিও সযত্নে তুলে দেয়। সুতরাং বরাঙ্গীর বরে

বটের ছায়াখানি শীতে উষ্ণ, গ্রীষ্মে আজও শীতল, আর তার শাখা কখনো নিষ্পত্র নয়। বিজ্ঞানের সত্যকে বিশ্বাসের সত্যে এমনি অনায়াসে পাল্টে দিয়েছেন কৃত্তিবাস তাঁর অযোধ্যা কাণ্ডে। বাঙালির যৌথ অবচেতনা (Collective Unconscious) তিনি এতোটাই ভালো বুঝতেন।

তাঁর মনস্তত্ত্ব-বিচারের শক্তির আরেকটি প্রমাণ রামায়ণে বর্ণিত খাদ্যতালিকা। মাংসাদি তামসিক খাদ্য রাক্ষসের ভক্ষ্য, কিন্তু যে রাম স্বয়ং বিষ্ণুর অবতার, তাঁর এবং তাঁর স্বজনবর্গের খাদ্যতালিকায় বৈষ্ণবসুলভ আয়োজনে কবি ফাঁক রাখেননি কোথাও বাঙালির নিরামিষ হেঁসেলের যাবতীয় কারিগরি উজাড় করে দিয়েছেন। অথচ বাল্মীকির কাব্যে শ্রীরাম ও তাঁর পরিবারবর্গের মৃগয়ায় মাংসভক্ষণে রীতিমতো স্পৃহা ছিল, এমনকী রাম নিজ হাতে সীতাকে 'মৈরেয়' সুরা পান করাচ্ছেন, এমন ছবিও আদি মহাকাব্যটিতে পাওয়া যায়। আপাতভাবে ব্যাপারটাকে কৃত্তিবাসের গোঁড়ামি মনে হলেও সম্ভবত এটা তিনি যুগরুচির প্রতি বিশ্বস্ত থাকার জন্যই করেছেন। কারণ, যদি তিনি এতই রক্ষণশীল হতেন, তবে আদিকাণ্ডে ভগীরথের জন্মকথার চরম ঝুঁকিটা নিতে পারতেন না, অযোধ্যাকাণ্ডে জয়ন্ত কাকের কাহিনী বলতেও কলমে আটকাতো। এও তো মনস্তত্ত্ব-অভিজ্ঞতাই, বরং বিরাট ঝুঁকিপূর্ণ এ'সব কথার চর্চা, যেহেতু সমাজ এগুলোকে 'Taboo' ছাপ দিয়ে এতকাল ধরে লুকিয়েছে। কী করে যে সেই চোদ্দোশতকের পরিবেশে তিনি এজাতীয় কল্পনার অবতারণা করেছিলেন, তা' ভাবলেও গায়ে কাঁটা দেয়! তবে কি এ অংশগুলি পরবর্তীকালীন, প্রক্ষিপ্ত? তাও যদি হয়, বিস্ময় থাকেই। অপার বিস্ময় থাকে। কেন না এই একবিংশ শতাব্দীতেও দুই নারীর সমকামিতা কিংবা প্রকাশ্য দিবালোকে পরস্ত্রীর শরীরে লুব্ধ পুরুষের আক্রমণ হানার মতো দুঃসাহসী ব্যাপারকে সমাজ অশ্লীলতার দায়ে কাঠগড়ায় তুলে দেবে। কিন্তু কৃত্তিবাস পূর্ণমাত্রায় সেই দুঃসাহস দেখিয়েছেন।

আসলে তিনি অনেকাংশে দুঃসাহসী ছিলেন। নয়তো পয়ার-প্রবন্ধের প্রতিভা নিয়ে কি বাল্মীকির ক্লাসিকের দিকে হাত বাড়ান! বাংলা সাহিত্যের আধুনিক পর্বে বঙ্গসংস্কৃতির ইতিহাস লিখে যশস্বী হয়েছেন যাঁরা, রামকাহিনীর রূপকে কৃত্তিবাসই তাঁদের পূর্বসূরী, আর তাঁর রামায়ণ বাঙালির প্রথম সামাজিক-সাংস্কৃতিক ইতিবৃত্তি – এ'কথা তর্কাতীতভাবে মেনে নেওয়া দরকার।

সন্দর্ভ গ্রন্থ এবং টিপ্পনী -

১. **'ভারতবর্ষ'** - এস. ওয়াজেদ আলি

২. **'রামায়ণ'** - বুদ্ধদেব বসু

৩. **'বাল্মীকি ও কৃত্তিবাস'** - নৃসিংহ প্রসাদ ভাদুড়ী

প্রবন্ধগুলি 'যোমক' সাহিত্য পত্রিকা (শারদ ১৪০৫) রামায়ণ সংখ্যার সৌজন্যে প্রাপ্ত।

□ □ □

লেখকদের ঠিকানা

১। হরিশ্চন্দ্র মিশ্র : অধ্যাপক, হিন্দী ভবন,
বিশ্ব ভারতী, শান্তিনিকেতন - ৭৩১২৩৫ (প. ব.)

২। শৈলেন্দ্র কুমার ত্রিপাঠী : অধ্যাপক, হিন্দী ভবন, ভাষা ভবন
বিশ্বভারতী, শান্তিনিকেতন - ৭৩১২৩৫ (প. ব.)

৩। অপর্ণা রায় : অধ্যাপিকা, বাংলা বিভা
ভাষাভবন, বিশ্বভারতী, শান্তিনিকেতন - ৭৩১২৩৫ (প. ব.)

৪। ড. সুমিতা চট্টোপাধ্যায় : সহকারী অধ্যাপিকা, বাংলা বিভাগ
কাশী হিন্দু বিশ্ববিদ্যালয়, বারাণসী (উ.প্র.)

৫। ড. দেবাশিস মুখোপাধ্যায় : সহকারী অধ্যাপক, বাংলা বিভাগ, ভাষা ভবন
বিশ্বভারতী, শান্তিনিকেতন - ৭৩১২৩৫ (প. ব.)

৬। রামেশ্বর মিশ্র : অধ্যাপক, হিন্দী ভবন, ভাষাভবন
বিশ্বভারতী, শান্তিনিকেতন - ৭৩১২৩৫ (প. ব.)

৭। সামসুল নিহার : (পি.এইচ.ডি. গবেষক) বাংলা বিভাগ, ভাষা ভবন
বিশ্বভারতী, শান্তিনিকেতন - ৭৩১২৩৫ (প. ব.)

৮। রামবহাল তেওয়ারী : অধ্যাপক, গুরুপল্লী, শান্তিনিকেতন-৭৩১২৩৫ (প. ব.)

৯। ড. মানবেন্দ্র মুখোপাধ্যায় : সহকারী অধ্যাপক, বাংলা বিভাগ, ভাষা ভবন
বিশ্বভারতী, শান্তিনিকেতন-৭৩১২৩৫ (প. ব.)

১০। ড. মঞ্জুরানী সিংহ : অধ্যাপিকা, হিন্দী ভবন, ভাষাভবন
বিশ্বভারতী, শান্তিনিকেতন-৭৩১২৩৫ (প. ব.)

১১। ড. সত্যবতী গিরি : বাংলা বিভাগ, যাদবপুর বিশ্ববিদ্যালয় (প. ব.)

১২। পূর্বা মুখোপাধ্যায় : গবেষিকা, বাংলা বিভাগ,
বিশ্বভারতী, শান্তিনিকেতন-৭৩১২৩৫ (প. ব.)